Rosa-Luxemburg-Stiftung

Texte 24

Rosa-Luxemburg-Stiftung

URSULA SCHRÖTER, RENATE ULLRICH

Patriarchat im Sozialismus?
Nachträgliche Entdeckungen in
Forschungsergebnissen aus der DDR

Karl Dietz Verlag Berlin

Ursula Schröter, Renate Ullrich: Patriarchat im Sozialismus?
Nachträgliche Entdeckungen in Forschungsergebnissen aus der DDR
(Reihe: Texte/Rosa-Luxemburg-Stiftung; Bd. 24)
Berlin: Dietz, 2005

ISBN 3-320-02900-2

© Karl Dietz Verlag Berlin GmbH 2004
Satz: Marion Schütrumpf
Umschlag unter Verwendung eines Fotos von Katja Worch
Umschlag, Druck und Verarbeitung:
MediaService GmbH Bärendruck und Werbung
Printed in Germany

Inhalt

Vorbemerkungen zu den Absichten der Autorinnen   7

Kapitel 1
Frauenforschung in der DDR – Politische Aufträge, wissenschaftliche Institutionen und Konzepte   9

Kapitel 2
Ausgewählte Forschungsergebnisse, chronologisch dargestellt, Auswahlbegründung, Arbeit im Privathaushalt   66

Schlussbemerkungen   163

Literatur   165

Vorbemerkungen zu den Absichten der Autorinnen

Im Sommer 2000 erhielten wir von der Rosa-Luxemburg-Stiftung den Auftrag, ausgewählte Dokumente der soziologischen und kultursoziologischen Forschung der DDR rückblickend zu recherchieren und geschlechtsspezifisch auszuwerten. Nach der Analyse der so genannten SID-Hefte (Soziologische Informationen und Dokumentationen) und der so genannten S-Reihe (Reihe Soziologie) bezogen wir auch nicht-soziologisches Material in die Recherche ein. Vor allem analysierten wir die interdisziplinären Informationshefte des Wissenschaftlichen (Bei)Rates »Die Frau in der sozialistischen Gesellschaft« und die Mitteilungsblätter der Forschungsgemeinschaft »Geschichte des Kampfes der Arbeiterklasse um die Befreiung der Frau«. Schließlich beschäftigten wir uns mit Dissertationen und Forschungsberichten, die beim »Wissenschaftlichen Rat für Soziologische Forschung der DDR« archiviert wurden, sowie mit ergänzenden Informationen, Orientierungen usw. der DDR-Gesellschaftswissenschaften (bzw. für sie).

Wir betrachteten das historische DDR-Material sowohl im Lichte aktueller Veröffentlichungen und aktueller statistischer Daten zu den Geschlechterverhältnissen im gegenwärtigen Deutschland als auch im Lichte historischer bundesrepublikanischer Veröffentlichungen. Bekanntlich wurden Publikationen wie »Das Wunder drüben sind die Frauen« (Commandeur u.a., 1965) oder »Gretchens rote Schwestern« (Menschik u.a., 1974) weniger in der DDR, wohl aber in der alten Bundesrepublik heftig und kontrovers diskutiert und auch mit Gegen-Veröffentlichungen bedacht (Hübner u.a., 1986). Was die DDR-Frau »verwunderlich« machte, war offensichtlich schon damals und ist auch heute eine schwer zu beantwortende Frage. Wertungen fallen nicht leicht. Wir haben deshalb nach der Recherche der genannten Dokumente im Mai 2004 und im Mai 2005 Interviews mit Prof. Herta Kuhrig – damals »wissenschaftlicher Sekretär« des (Bei)Rates »Die Frau in der sozialistischen Gesellschaft« – geführt, um zusätzliche Fakten und Zusammenhänge zu erfragen.

Wir konzentrierten uns bei unserem Vorhaben auf die in der DDR analysierten Geschlechterverhältnisse und auf ihr theoretisches und politisches Umfeld. Dabei ließen wir uns von zwei grundlegenden Fragen leiten: Erstens. Welche Forschungsfragen und welche Forschungsergebnisse zu den Geschlechterverhältnissen sind bis heute wichtig und insofern aufhebenswert (wären aufhebenswert gewesen)? Zweitens. Welche Fragen, welche Zusammenhänge fehlen aus heutiger Sicht? Damit ist unsere Absicht skizziert. Es geht uns um Zukunft, wenn wir uns mit Vergangenheit und Gegenwart beschäftigen. Möglicherweise bieten Erkenntnisse und Erfahrungen über das sozialistische Patriarchat, über seine emanzipatorischen Grenzen, aber auch über seine Unterschiede zum kapitalistischen Patriarchat Anhaltspunkte, Anregungen – auch Warnungen – für neue Zukunftsüberlegungen.

Unsere »nachträglichen Entdeckungen« sind in zwei Kapiteln dargestellt. Das erste Kapitel beleuchtet den politischen und theoretischen Hintergrund dieser Forschungen, soweit wir ihn ermitteln und erfragen konnten. Im zweiten Kapitel werden konkrete Forschungsergebnisse zitiert und referiert und wird begründet, warum wir uns zur Auswahl gerade dieser Ergebnisse entschlossen haben.

Wir befragen das historische und auch das aktuelle Material nicht (nur) als Betroffene, sondern als ehemals Beteiligte am alltäglichen und wissenschaftlichen DDR-Leben. Gerade deshalb, weil reflexive Kritik in jedem Fall auch als Selbstkritik zu werten ist, erlauben wir uns einen – wie wir meinen – sachgemäßen und selbstbewussten Rückblick.

Ursula Schröter und Renate Ullrich
Berlin, Juni 2005

Kapitel 1
Frauenforschung in der DDR – Politische Aufträge, wissenschaftliche Institutionen und Konzepte

I

Im Jahr 1964 beschloss der Ministerrat der DDR, ein – interdisziplinär angelegtes – wissenschaftliches Gremium zur Analyse der Lage der Frauen in der DDR zu gründen. Mit dem Beschluss folgte der Ministerrat einem Vorschlag der Frauenkommission beim Zentralkomitee (ZK) der Sozialistischen Einheitspartei Deutschlands (SED). Die Gründung erfolgte zu einem Zeitpunkt, zu dem es organisierte oder gar institutionalisierte Frauenforschung noch nicht gab, nicht in den anderen sozialistischen Ländern, nicht in der damaligen Bundesrepublik und den anderen westeuropäischen kapitalistischen Ländern. Nur in den nordischen Ländern begann Frauenforschung etwa zur gleichen Zeit. Das Gremium gab sich den Namen »Die Frau in der sozialistischen Gesellschaft«.

Die Gründung eines solchen Gremiums ist allein schon wegen dieses frühen Zeitpunkts ein wesentliches Ereignis in der deutschen Frauengeschichte und sollte nicht in Vergessenheit geraten. Auch wenn es in das staatlich geplante und kontrollierte Wissenschaftssystem der DDR eingebunden war – es leistete organisatorisch, inhaltlich und methodisch Pionierarbeit.

Der Ministerrat beschloss, dieses Gremium bei der Deutschen Akademie der Wissenschaften zu Berlin (später: Akademie der Wissenschaften der DDR) anzusiedeln und es als Wissenschaftlichen Beirat dem Akademie-Präsidenten persönlich zu unterstellen. Das kann nachträglich als patriarchalische Entscheidung gedeutet werden. Aber nach Aussagen von Herta Kuhrig setzte sich Lotte Ulbricht nachdrücklich für diese hohe Anbindung ein. Lotte Ulbricht, Ehefrau von Walter Ulbricht und zu der Zeit Mitglied der Frauenkommission beim ZK der SED[1], verfügte über genügend (frauen)politische Erfahrung, um zu wissen, wie schnell das Thema Frauen trotz aller offiziellen politischen Programmatiken in die Marginalisierung geraten konnte. Für sie hatte es keine Bedeutung, dass es sich beim Präsidenten der Akademie der Wissenschaften um einen Mann handelte. Sie vertrat ohnehin den von der linken SPD und der KPD tradierten Standpunkt, dass die Lösung der Frauenfrage nicht anders als von Frauen und Männern gemeinsam in Angriff genommen werden kann. Ihr Ziel war es, der Frauenforschung in der Wissenschaftslandschaft der DDR von vornherein zumindest strukturell eine starke Position zu sichern. (Kuhrig am 17.5.2004).

---

1   Lotte Ulbricht war Mitglied der Frauenkommission in den Jahren 1950-53; 1960; 1962-73.

Zum Vorsitzenden des Beirates berufen wurde der Präsident der Deutschen Akademie der Wissenschaften und Altphilologe Werner Hartke. Zu Stellvertretenden Vorsitzenden berufen wurden der Soziologe und Wirtschaftswissenschaftler Kurt Braunreuther und die Juristin Anita Grandke. Braunreuther war Akademiemitglied und trug wesentlich zur Etablierung der Soziologie in der DDR bei. Grandke hatte ihre Dissertationsschrift zum Thema Familie geschrieben, war bereits habilitiert und Dozentin sowie Vorsitzende der Frauenkommission an der Humboldt-Universität Berlin. Sie wurde auch die Leiterin der Forschungsgruppe »Die Frau in der sozialistischen Gesellschaft« und damit verantwortlich für die Konzeption des Beirates. Wissenschaftlicher Sekretär (sic!) und verantwortlich für den Inhalt der Informationshefte »Die Frau in der sozialistischen Gesellschaft« wurde Herta Kuhrig, die kurz zuvor ihre Dissertation ebenfalls zum Thema Familie verteidigt hatte. Beide waren demnach ausgewiesene Spezialistinnen auf dem Gebiet, auf dem der Wissenschaftliche Beirat arbeiten sollte.

Kurz nach dem Wissenschaftlichen Beirat »Die Frau in der sozialistischen Gesellschaft«, aber unabhängig davon, wurde der »Wissenschaftliche Rat für Soziologische Forschung in der DDR« gebildet. In diesem Falle war es das Politbüro (PB) des Zentralkomitees (ZK) der Sozialistischen Einheitspartei (SED), das am 15.9.1964 den Beschluss fasste, diesen Wissenschaftlichen Rat zu gründen und ihn an der höchsten Forschungs- und Bildungsstätte der SED, dem »Institut (ab Dezember 1976: Akademie) für Gesellschaftswissenschaften beim ZK der SED«, anzusiedeln. Dieser Beschluss bedeutete die Erhebung der Soziologie in den Stand einer institutionalisierten Wissenschaft. Sie hatte bis dahin eine Art Schattendasein zwischen Ökonomie und Philosophie geführt und war eher geduldet als gefördert worden. Dieser »Wissenschaftliche Rat für Soziologische Forschung« ermöglichte es, die Arbeit der verschiedenen sozialwissenschaftlichen Einrichtungen zu koordinieren und zu diskutieren, und bedeutete gleichzeitig die Unterstellung der Soziologie unter die Kontrolle durch die Partei. Der »Wissenschaftliche Rat für soziologische Forschung« war der erste in einer Reihe von (gesellschafts-)»Wissenschaftlichen Räten«, die bis Ende der sechziger Jahre gebildet und von denen einige ebenfalls am Institut/Akademie für Gesellschaftswissenschaften beim ZK der SED angebunden wurden. (Akademie für Gesellschaftswissenschaften, 1981: 8ff; Taubert, 1989: 366)

In der DDR wurden also sowohl die Soziologie als eigenständiger Wissenschaftszweig als auch die Frauenforschung als interdisziplinäre Forschungsrichtung um die Mitte der sechziger Jahre zugelassen. Das war für die Soziologie vergleichsweise spät, für die Frauenforschung bemerkenswert früh. Wir sprechen in dieser Studie von »Frauenforschung«, obwohl der Begriff offiziell in der DDR lange nicht benutzt wurde – mit der konzeptionellen Begründung, es könne »nicht darauf ankommen, eine spezielle ›Frauenforschung‹ aufzu-

bauen«; die Erforschung der Stellung der Frau müsse als »ein wichtiger Teilkomplex« bewusst, planmäßig, kontrolliert in die Untersuchung der gesamtgesellschaftlichen Entwicklung einbezogen werden. (GH 2/67: 35) Erst 1981 wurde der Begriff »Frauenforschung« eingeführt – anlässlich der Erhebung des Wissenschaftlichen Beirats »Die Frau in der sozialistischen Gesellschaft« in den gleichnamigen Wissenschaftlichen Rat. (GH 5/81:11ff.)
Die Bildung beider Räte war die Voraussetzung für das Erscheinen der Publikationsreihen, mit denen wir uns in dieser Studie beschäftigen.

II

Was angesichts des gegenwärtigen unüberschaubaren Angebotes an Daten kaum noch vorstellbar ist: In der DDR gab es keine Zeitschriften für Soziologie, die allgemein zugänglich gewesen wären. Es gab Statistische Jahrbücher und Buchpublikationen, es gab Veröffentlichungen in Periodika (Einheit; Pädagogik; Weimarer Beiträge u.a.) und in den Wissenschaftlichen Zeitschriften von Hochschulen und Universitäten (Berlin, Halle, Jena, Leipzig, Rostock). Ab 1967 gab es die – sporadisch erscheinende – Schriftenreihe »Soziologie«, von der bis 1990 beim Dietz-Verlag Berlin 52 Broschüren erschienen, herausgegeben ebenfalls vom »Wissenschaftlichen Rat für Soziologische Forschung in der DDR«.
Nach Aussagen des langjährigen Vorsitzenden des Wissenschaftlichen Rates, Rudi Weidig, hatte die Abteilung Wissenschaft beim ZK der SED seit 1962 Vorschläge von Soziologen zur Herausgabe einer sozialwissenschaftlichen Zeitschrift abgelehnt mit dem Hinweis, sie sollten ihre Forschungsergebnisse der »Deutschen Zeitschrift für Philosophie« und der »Wirtschaftswissenschaft« anbieten, zumal empirische Daten ohnehin nur in begrenztem Maße veröffentlicht werden dürften. Der Grund dafür wiederum war das ausgeprägte Sicherheitsbedürfnis von SED-Führung und Regierung. Bei den empirischen Daten hätte es sich nicht um Staatsgeheimnisse gehandelt, zumal soziologische Erhebungen und die dazugehörigen Fragebögen bis zum Ende der DDR genehmigungspflichtig waren, wohl aber um Alltagserfahrungen der Bevölkerung und ihre Meinungen dazu. Gerade die sollten nicht in der Öffentlichkeit bekannt werden. Zwar wurden SED-Führung und DDR-Regierung nicht müde, Realismus bei der Analyse der Gesellschaft zu fordern, aber sie wollten sich nicht öffentlich angreifbar machen. Vor allem wollten sie kritisierbare Fakten nicht freiwillig in den Westen liefern. Soziologische Daten sowie Berichte über Stimmungen in der Bevölkerung wurden als Herrschaftswissen behandelt und weitgehend geheimgehalten.
Ab 1965 konnten dann die beiden Informationsreihen erscheinen:
1. »Soziologische Informationen und Dokumentationen«, die sogenannten »SID«-Hefte. Sie wurden herausgegeben von der »Zentralstelle für soziologische Information und Dokumentation«, die ebenfalls am Institut für Gesell-

schaftswissenschaften beim ZK der SED angesiedelt und dem »Wissenschaftlichen Rat für soziologische Forschung der DDR« zugeordnet war.

2. »INFORMATIONEN des Wissenschaftlichen Beirats ›Die Frau in der sozialistischen Gesellschaft‹«, herausgegeben vom gleichnamigen Wissenschaftlichen Beirat im Eigenverlag, genehmigt unter der Nr.A2017/66 des Ministeriums für Kultur, Sektor nichtlizenzpflichtige Druckerzeugnisse. Sie wurden – und werden von nun an auch hier – wegen ihres grünen Einbandes kurz die »grünen Hefte« (von nun an: GH) genannt.

Beide Reihen erschienen im allgemeinen sechs mal pro Jahr, broschiert, im Format DIN A5, Klein-Offset.

Die grünen Hefte hatten eine genehmigte Auflagenhöhe von 1000, realiter aber von 1100 Exemplaren. Ihr Erscheinen wurde mit Heft 1/1990 eingestellt.

Das Erscheinen der SID-Hefte wurde mit Heft 6/1990 eingestellt. Ab Heft 4/89 wurde auf dem Deckblatt der Zusatz »beim ZK der SED« geschwärzt. In Heft 6/89 wurde mitgeteilt, dass die Zentralstelle für Information und Dokumentation nun »eine der Öffentlichkeit zugängliche Informationseinrichtung« werde. Das deutlichste Kennzeichen der gesellschaftlichen Veränderungen aber war, dass ab Heft 1/90 jede Broschüre 6 Mark der DDR kostete.

3. Ab Oktober 1970 erschien das »MITTEILUNGSBLATT der Arbeitsgemeinschaft ›Geschichte des Kampfes der Arbeiterklasse um die Befreiung der Frau‹« (von nun an: MB). Dazu kamen als Sonderhefte die Protokollbände der alle zwei Jahre stattfindenden »Clara-Zetkin-Kolloquien«. Das MITTEILUNGSBLATT und die Protokollbände wurden – im gleichen Format wie die anderen Reihen – herausgegeben von der Arbeitsgemeinschaft »Geschichte des Kampfes der deutschen Arbeiterklasse um die Befreiung der Frau« an der »Pädagogischen Hochschule Clara Zetkin« in Leipzig. Seit ihrer Gründung im Jahre 1966 hatte diese Arbeitsgemeinschaft in vielen Zeitschriften und Zeitungen, unter anderem in den »grünen Heften«, publiziert und setzte das auch fort, nachdem sie ihr eigenes Mitteilungsblatt hatte.

Heft 3/1989 war das letzte Heft mit dem Titel »Die Befreiung der Frau durch die Arbeiterklasse«. Danach erschienen weitere Hefte unter dem Titel »Mitteilungsblatt des Forschungszentrums ›Frauen in der Geschichte‹«. Das Forschungszentrum gab das MITTEILUNGSBLATT bis Ende 1991 heraus. Ab Heft 1/1992 zeichnete als Herausgeber der »Verein ›Frauen in der Geschichte‹« e.V. Leipzig«. Das Einzelheft kostete nunmehr 5,00 DM innerhalb, 7,00 DM außerhalb Deutschlands. Ab Heft 2/1992 verschwand als Redaktionsanschrift die Adresse der Hochschule, zunächst erschien die Adresse des Vereins, dann eine Privatadresse. Dann wurden Redaktion und Herstellung nach Hamburg verlegt. 1995 erschien kein Heft, 1996 und 1997 jeweils ein Doppelheft. Dann wurde auch diese Reihe eingestellt.

Nach Gründung des »Wissenschaftlichen Rates für Sozialpolitik und Demografie« sowie des »Instituts für Soziologie und Sozialpolitik« kamen in den

70er und 80er Jahren noch zwei Reihen (in ähnlicher Aufmachung) dazu, die allerdings im Rahmen dieser Studie nicht untersucht werden:

. »Protokolle und Informationen«, herausgegeben vom Wissenschaftlicher Rat für Sozialpolitik und Demografie beim Wissenschaftlichen Rat für Wirtschaftswissenschaftliche Forschung der AdW der DDR. Diese Hefte erschienen unregelmäßig von 1978 bis 1989.

. »Beiträge aus der Forschung. Soziologie und Sozialpolitik« herausgegeben vom Institut für Soziologie und Sozialpolitik bei der AdW der DDR. Diese Hefte erschienen 4mal jährlich von 1982 bis 1989.

Alle diese Reihen zählten insofern zur »grauen« Literatur, als sie in Buchhandlungen und an Kiosken nicht erhältlich waren.[2] Sie waren konzipiert als Instrumente zur gegenseitigen Information der jeweiligen Mitglieder der Wissenschaftlichen Räte, des Beirats bzw. der Arbeitsgemeinschaft und wurden außerdem jeweils nach einem Schlüssel unentgeltlich verteilt an zuständige Funktionäre in Wissenschafts-, Partei-, Verwaltungsinstitutionen und ausgewählten Volkseigenen Großbetrieben der DDR. Sie wurden auch an wissenschaftliche Institutionen in den sozialistischen Ländern geschickt. Sie gelangten gelegentlich in die damalige BRD, was aber – jedenfalls von der Herausgeberin der grünen Hefte – nicht beabsichtigt war.

Die eingeschränkte Öffentlichkeitswirksamkeit war und blieb ein entscheidendes Problem dieser Hefte, in denen durchaus allgemein interessierende Informationen, Erkenntnisse und Meinungen mitgeteilt wurden. In welchem Maße und welchen Formulierungen Forschungsergebnisse doch noch in die Print- und audiovisuellen Medien gelangten und öffentlich diskutiert wurden, konnten wir im Rahmen dieser Studie nicht recherchieren.

III

Die Legalisierung und Förderung der interdisziplinären Frauenforschung und der sozialwissenschaftlichen Forschung erfolgte nach dem VI. Parteitag der SED im Jahre 1963. Dieser Parteitag beschloss den umfassenden Aufbau des Sozialismus und gab damit den Startschuss für eine gesamtgesellschaftliche Umgestaltung, für die es aber – von der Sowjetunion und ihren sehr anderen Bedingungen einmal abgesehen – keine historischen Vorbilder, geschweige denn praktische Erfahrungen gab. Für das, was kommen und gestaltet werden sollte, sollten wissenschaftliche Grundlagen und wissenschaftliche Begleitung geschaffen werden.

In diesem Kontext begann in der DDR die hohe Zeit der Prognose für alle Bereiche des gesellschaftlichen Lebens und, wie wir uns gut erinnern, eine Kampagne prognostischer Aktivitäten auch in allen Betrieben und Institutio-

---

2 Sie werden deshalb auch nicht erwähnt in dem von Barck –Langermann – Lokatis 1999 herausgegebenen, 751 Seiten starken Sammelband : »Zwischen ›Mosaik‹ und ›Einheit‹. Zeitschriften in der DDR«.

nen. Gefordert wurden zunächst mittelfristige Prognosen bis 1970/80. Die Politik benötigte Daten zu Lagen, Befindlichkeiten und Bedürfnissen der Bevölkerung und forderte von den Gesellschaftswissenschaftlern, »verstärkt soziologische Forschungen« durchzuführen. (Programm der SED, 1963:346) Die Gründungsaufträge an die Wissenschaftlichen Räte waren in diesem Sinne formuliert.

Dem »Wissenschaftlichen Rat für Soziologische Forschung« wurde das aufgetragen, was man heute »Mainstream«-Forschung nennen würde: die Erforschung der »Entwicklung des kulturell-technischen Niveaus der Werktätigen im Prozess der technischen Revolution.« (Weidig, 1997:61). Kulturelles und technisches Niveau wäre wohl eine bessere Zielstellung gewesen.

Geforscht wurde dann zu folgenden Schwerpunkten: Entwicklung der Arbeiterklasse, der Klasse der Genossenschaftsbauern; Soziale Annäherung von Klassen und Schichten sowie von Stadt und Land; Überwindung der Unterschiede zwischen geistiger und körperlicher Arbeit (Arbeitsbedingungen, -motivation, Ausbildung, Qualifizierung, Gemeinschaftsarbeit); Stadtgestaltung. Später kamen dazu: Sozialistische Lebensweise, Zeitbudgetforschung; Persönlichkeitsbildung; Bedürfnisse.

Je nach Bedarf wurden zu diesen Schwerpunkten im Laufe der folgenden Jahre Arbeitsgruppen, Arbeitskreise oder so genannte Problemräte gebildet. Problemräte wurden gebildet zu den Themen: Genossenschaftsbauern und Stadt/Land; Methodologie und Methodik der soziologischen Forschung (beide 1966). Sozialstruktur der sozialistischen Gesellschaft; Lebensweise und Territorium (beide 1974). Kulturbedürfnisse und Stadtgestaltung (1978). Analyse und Kritik nichtmarxistischer Soziologie (1980). Soziologie im Betrieb (1981). Soziologische Persönlichkeitsforschung; Soziologische Information und Dokumentation (beide 1982). Geschichte der Soziologie (1989).

Der Beirat »Die Frau in der sozialistischen Gesellschaft« gehörte nicht dazu. Er war von Anfang an anderen Räten gegenüber autonom, wobei es allerdings gegenseitige Mitgliedschaften gab. Herta Kuhrig war Mitglied des Wissenschaftlichen Rates für Soziologische Forschung, und der Wissenschaftliche Sekretär dieses Rates, Horst Taubert, wiederum war Mitglied des Wissenschaftlichen Beirats.

Die Frauenfrage galt in der DDR im Prinzip als Querschnittsproblematik. Das war sowohl historisch tradiertes als auch aktuell politisches Credo. Aber während Herta Kuhrig – nach ihren eigenen Aussagen (17.5.2004) – den Wissenschaftlichen Rat für soziologische Forschung immer wieder drängte, dieses Prinzip auch in der soziologischen Mainstream-Forschung zu realisieren, d.h. Soziologie kontinuierlich und konsequent auch unter dem Geschlechteraspekt zu betreiben, setzte der Wissenschaftliche Rat – nach Aussagen von Rudi Weidig (15.3.2005) – von Anfang an auf eine andere Art von Arbeitsteilung. Er überließ die Erforschung der Frauenproblematik weitestgehend dem Wissenschaftlichen Beirat. Dabei blieb es dann im wesentlichen, obwohl Horst Taubert als Wissenschaftlicher Sekretär des Rates für soziologische Forschung im März 1967 auf der Arbeitstagung »Die gesellschaftliche Stellung der Frau in der DDR und die Aufgaben der Wissenschaft« versprach: »Was die Soziologen betrifft, so werden wir die speziellen Probleme der Stellung und Rolle der Frau bei der Entwicklung des sozialistischen Gesellschaftssystems mehr als bisher zu einem wichtigen Aspekt unserer Forschung machen.« (Taubert in: Grandke, 1968:88) So wurde – gerade wegen der Existenz des Beirates – die Frauen- und Geschlechterproblematik im Hauptstrom der sozialwissenschaftlichen Forschung besten Gewissens wieder marginalisiert.

Art und Grad der Marginalisierung im Mainstream spiegeln sich deutlich in den SID-Heften wider. Die Frauenfrage wurde nicht explizit, sondern implizit behandelt. Es wurde als selbstverständlich vorausgesetzt, dass Frauen wie Männer »Staatsbürger«, »Werktätige«, »sozialistische Persönlichkeiten«, »Individuen«, »Mitglieder von Kollektiven« , »Angehörige der Intelligenz« etc. waren und zu den »Massen«, »Klassen«, »Schichten«, »sozialen Gruppen« oder »Brigaden« gehörten. Das geschah mit einer gewissen Berechtigung, insofern die Frauen das alles natürlich auch waren. Aber mit dieser Begrifflichkeit wurden die Geschlechter, ihre Unterschiede, ihre spezifischen sozialen Probleme sowie auch die sozialen Konflikte zwischen ihnen bereits auf der begrifflichen Ebene zum Verschwinden gebracht. Explizit genannt wurden Frauen in den SID-Heften, sofern sie besondere Schwierigkeiten hatten und/oder machten. Das betraf Themen wie: allein erziehende Mütter; Frauen und Teilzeitarbeit; Schichtarbeit; Arbeitswegezeiten, Qualifizierung, also die auch gegenwärtig im vereinten Deutschland immer noch, bzw. wieder so brisanten Vereinbarkeitsprobleme, allerdings im damaligen Kontext der zu errichtenden sozialistischen Gesellschaft – d.h. auf der Basis einer in allen wesentlichen Teilen volkseigenen Wirtschaft und einer vergleichsweise frauenfreundlichen Politik.

Ab der ersten Hälfte der 70er Jahre wurde Frauenproblemen in den SID-Heften etwas mehr Platz eingeräumt. Das geschah im Zusammenhang mit den neuen Anforderungen an die Vereinbarkeit von Mutterschaft und Berufsarbeit, die angesichts der fortschreitenden Intensivierung der Produktion, des vergleichsweise hohen Bildungsniveaus der Frauen und den sich ankündigenden demografischen Problemen entstanden, und betraf besonders die Städteplanung (vor allem hinsichtlich der Ansiedlung der im Wesentlichen noch immer die Frauen betreffenden Kinder- und sozialen Einrichtungen, die Einkaufsmöglichkeiten sowie die damit verbundenen Wegezeiten), der Entwicklung neuer Lebensweisen und der darauf bezogenen Zeitbudget-Forschung (Berufsarbeits-, Hausarbeits-, Freizeit). Dieser Trend nahm Anfang der 80er Jahre noch zu, nachdem die politisch geförderten sozialen Annäherungsprozesse (Klassen und Schichten, Stadt und Land, Männer und Frauen) in ihrer Gesamtheit zu Stagnationen geführt hatten und die Erforschung von sozialen Unterschieden und deren Notwendigkeit als einer Quelle von Produktivität einsetzte. (SID 3/81) Letzteres ist eine Problematik, die gegenwärtig angesichts der ständig wachsenden sozialen Unterschiede, angesichts der Öffnung der Schere zwischen Arm und Reich nur noch schwer vorstellbar ist.

Für den Wissenschaftlichen Beirat »Die Frau in der sozialistischen Gesellschaft« hieß der Gründungsauftrag:

»1. Die wissenschaftliche Untersuchung der Lage der Frauen und Mädchen in der DDR (einschließlich der familiären Bedingungen) als Bestandteil der Gesamtentwicklung der sozialistischen Gesellschaft der DDR.

2. Die Entwicklung der Familie in der DDR.« (GH 1/65:3)

Mit diesem Auftrag wurden Stand und Trends der Gleichberechtigung von Frauen und Mädchen ins Zentrum der Forschung gerückt. Gleichzeitig wurde die Familie – einschließlich der Reproduktionsbereiche und der Kindererziehung – als Gegenstand sozialwissenschaftlicher Forschung der Frauenforschung zugeschlagen.

Natürlich können wir aus heutiger Sicht leicht behaupten, mit der Bindung der Familien-Forschung an die Frauen-Forschung sei eine Entscheidung im Sinne der patriarchalen sozialistischen Ordnung getroffen und die Chance vergeben worden, Familien-Forschung von vornherein konsequent als Geschlechter-Forschung im Sinne der erst später so genannten »Gender-Forschung« zu betreiben. Mit einer Trennung der beiden Bereiche hätte der Beirat schon Mitte der sechziger Jahre Fragen aufmachen können, die in den hochindustrialisierten kapitalistischen Ländern Jahre später – unter dem Einfluss des neuen Feminismus – in die politische Debatte gebracht wurden. Natürlich können wir aus heutiger Sicht leicht fordern, gerade in jener Zeit gesellschaftlicher Veränderungen hätte der Beirat die Chance nutzen sollen, den Alltag in der DDR konsequent und kritisch daraufhin zu untersuchen, ob und wie sich die Geschlechterverhältnisse insgesamt veränderten.

Aber das wäre eine unhistorische Herangehensweise. Es wäre eine unangemessene Forderung an die damals gerade im Entstehen begriffene Forschungsrichtung. Ganz abgesehen davon, dass es – außer in einigen feministischen Diskursen – bis in die Gegenwart hinein weltweit und international üblich und normal ist, Familienforschung an Frauenforschung und Familienpolitik an Frauenpolitik zu binden, weil das den realen Lebensverhältnissen entspricht. Welcher Art auch immer die Veränderungen von Familienformen und reproduktiven Prozessen sein mögen, sie funktionieren nach wie vor vorwiegend über die sozialen, juristischen, kulturellen Lagen von Frauen und deren Veränderungen.

1964 wurden in der DDR strukturell die Weichen für eine gekoppelte Frauen- und Familienforschung gestellt. Aber die Kopplung von Frau und Familie wurde nicht vom Ministerrat angeordnet, sondern von den Frauen der zuständigen Abteilung beim ZK der SED und vor allem von der vorbereitenden Arbeitsgruppe selbst vorgeschlagen. Sie taten das aus ihren realen Alltagserfahrungen mit Doppel- und Mehrfachbelastung heraus, die trotz der juristischen Gleichstellung andauerte.

Dennoch und gerade deshalb scheint es uns richtig, anzumerken, dass diese Kopplung bereits insofern anachronistisch war, als das Gesetz zum Schutz von Mutter und Kind und die Rechte der Frau von 1950 und das Familiengesetz von 1965 die Männer zumindest in ihrer Vaterrolle mehr als je zuvor in die Familienpflicht nahmen. Und in der Tat: Die Forschungsgruppe »Die Frau in der sozialistischen Gesellschaft« machte bereits 1965 – im Rahmen ihrer intensiven Arbeit an der Konzeption für den Beirat – den konsequenten Vorschlag, ein eigenständiges Institut für Familienforschung zu gründen. (Siehe dazu Abschnitt VIII). Er wurde allerdings erst zehn Jahre später realisiert – unter veränderten Bedingungen und dementsprechend mit anderen als den ursprünglich vorgeschlagenen Forschungsschwerpunkten. (Siehe dazu Abschnitt XI)

Gründungmodi und Forschungsaufträge des Wissenschaftlichen Rates für Soziologie und des Wissenschaftlichen Beirates für Frauenforschung zeigen Größe und Grenzen von Frauenpolitik und Frauenforschung in der DDR. Die Frauenfrage hatte einen hohen Stellenwert – bei gleichzeitiger Unterordnung unter die Klassenfrage, die von der Mainstream-Forschung in Angriff genommen wurde. Akzeptiert wurde, dass die Frauenfrage eine Querschnittsfrage ist, aber praktiziert wurde eine asymmetrische Arbeitsteilung. Die Selbständigkeit der Frauenforschung bedeutete auch, eine Minderheit in der Forschungslandschaft zu sein und einen Minderheitenkampf um Akzeptanz in der Wissenschaftslandschaft führen zu müssen. Aber immerhin: Die Gesetzgebung der DDR verpflichtete letztlich alle wissenschaftlichen Institutionen zur Anerkennung der Gleichberechtigung und der sozialen Gleichstellung der Geschlechter. Dementsprechend gab es kein prinzipielles Gegeneinander in den Grundpositionen von soziologischer Forschung und Frauenforschung. Aber es gab – auch innerhalb der Frauenforschung – durchaus unterschiedliche Auffassungen.

IV

Im gleichen Jahr 1965 erschienen in der bundesrepublikanischen Frauenzeitschrift »Constanze« Reportagen, die später zu dem Band mit dem Titel »Das Wunder drüben sind die Frauen« zusammengefasst wurden. Weil zu der Zeit in der Bundesrepublik oft vom westdeutschen Fräuleinwunder die Rede war, wollten die beiden Redakteure Commandeur und Sterzel – der Gerechtigkeit halber – wissen, wie Frauen im Osten lebten. Es war Kalter Krieg und die beiden Verfasser hielten es damals noch für notwendig, Sätze zu formulieren wie: »Da die Autoren der Meinung sind, dass mit bestimmten Formulierungen Tatsachen nicht aus der Welt zu schaffen sind, benutzen sie den Begriff DDR ohne interpretierende Zusätze«, d.h. ohne »so genannte« DDR und ohne die berühmten Gänsefüßchen. Sie hielten es ebenfalls für notwendig, zu bemerken, dass – entgegen den in der BRD verbreiteten Klischees – die Brüder und Schwestern im Osten nicht hungerten.

Die beiden Redakteure interviewten an unterschiedlichen Orten unterschiedliche Frauen und staunten darüber, dass diese offen über das sprachen, was sie störte, und nicht einmal verschwiegen, wenn und aus welchen Gründen sie mit dem System nicht konform gingen. Die beiden Redakteure entdeckten die DDR als »ein Land voller extremer Widersprüche«. (Commandeur, 1965: 71) Sie entdeckten, dass die meisten befragten Frauen Kinder hatten, einige sogar, ohne verheiratet zu sein; dass die ehelichen und die unehelichen Kinder rechtlich gleichgestellt waren und nur wenige junge Mädchen ihre Neugeborenen zur Adoption freigaben; dass viele Frauen trotz der Kinder berufstätig waren und sich nichts anderes vorstellen konnten; dass ihnen Karrieren offen standen, von denen ihre Schwestern im Westen nicht einmal zu träumen wagten; und dass die Männer wenig darunter zu leiden schienen, »dass die Frauen sich in Beruf und Gesellschaft gleichrangig neben sie gestellt haben, ja, dass sie oft Frauen als Vorgesetzte dulden müssen«. Die bemerkenswerten (und zum Teil leicht komischen) Schlussfolgerungen der beiden Redakteure, die keineswegs bestritten, dass sie als Maßstab westdeutsche Frauenbilder im Kopf hatten: »Widersprüche! Widersprüche!« Und: »Frauen zwischen Naturell und Plan.« (sic!) Und: »Die Emanzipation – übrigens ein Programmpunkt der Partei – wird also von den Männern hingenommen.« (Commandeur, 1965: 72) Natürlich wurden die beiden Redakteure in der BRD kritisiert, obwohl sie weniger lobten als eher staunten und zu beschreiben versuchten.

Aber tatsächlich waren zu der damaligen Zeit in der DDR wesentliche Forderungen der bürgerlichen und der proletarischen Frauenbewegungen nach Gleichstellung der Geschlechter bereits in einigen wesentlichen Punkten erfüllt. Es war wohl wirklich so, wie der Literaturwissenschaftler Hans Mayer, der 1963 aus politischen Gründen in der BRD geblieben war, nach dem Zusammenbruch der DDR in seiner »Erinnerung an eine Deutsche Demokratische Republik« schrieb: »Das schlechte Ende (der DDR, RU) widerlegt nicht einen – möglicherweise – guten Anfang.« (Mayer, 1991:15)

Das traf zumindest auf die Frauenpolitik zu. In der Tat waren die Weichen für die soziale Gleichstellung schon in der Sowjetisch Besetzten Zone (SBZ) gestellt worden. Die Sowjetische Militäradministration in Deutschland (SMAD) hatte in ihrem Befehl Nr. 234 vom 9.10.1947 »gleichen Lohn für gleiche Arbeit« sowie Betriebsessen in allen großen Betrieben angeordnet.

Die Provisorische Regierung der DDR hatte weitere Grundsätze festgeschrieben. In der Verfassung der DDR vom 7.10.1949 heißt es u.a., und das sei

hier zitiert, weil es – unserer Erfahrung nach – zunehmend in Vergessenheit gerät:
»Artikel 6
(1) Alle Bürger sind vor dem Gesetz gleichberechtigt.
Artikel 7
(1) Mann und Frau sind gleichberechtigt. (2) Alle Gesetze und Bestimmungen, die der Gleichberechtigung der Frau entgegenstehen, sind aufgehoben.
Art. 15 (2) Das Recht auf Arbeit wird verbürgt. Der Staat sichert durch Wirtschaftslenkung jedem Bürger Arbeit und Lebensunterhalt...
Artikel 18
(2) Die Arbeitsbedingungen müssen so beschaffen sein, dass die Gesundheit, die kulturellen Ansprüche und das Familienleben der Werktätigen gesichert sind.
(4) Mann und Frau, Erwachsener und Jugendlicher haben bei gleicher Arbeit das Recht auf gleichen Lohn. (5) Die Frau genießt besonderen Schutz im Arbeitsverhältnis. Durch Gesetz der Republik werden Einrichtungen geschaffen, die es gewährleisten, dass die Frau ihre Aufgabe als Bürgerin und Schaffende mit ihren Pflichten als Frau und Mutter vereinbaren kann.
Artikel 30
(1) Ehe und Familie bilden die Grundlage des Gemeinschaftslebens. Sie stehen unter dem Schutz des Staates. (2) Gesetze und Bestimmungen, die die Gleichberechtigung von Mann und Frau in der Familie beeinträchtigen, sind aufgehoben.
Art. 32
(1) Die Frau hat während der Mutterschaft Anspruch auf besonderen Schutz und Fürsorge des Staates. (2) Die Republik erlässt ein Mutterschutzgesetz. Einrichtungen zum Schutz für Mutter und Kind sind zu schaffen.
Art. 33
(1) Außereheliche Geburt darf weder dem Kinde noch seinen Eltern zum Nachteil gereichen. (2) Entgegenstehende Gesetze sind aufgehoben.
Art. 35
(1) Jeder Bürger hat das gleiche Recht auf Bildung und auf freie Wahl seine Berufes.
Art. 39
(1) Jedem Kind muss die Möglichkeit zur allseitigen Entfaltung seiner körperlichen, geistigen und sittlichen Kräfte gegeben werden. Der Bildungsgang der Jugend darf nicht abhängig sein von der sozialen und wirtschaftlichen Lage des Elternhauses. Vielmehr ist Kindern , die durch soziale Verhältnisse benachteiligt sind, besondere Aufmerksamkeit zuzuwenden.« (Verfassungen deutscher Länder...,1989: 469ff.)
Im September 1950 war das in Art. 32, Abs. 2 angekündigte »Gesetz über den Mutter- und Kinderschutz und die Rechte der Frau« gefolgt; 1961 das

Kommuniqué »Die Frauen – der Frieden und der Sozialismus«; und im Dezember 1965 folgte das »Familiengesetzbuch der Deutschen Demokratischen Republik«.

Das Wichtigste an den Gesetzen, den Ausführungsbestimmungen und dem Kommuniqué war, dass die Abschaffung der Diskriminierung von Frauen ausdrücklich mit der Abschaffung der Diskriminierung von sozial Benachteiligten gepaart wurde. Das wirkte sich vor allem auf die lebenswichtigen Bereiche Bildung, Berufs-Arbeit und Kinderbetreuung aus. Hinsichtlich dieser Gesetzgebung und ihrer Realisierung war die DDR durchaus der modernere deutsche Staat.

V

In der ersten Hälfte der 60er Jahre waren die verfassungsmäßig festgeschriebenen Neuerungen bereits in einem gewissem Umfang zu Selbstverständlichkeiten geworden: die juristische Gleichstellung, die (inzwischen wieder umstrittene) Koedukation von Mädchen und Jungen, die Ansprüche auf Bildungsgleichheit, das Recht auf Arbeit. Auf die daraus erwachsenen neuen Haltungen und neuen Lebensansprüche der Frauen und Mädchen (und der Männer) musste die Politik reagieren.

Aus heutiger Sicht war es ein Jahrzehnt bewegter, aber auch widersprüchlicher Frauenpolitik. Es war in der Tat so, wie die beiden westdeutschen Buchautoren geschrieben haben: »Widersprüche! Widersprüche!«

Vieles spricht für ein Jahrzehnt auffällig selbstkritischer Frauenpolitik, selbstkritisch vor allem im Vergleich zu den Erfolgsberichterstattungen der letzten DDR-Jahre. 1961, im Jahr des Mauerbaus, erschien das Kommuniqué des ZK der SED »Die Frauen – der Frieden und der Sozialismus«, das eine insgesamt kritische Bilanz zog und DDR-Frauen vor allem in Leitungsfunktionen vermisste. Aufschlussreich (und amüsant) zu erwähnen ist in diesem Zusammenhang, dass dieses Kommuniqué, wie Lotte Ulbricht u.a. in einem Diskussionsbeitrag auf der Frauenkonferenz im Stahl- und Walzwerk Hennigsdorf 1964 sagte, vor allem zur »Erziehung und Umerziehung der Männer« gemacht wurde. Natürlich, sagte sie, spiele es eine gewisse Rolle, dass Kolleginnen sich nicht qualifizieren wollen, weil sie Hemmungen hätten, »aber ist es nicht so, dass im Betrieb eine gewisse Unterschätzung der Frau vorhanden ist?« Unmittelbar nach Erscheinen des Kommuniqués sei eine ganze Menge getan worden, verschiedene Frauen seien befördert worden, aber das habe wieder »bedeutend nachgelassen. Es wurde vergessen, dass das Kommuniqué nicht der Frauen wegen verfasst wurde. Denn wir hatten in gründlichen Untersuchungen 1961 feststellen müssen, dass sich zwar bei den Frauen ein großer Wandel vollzogen hat, dass sie auf allen Konferenzen, Beratungen etc. mit vielen vernünftigen, sachlichen ... Vorschlägen auftreten, dass sie aber nicht genügend gefördert werden. Gleichzeitig mussten wir feststellen, dass der Hauptgrund dafür nicht so sehr die Hemmungen oder das Minderwertigkeitsgefühl bei den Frauen war, sondern die Tatsache, dass Wirtschafts-, Gewerkschafts- und Parteifunktionäre zum Teil die Rolle der Frau unterschätzen. An den Protokollen der Abteilungen sieht man, dass hier im Betrieb bei manchen Männern noch nicht ganz durchgedrungen ist, dass auch sie sich ändern müssen.« (Ulbricht, 1968:311) Das Kommuniqué sollte demnach die Frauen nicht nur zu fachlicher Qualifizierung ermutigen, sondern auch zu politischem Selbstbewusstsein. Und dazu, den Männern neue Haltungen abzuverlangen: zur Rolle der Frau und zur Rolle der Macht.

Der damals in Gang gesetzte und durchaus mit Rückschlägen durchsetzte Prozess führte dazu, dass in den letzten Jahren der DDR etwa ein Drittel aller Leitungspositionen von Frauen besetzt war. Dass es sich dabei vor allem um die untere und mittlere Leitungsebene handelte, war kein Geheimnis, aber nach unserer Wahrnehmung auch kein politisch explosiver Diskussionsstoff. Aus heutiger Sicht ist allerdings das folgende Zitat bemerkenswert – und zwar sowohl wegen der Wortwahl als auch wegen des Informationsgehalts: Anfang der 80er Jahre war »jeder 5. Kreisarzt, jeder 4. Bürgermeister, jeder 4. Oberschuldirektor, jeder 3. Abgeordnete, jeder 2. Richter, jeder 2. Schöffe, jeder 2. Gewerkschaftsfunktionär ... eine Frau.« (Demokratischer..., 1989:313) Der Anteil der Bürgermeisterinnen und Schuldirektorinnen erhöhte sich bis zum DDR-Ende noch erheblich, auf etwa 30 Prozent.

Es spricht vieles für ein Jahrzehnt im besten Sinne moderner Frauenpolitik. 1965 wurde das »Familiengesetzbuch der DDR«, an dem seit 1947 gearbeitet und von dem 1954 ein Entwurf veröffentlicht worden war (Grandke, 1978: 240), von der Volkskammer verabschiedet. Am 1.4.1966 trat es in Kraft. Der juristische Rahmen für die familiäre Entwicklung stand hier – im Gegensatz zur Jahrhunderte langen Vergangenheit und auch im Gegensatz zur bundesdeutschen Gegenwart – nicht mit ökonomischen Bedingungen, sondern »mit den Beziehungen gegenseitiger Liebe, Achtung und des gegenseitigen Vertrauens« (aus der Präambel) in Zusammenhang. Allerdings mussten – nach Aussagen von Herta Kuhrig – derartige Formulierungen gegen konservative Juristen mühsam durchgesetzt werden. Der gerade neu gegründete Beirat für Frauenforschung wurde von der damaligen Justizministerin Hilde Benjamin aufgefordert, sich an diesen Auseinandersetzungen zu beteiligen, und tat das intensiv. Nicht ungleich verteiltes Geld, sondern gleich verteilte Beziehungen wurden in den Mittelpunkt gerückt. Folgerichtig schrieb dieses Gesetzeswerk den Männern die gleiche Verantwortung für die Familie – einschließlich Kindererziehung – zu wie den Frauen. Modern war nicht nur der Gesetzestext, modern war auch, dass der Gesetzentwurf mehr als sechs Monate lang öffentlich diskutiert wurde. Das geschah ebenfalls auf Vorschlag Hilde Benjamins, der berühmt-berüchtigten »roten Hilde«, die dann auch die schriftlichen und mündlichen Vorschläge sammeln und auf ihre juristische Umsetzbarkeit und Formulierbarkeit hin untersuchen und überarbeiten ließ. (Kuhrig am 17.5.04)

Es ist auch nicht unberechtigt, die 60er Jahre als Jahrzehnt ganzheitlicher Frauenpolitik zu bezeichnen. Es war das Jahrzehnt der großen Bildungsinitiativen für Frauen (in der alten Bundesrepublik waren das die achtziger Jahre). Bekanntlich hatten 1949 nur 5% aller Arbeiterinnen eine Berufsausbildung und der Frauenanteil an Hochschulen und Universitäten lag unter 20%. (Scholze, 1986:64). Das änderte sich in dieser Zeit grundlegend, so dass in der DDR-Endzeit in der berufstätigen Bevölkerung keine signifikanten Unterschiede zwischen Frauen und Männern im formalen Qualifikationsniveau mehr nachgewiesen werden konnten.

1965 lockerte eine »Instruktion des Ministeriums für Gesundheitswesen« das Abtreibungsverbot. Von nun an war auch eine sozialmedizinische Indikation, zusätzlich zur medizinischen und eugenischen, rechtens. (Thietz, 1992) Trotz alledem war die Geburtenrate nie – auch nicht in den späteren Zeiten »sozialpolitischer Maßnahmen« – höher als in diesen Jahren. Die so genannte Fruchtbarkeitsziffer (Geburten pro 1000 Frauen im gebärfähigen Alter) lag 1960 bei 2328, 1965 bei 2483, 1970 bei 2192 und später immer unter 2000. (Statistisches Jahrbuch, 1990: 418)

Außerdem wurden Arbeitsstätten damals zu »sozialen Orten«. Zuverlässige soziale Dienste wie Kindereinrichtungen, Essenversorgung, medizinische Versorgung, Urlaubsangebote, Freizeitangebote, Kosmetik, Friseur usw. sollten den Frauen (den Männern leider weniger) die so genannte zweite Schicht erleichtern und haben sie auch erleichtert. Der Beschäftigungsgrad der arbeitsfähigen weiblichen Bevölkerung lag laut der offiziellen DDR-Statistik 1960 bei 69,8% und 1970 bei 81,9%. Während 1955 nur 9% der unter Dreijährigen und 35% der Drei- bis Sechsjährigen eine öffentliche Kindereinrichtung besuchen konnten (Die Frau in der DDR, 1989), erhöhte sich in den 60er Jahren die Zahl der Kinderkrippen- und Kindergartenplätze spürbar – mit dem Ergebnis, dass in der DDR-Endzeit für etwa drei Viertel aller unter Dreijährigen und für fast alle Drei- bis Sechsjährigen außerhäusliche Betreuung möglich war. (Höckner, 1995)

1964 und 1969 wurden – »auf Anregung des ZK der SED« (Scholze, 1986: 190) – zwei Frauenkongresse veranstaltet, die weit über den Rahmen des Demokratischen Frauenbund Deutschlands (DFD) hinausgingen. Jeweils 50% der Kongress-Teilnehmerinnen gehörten dieser einzigen Frauenorganisation der DDR nicht an. In diesem Sinne stand der erste Frauenkongress unter dem Motto »Unsere Republik braucht alle Frauen – alle Frauen brauchen unsere Republik« und damit im Einklang mit dem damals favorisierten theoretischen Konzept der »sozialistischen Menschengemeinschaft«. Das Motto des zweiten Kongresses, der gemeinsam mit dem Bundesvorstand des FDGB und dem Nationalrat der Nationalen Front einberufen wurde, lautete »Der Frauen Herz,

Wissen und Tat für unseren sozialistischen Friedensstaat«. Warum es danach keine zentralen Frauenkongresse mehr gab, ist nach unseren Recherchen nicht schlüssig zu beantworten, außer wir akzeptieren als ausreichende Begründung den personellen Wechsel an der Führungsspitze von Walter Ulbricht, der an der politischen Lösung der Frauenfrage interessiert war, zu Erich Honecker, der andere, nämlich sozial-politische Schwerpunkte setzte.

Anfang der 70er Jahre wurden Schwangerschaftsabbrüche rechtens und versicherungsrechtlich dem Krankheitsfall gleichgestellt. Das Gesetz über die (kostenlose) »Unterbrechung der Schwangerschaft« wurde am 9.3.1972 – erstmalig mit Gegenstimmen – von der Volkskammer der DDR beschlossen, aber ohne, im Unterschied zum Familiengesetz, vorher öffentlich diskutiert worden zu sein. Die VerfasserInnen haben den Gesetzestext hinter den Kulissen und offenbar in einer solchen Eile formuliert, dass ihnen sogar im Titel ein falscher Begriff unterlief. Korrekt wäre »Abbruch« und nicht »Unterbrechung«. (Kuhrig am 17.5.2004) Die von uns recherchierten Dokumente und geführten Interviews geben keine sichere Auskunft darüber, warum dieses Gesetz so schnell und überraschend kam. Bekannt ist allerdings, dass in den westlichen Ländern Ende der 60er, Anfang der 70er Jahre der »feministische Aufruhr« begann – unter anderem mit der bundesdeutschen Aktion »Ich habe abgetrieben«. Die Aktion hätte der Tradition der proletarischen Protestkultur der Weimarer Republik zugerechnet werden können, aber einem Übergreifen dieser Bewegung in die DDR wollte man wohl vorgreifen. Vor allem, weil die feministische Bewegung in der theoretischen Weiterführung die Gleichrangigkeit der grundlegenden gesellschaftlichen Widersprüche (vor allem Klasse, Geschlecht, Ethnie) einforderte und damit der Klassenkampfdominanz widersprach.

Interessant ist, dass dieses im Weltmaßstab vorbildliche und von fortschrittlichen Kräften gelobte Gesetz innerhalb der DDR auch nach seinem Inkrafttreten kaum öffentlich erwähnt oder gar diskutiert wurde, auch nicht in den SID-Heften, den grünen Heften und dem MITTEILUNGSBLATT zur »Geschichte des Kampfes der Arbeiterklasse um die Befreiung der Frau«. Abtreibungen (wie auch die kostenlose Verteilung der »Pille«) wurden praktiziert, aber sie – und noch mehr die diesbezüglichen empirischen Daten – blieben eine Art Tabu-Thema, wahrscheinlich, weil jede Abtreibung als eine Kritik an der Politik der Regierung hätte gewertet werden können. Hier handelt es sich um eine der Merkwürdigkeiten, die für uns im nachhinein nicht zu verstehen sind.

Aber wie in den anderen Jahrzehnten auch war die Politik der 60er Jahre keineswegs frei von Misstrauen gegenüber der Bevölkerung und damit auch gegenüber den Frauen. Im Rückblick auf die Kulturpolitik beispielsweise ist daran zu erinnern, dass im Dezember 1965 – nur wenige Tage vor der Verabschiedung des Familiengesetzes der DDR – auch die berühmt-berüchtigte 11. Plenartagung des ZK der SED stattfand, das sogenannte »Kahlschlag-Plenum«, auf dem eine Reihe von Kunstwerken verboten wurden, darunter beinahe die ganze Jahresproduktion der DEFA (Deutsche Film-AG, Babelsberg). Es fällt auf, dass gerade die Filme verboten wurden, in denen – quasi als Folge der »Bitterfelder Konferenz« von 1959 – viel Realität eingefangen worden war und in denen – der Realität gemäß – oft Frauen die Protagonistinnen waren. Bei den Heldinnen dieser Filme handelte es sich um Frauen, die zu der ersten Generation (aus meist unterprivilegierten Schichten) gehörten, die durchgehend in der DDR sozialisiert war. Diese sehr jungen Frauen meldeten mit einer neuen Art von Selbstbewusstsein ihre eigenen Ansprüche an – auch gegenüber denen, die ihnen diese Sozialisation ermöglicht hatten. Sie hatten die Losung, gerade auf sie komme es an (»Auf dich kommt es an, auf uns alle«[3]), als Aufforderung verstanden, in einem durchaus produktiv gemeinten Sinne kritisch zu reden und zu handeln, und sie stellten – im Falle der verbotenen Filme – Fragen an staatstragende Institutionen: an das Rechtswesen (»Das Kaninchen bin ich«), an das Bildungswesen (»Karla«) und an die Kaderpolitik (beide Filme). Im Verständnis der Parteiführung waren das fundamentale Angriffe auf die herrschenden Machtverhältnisse, und genau das durfte nicht sein. Diese Frauenfiguren waren – mit ihren um die 20 Jahren – noch nicht auf Familie und Kinder aus, wohl aber auf neue Formen partnerschaftlichen Zusammenlebens. Damit stellten sie in Beruf und Partnerschaft ungewöhnliche und geradezu ungehörige Anforderungen an Männer. Die Filme wurden vom 11. Plenum nicht ausdrücklich wegen des Bildes verboten, das sie von DDR-Frauen, sondern das sie von DDR-Jugendlichen lieferten. Die Argumente lauteten: Politisch und moralisch gefährlich, weil Zweifel – das war das Wichtigste –, Kosmopolitismus und Pornographie verbreitet würden. (Kaufmann, 1997: 174ff.)

Mit den Filmen wurde ein Bild von Frauen verboten, das sie als Staatsbürgerinnen zeigte, die mehr oder weniger bewusst auf Mitgestaltung der Gesellschaft und damit auf »Demokratie von unten« aus waren. Mit dem Verbot (auch von »Spur der Steine« mit der jungen Ingenieurin Kati Klee) wurde verhindert, dass diese Lebensansprüche und die vielfältigen Konflikte junger Frauen in die öffentliche Selbstverständigungsdebatte der damaligen Zeit gelangten. Die Filme waren zugleich Versuche, mit den Möglichkeiten der Kunst an der Überwindung des Stalinismus mitzuarbeiten. Dass hierzu Frauenfiguren besonders geeignet schienen, zeigt, welcher Grad und welche Chancen für Frauenemanzipation in den 60er Jahren erreicht waren und weggebrochen wurden.

---

3 Refrainzeilen aus dem Lied: Das neue Leben muss anders werden. Text: Louis Fürnberg, Musik: Hans Walter Süßkind. In: Lammel, 1970: 215. Im Original heißt es: »Auf euch kommt es an.« Gesungen wurde: »Auf dich kommt es an.«

VI

Der »Wissenschaftliche Rat für Soziologische Forschung« hatte gute Startbedingungen. Er war durch seine Anbindung an das Institut für Gesellschaftswissenschaften von Anfang an personell, materiell und finanziell vergleichsweise reich ausgestattet und konnte seine Arbeit mit den be- und entstehenden soziologischen Instituten und Forschungsbereichen den Universitäten und Hochschulen beginnen, Arbeitsgruppen und Problemräte bilden, Tagungen und Konferenzen organisieren.

Der Beirat »Die Frau in der sozialistischen Gesellschaft« verfügte von vornherein über weit weniger Möglichkeiten. Das betraf auch die finanziellen und materiellen Möglichkeiten, aber vor allem die Arbeitskräfte. Nachdem Herta Kuhrig sich für die Stelle als Wissenschaftlicher Sekretär entschieden hatte, hieß es: »Gut. Sie kriegen einen Raum und einen Schreibtisch und dann fangen Sie an.« (Kuhrig am 17.5.2004) Der Beirat »Die Frau in der sozialistischen Gesellschaft« wurde gegründet, aber eigenständiges Forschungspersonal nicht vorgesehen, obwohl es damals bereits einige wenige Frauen (und Männer) gab, die zur Frauen- und Geschlechterproblematik gearbeitet hatten.

Die Mehrzahl von ihnen hatte ihre wissenschaftlichen Themen aus der eigenen Betroffenheit heraus gefunden und entwickelt – ähnlich wie die Feministinnen in der BRD und den anderen kapitalistischen Ländern das später auch taten und zum Prinzip feministischer Wissenschaft erklärten. Herta Kuhrig beispielsweise arbeitete als wissenschaftliche Assistentin im Grundstudium an der Hochschule für Ökonomie in Berlin, hatte zwei kleine Kinder und einen beschäftigten Ehemann, der zwar für Arbeitsteilung im Haushalt war, aber beruflich viel unterwegs sein musste und die Kinder nur selten aus Krippe oder Kindergarten abholen konnte, obwohl das angesichts der Ganztagsöffnung erst am späten Nachmittag geschehen musste. Sie wusste: Um weiter zu kommen musste sie promovieren, hatte aber unter den gegebenen familiären Bedingungen keine Vorstellung, wie und zu welchem Thema. Sie hörte von Promotionsmöglichkeiten am Institut für Gesellschaftswissenschaften. Um die gleiche Zeit konnte zum ersten Mal eine Delegation aus der DDR am internationalen Soziologiekongress in Evian teilnehmen, zu der ihr Institutsleiter gehörte. Er berichtete nach seiner Rückkehr, die DDR-Beiträge seien gut angekommen, aber abgehoben, »makro« gewesen. Was in der Welt wirklich interessiere, seien die konkreten, die »mikro« Prozesse, die sich vollziehen, wenn man eine andere Gesellschaftsordnung aufbaut, beispielsweise, wie sich die Familie verändert und welchen Einfluss das auf die Stellung der Frau hat. Kuhrig: »Da hat es bei mir gefunkt. Ich dachte, du kannst über Frauen, Gleichberechtigung, Familie schreiben und deine eigenen Probleme wissenschaftlich produktiv machen. So kamen der Wille zu promovieren und das Thema zusammen.« Ähnlich zufällige Anregungen und Ermutigungen erfuhren andere Wissenschaftlerinnen möglicherweise auch. Aber letztlich blieben sie alle Einzelkämpferinnen und fühlten sich auch vereinzelt, weil ihre Themen nicht in die Thematik ihrer Einrichtungen passten. Es war der Zeitpunkt, zu dem Frauen- und Familienthemen als Untersuchungsgegenstand wissenschaftlicher Arbeiten gerade entdeckt wurden, aber Hauptthema wurden sie nirgendwo. Deshalb war für Kuhrig die Stelle beim Beirat »grandios genau das, was ich wollte: die Koordinierung und Förderung der Frauenforschung«. (Zitate: Kuhrig am 17.5.2004)

Die erste Aktion war ein Brief des Präsidenten der Akademie der Wissenschaften an die Rektoren der Universitäten und Hochschulen, der neben der Mitteilung über Gründung und Auftrag des Beirats die Frage nach der Bilanz von Frauenforschung an ihren Institutionen stellte. Im ersten grünen Heft wurde bereits eine Übersicht über die Auswahl von Graduierungsarbeiten zu Frauen- und Familienthemen veröffentlicht, die die vorbereitende Arbeitsgruppe für ihre konzeptionelle Arbeit genutzt hatte: 16 Dissertationen und 5 Diplomarbeiten, davon 12 von Frauen. (GH 1/65: 48ff.)

Aber der Mangel an Forschungskapazitäten war und blieb ein entscheidender Geburtsfehler der Frauenforschung und zweifellos eine der Ursachen für die mehrfache Umstrukturierung des Beirates in den folgenden Jahren.

VII

Dieses erste grüne Heft ist insgesamt von Interesse für unser Thema, denn aus der Zusammensetzung des Beirats (4ff.), seiner Struktur (7ff.) und der Analyse des Forschungsstandes (10ff.) ist ablesbar, welche Ziele in der Gründungsphase angestrebt wurden.

Dem Beirat gehörten 17 weibliche und 11 männliche Mitglieder an. Sie vertraten:

. die Akademie der Wissenschaften und die Akademie der Landwirtschaftswissenschaften, beide Berlin,
. verschiedene Universitäten und Hochschulen (Berlin, Dresden, Leipzig, Magdeburg, Rostock) und zwar die Gebiete Geburtshilfe, Gynäkologie, Sozial- und Arbeitshygiene, Landwirtschaft, Maschinenbau, Pädagogik, Familienpädagogik, Publizistik;
. gesellschaftliche Organisationen (DFD, FDGB, FDJ, Frauenkommission beim ZK der SED);
. Institutionen (Ministerrat, Staatliche Plankommission, Ministerium für Volksbildung, Oberstes Gericht der DDR, Zentralverwaltung für Statistik);
. Landwirtschaftliche Produktionsgenossenschaften;
. die Frauenzeitschrift »Für Dich«.

Bereits diese Zusammensetzung zeigt, dass der Beirat von vornherein sowohl multidisziplinär als auch praxisverbunden angelegt war.

In dem konzeptionellen Papier, das einen »Wunschanbauplan« darstellte, eine Mischung aus dem, was machbar, und dem, was wünschenswert war, ist die Rede von vier Arbeitskreisen. Gebildet wurden zunächst nur zwei. Die Arbeitskreise wiederum sollten in Form von Arbeitsgruppen arbeiten, die von WissenschaftlerInnen von verschiedenen Fakultäten verschiedener Universitäten, bzw. wissenschaftlicher Institutionen geleitet wurden. Diese Struktur war zum einen der Tatsache geschuldet, dass die potentiellen MitstreiterInnen an sehr verschiedenen Orten arbeiteten. Zum anderen war sie durchaus Konzept. Die Forschung sollte gleichzeitig an möglichst vielen Punkten in der DDR anlaufen.

Die Aufgabenstellungen der vier Arbeitskreise und die Anzahl der ihnen zugeordneten Arbeitsgruppen zeigen, zu welchen Bereichen Rückmeldungen aus den Universitäten und Institutionen eingetroffen waren, wie der Beirat sie bündelte und auf welche Fragen er das Schwergewicht der Forschung zu legen beabsichtigte.

Der AK I hatte als Forschungsgegenstand »Die gesellschaftliche Rolle der Frau beim umfassenden Aufbau des Sozialismus, unter besonderer Berücksichtigung ihrer Entwicklung im Beruf«. Dieser Arbeitskreis war angesiedelt an der Technischen Universität Dresden. Zu ihm gehörten 6 Arbeitsgruppen, von denen die erste – »Die Rolle der Frau in der Industrie« – noch einmal aufgegliedert war in drei territoriale Zentren. Berlin (AdW) war zuständig für die Untersuchung von »Auswirkungen und Zusammenhang zwischen Berufsarbeit und Aufgaben in der Familie«, Halle/Leipzig (Martin-Luther-Universität) für »Berufliche Entwicklung der Mädchen, Probleme der Frauenqualifizierung«, Dresden (TU) für »Problematik der Frauenberufe. Vergleichsstudie mit Westdeutschland«. Dazu kamen 4 Arbeitsgruppen, die sich mit Frauen in der Landwirtschaft; im Staatsapparat und bei der Entwicklung der sozialistischen Demokratie; in Wissenschaft, Gesundheitswesen und Volksbildung; im Transport- und Nachrichtenwesen sowie im Handel beschäftigen sollten.

Der AK II hatte »Probleme der Entwicklung sozialistischer Familienbeziehungen« zum Forschungsgegenstand und war gegliedert in drei Arbeitsgruppen: (AG1) Grundfragen der Entwicklung sozialistischer Ehe- und Familienbeziehungen; (AG2) Die Rolle der Familie bei der sozialistischen Erziehung der Kinder. Diese AG war von vornherein identisch mit der Forschungsgemeinschaft »Sozialistische Familienerziehung« beim Wissenschaftlichen Rat des Ministeriums für Volksbildung. Nachdem Margot Honecker Ministerin für Volksbildung geworden war, wurden die Wirkungsmöglichkeiten des Beirats »Die Frau in der sozialistischen Gesellschaft« für die Bereiche Kindergarten und Schule sowie Erziehung dieser Altersgruppen zunehmend eingeschränkt. Und schließlich: (AG3) Sozialhygienische und demographische Probleme der Familie und Probleme der unvollständigen Familie. (Die Formulierung »unvollständige Familie« lässt interessante Rückschlüsse auf den damals herrschenden Familienbegriff zu.)

Der AK III »System der Maßnahmen zu Industrialisierung der Hausarbeit«, den Grandke und Kuhrig für sehr wichtig hielten, weil er für die Erleichterung der Hausarbeit durch die Verbesserung von Apparaten sowie durch die Einrichtung von Dienstleistungen zuständig sein sollte, wurde von vornherein nur von der Thematik her geführt, weil diese grundsätzlichen Fragen in die Thematik der »AG Lebensstandard« beim Beirat für ökonomische Forschung der Staatlichen Plankommission aufgenommen wurden.

Auch der AK IV »Die Rolle des geistig-kulturellen Lebens für die Entwicklung der Frau und ihre aktive Mitarbeit bei der Entwicklung der Literatur, Kunst und des gesamten kulturellen Lebens« kam bedauerlicherweise nicht in Gang, obwohl Frauen an der Gestaltung des kulturellen Lebens (im umfassenden Sinne) großen Anteil hatten und Probleme der Emanzipation bekanntlich gerade in Kunstwerken immer wieder behandelt wurden. Dazu finden sich in den grünen Heften insgesamt nur 4 Beiträge. Es gab damals noch keine kulturwissenschaftliche Forschung.[4] Aber erwähnt werden soll hier, dass Beiratsmitglieder wiederholt von KünstlerInnen zu Diskussionen eingeladen wurden, wenn es um Kunstwerke mit problematischer Frauenthematik ging.[5] Leider wurde über solche Diskussionen in den grünen Heften nicht berichtet.

VIII

Die Arbeit an der wissenschaftlichen Konzeption des Beirats begann mit der »Analyse des Forschungsstandes zum Problem ›Die Frau in der sozialistischen Gesellschaft‹«, und die erste kritische Bemerkung galt einer der Schwächen der Gesellschaftswissenschaften, die in der DDR nie wirklich ganz beseitigt wurde: »In der Hauptsache werden statistische Tabellen wiedergegeben, um mit ihnen bestimmte vorher gewonnene Thesen zu belegen.« (GH 1/65:14. Hervorhebung im Original). Den Hang zur nachträglichen wissenschaftlichen Begründung von Partei- und Regierungsbeschlüssen zeigte später gelegentlich auch die Frauenforschung selbst, wie in mehreren Beiträgen in den grünen Heften nachzuprüfen ist. Die zweite kritische Bemerkung galt dem Mangel an qualitativ aussagekräftigen Daten: »Die vorhandenen Statistiken (...) geben noch zu einseitig quantitative Aussagen über den zahlenmäßigen Anteil der Frauen an den Berufstätigen, in den Industriezweigen, den gesellschaftlichen Organisationen usw. Sie sagen nichts aus über die persönlichen Bedingungen der Frauen, d.h. über ihren Familienstand, Zahl der Kinder, Alter der Frauen usw. Eine Analyse der Meinungen und Auffassungen der Männer und

---

4 Allerdings wurde in den Zeitschriften der verschiedenen Kunstgattungen häufig über den Realismus in der Darstellung von Frauen – einschließlich Familien- und Generationsproblemen geschrieben und gestritten. Diese Fachzeitschriften waren käuflich zu erwerben, ihre Wirkung ging damit über die jeweiligen internen Verteilerkreise hinaus.
5 Herta Kuhrig erinnert sich u.a. an Gespräche über den DEFA-Spielfilm »Lots Weib«, der auf dem »Kahlschlagplenum« nicht verboten wurde, und an die Inszenierung von »Ein Tag im Leben der Regina B.« im Maxim-Gorki-Theater Berlin. (17.5.2004)

Frauen, Jungen und Mädchen zur Rolle der Frau in der sozialistischen Gesellschaft fehlt ebenfalls.« (GH 1/65:14)

Mit Feststellungen dieser Art machte der Beirat deutlich, dass es ihm mit der kritischen Erforschung der Lagen, Konflikte und Meinungen der Frauen und Mädchen in der DDR wirklich ernst war.

Bei der »von den heutigen und künftigen Anforderungen an die Wissenschaft« (GH 1/65:12) ausgehenden Auswertung des Materials folgte die vorbereitende Arbeitsgruppe unter der Leitung von Anita Grandke stringent dem Darstellungsprinzip: 1. Als gelöst zu betrachtende Probleme. 2. Offene Probleme. Dabei gingen die Verfasserinnen bemerkenswert offensiv vor und dennoch widerspiegelt sich auch hier die Widersprüchlichkeit, die der gesellschaftswissenschaftlichen Forschungstätigkeit in der DDR überhaupt innewohnte. Einerseits schimmert immer wieder die teleologische Geschichtsauffassung durch, die mit dem Stichwort »gelöste Probleme« auf die planmäßige Machbarkeit und kontinuierliche Verbesserung politischer und sozialer Verhältnisse vertraut. Diese Geschichtsauffassung, die bei den nachfolgenden Generationen auf Grund eigner Lebenserfahrungen erheblich bröckelte, war lange eine Hoffnung, ein Kraftquell (und zugleich eine Schwäche) der Aufbaugeneration, beruhte sie doch auf ihrem gemeinsamen zentralen Jugenderlebnis von Krieg, Besiegbarkeit des Faschismus, Wiederaufbau und nicht zuletzt auf der marxistischen Theorie, wie sie ihnen beigebracht worden war. Andrerseits wird in den Texten deutlich, dass mit »als gelöst zu betrachtenden Problemen« nicht reale Lösungen gemeint waren, sondern theoretische Positionen, zu denen weitgehender Konsens bestand. Unter »offene Probleme« machten die Autorinnen Vorschläge, welche wissenschaftlichen Fragestellungen als nächste im Rahmen der Beiratsarbeit in Angriff genommen werden müssten. Dabei fällt uns heute auf, dass damals von der offiziellen Wissenschaft der DDR, zu der der Beirat ja gehörte, eine Reihe von Fragen gestellt wurden, die die Feministinnen in den kapitalistischen Ländern einige Jahre später ebenfalls stellten. Aber während die Feministinnen es – ihrer realen Situation im Konkurrenzkampf gemäß – meist zugespitzt, streitbar, kämpferisch und gelegentlich unversöhnlich taten, sind in den konzeptionellen Texten der DDR-Forscherinnnen – ihrer realen Situation in der sozialistischen Gesellschaft gemäß – durchweg ein kooperativer Ton und die Hoffnung von Intellektuellen auf die Durchsetzung des Notwendigen und Vernünftigen zu spüren.

Unter »gelöste Probleme« zum Inhalt der Gleichberechtigung sind u.a. folgende Gedanken zu lesen:

»Gleichberechtigung wird als das Recht, als der Anspruch aller Frauen und Mädchen auf die gleiche gesellschaftliche und familiäre Stellung, Ansehen und Entwicklungschancen verstanden, wie sie für Männer gegeben sind. Eine ausführlichere Definition der Gleichberechtigung spricht von dem Recht auf Mitwirkung an der Gestaltung des gesamten politisch-staatlichen, wirtschaftlichen und kulturellen Lebens und der Entscheidung über Lebensfragen der deutschen Nation, dem Recht auf Arbeit, dem Grundrecht auf Bildung. Hier wird auch betont, dass die Gleichberechtigung sowohl juristisch als auch praktisch eine ständige Vertiefung erfährt und dass von Seiten des Staates in allen wichtigen Dokumenten (...) dafür gesorgt wird.«(GH 1/65:18)

Es wurde festgestellt, dass Konsens hinsichtlich der Notwendigkeit der rechtlichen Gleichstellung der Frauen mit den Männern bestünde. Aber unter »offene Fragen« wurde sogleich nach den Pflichten von Frauen und Männern und damit nach signifikanten Unterschieden gefragt. Damit wurde die Forderung nach Theoriebildung zu den Geschlechterdifferenzen bereits angedacht:

»Im Zusammenhang mit der Gleichberechtigung gibt es keine übereinstimmende und klare Verwendung der Begriffe. Es wird oft von Gleichstellung der Frau und Gleichwertigkeit gesprochen. Damit sind viele Ungenauigkeiten und auch Fehlerquellen verbunden. (...) Bisher unzureichend erarbeitet ist die Frage nach den Konsequenzen, die mit der Gleichberechtigung der Frau auf der Pflichtenseite verbunden sind. (...) Welche moralischen und rechtlichen Pflichten sich für die Frau, den Mann, den Betrieb, die staatlichen Organe usw. ergeben, ist mit Ausnahme des Familienrechtes weitgehend offen. Insbesondere die arbeitsrechtliche Seite dieser Frage ist nach unserem Überblick nicht geklärt. Es gibt keine eindeutigen Aussagen darüber, ob auf Grund der Gleichberechtigung – und wenn ja, unter welchen Bedingungen – an die Frauen die gleichen Anforderungen zu stellen sind bzw. ob es richtig und notwendig ist, für sie besondere Maßstäbe oder besondere Arbeitsbedingungen usw. zu fordern.« (GH 1/65:18f)

Zur damaligen Entwicklung der Frauen und Mädchen in der DDR heißt es u.a.: »Allgemeiner und von der Praxis bestätigter Ausgangspunkt ist die Auffassung, dass die Frauen im Prinzip die gleichen Fähigkeiten haben wie die Männer und dass sie bei entsprechenden Entwicklungsbedingungen die gleichen Leistungen vollbringen können. (...) Das Problem besteht darin, dass die tatsächliche Verwirklichung und Wahrnehmung des gleichen Rechts mit einer Reihe von gesellschaftlichen und persönlichen Problemen verbunden und ein komplizierter, längere Zeit andauernder Prozess ist. (...) Aus den physiologischen Besonderheiten der Frau wird selbstverständlich ihre besondere Rolle als Mutter abgeleitet. Einige Autoren verbinden damit ein natürliches Bedürfnis der Frau zur Mutterschaft und ein natürliches Schutzbedürfnis der Frau gegenüber der Gesellschaft. (...) Es fehlt jedoch eine Differenzierung zwischen den Aufgaben, die nur sie auf Grund ihrer biologischen Beschaffenheit erfüllen kann, von denen, die nur sie überwiegend ausüben kann, von denen, die sie traditionsgemäß noch ganz oder weitgehend allein ohne Notwendigkeit ausübt, und schließlich von denen, die sie zwar nur traditionsgemäß ausführt aber ausführen muss, weil andere Möglichkeiten nicht vorhanden sind. Es fehlt also die exakte Abgrenzung zwischen den biologisch bedingten speziellen Aufgaben der Mutter von denen, die in der Hauptsache historisch bedingt sind. So wird häufig von den besonderen und zusätzlichen Pflichten der Frau als Mutter gesprochen, wie es auch in der Verfassung der DDR der Fall ist. Worin diese Pflicht besteht – gegenwärtig und künftig – wird als selbstverständlich vorausgesetzt, jedenfalls nicht erläutert. Es bleibt offen, ob die besondere Pflicht der Frau sich auf die Geburt der Kinder und das Nähren, auf die ersten Entwicklungsjahre erstreckt oder – als besondere Aufgabe der Frau wohlgemerkt, eine Lebensaufgabe ist. (...) Es wird auch von den Pflichten der Frau als Ehefrau und Hausfrau gesprochen. Dabei wird der Begriff Pflicht nicht so verwendet, dass man annehmen könnte, die Frauen würden diese Arbeiten als ihre Pflicht betrachten, sondern als seien es ihre Pflichten. Häufig entsteht der Eindruck, als bestünde das Ziel nicht darin, bestimmte Pflichten zwischen Mann, Frau und Kindern zu teilen und viele Arbeiten überhaupt aus dem Haushalt zu verbannen, sondern darin, die Frau in die Lage zu versetzen, berufstätig, qualifiziert und Mutter, Erzieher, Hausfrau und Ehefrau mit dem alten Pflichtenkreis, selbstverständlich auf anspruchsvollerem Niveau, zu sein.« (GH 1/65:20ff.)

Dieses lange Zitat vermittelt einen Eindruck von den Argumenten, mit denen sich die Verfasserinnen damals noch – trotz aller fortschrittlichen Gesetzgebung und trotz der hohen Berufstätigkeitsrate von Frauen – und, wie in Kapitel 2 ausgeführt wird, bis zum Ende der DDR immer wieder auseinander zu setzen hatten. Das Zitat vermittelt aber auch einen Eindruck davon, mit welcher Ironie die Verfasserinnen diese Argumente analysierten und mit welcher Angriffslust sie Stoßrichtungen für die Forschung vorschlugen. Es ging dabei unter anderem um Attacken auf ihre gleichaltrigen Kollegen, die jungen Philosophen, die zu der Zeit intensiv zur Rolle der Persönlichkeit in der Gesellschaft arbeiteten und »denen wir klarmachen wollten, dass auch sozialistische Persönlichkeiten ein Geschlecht haben.« (Kuhrig am 17.5.2004) Darauf ging Akademiepräsident Hartke im März 1967 in seinem Grundsatzreferat anlässlich der Neuformierung des Beirates ein. (Grandke, 1968: 20-21. Siehe auch Abschnitt IX in dieser Studie))

Die 36 Druckseiten lange »Analyse des Standes der wissenschaftlichen Arbeit« beschäftigte sich nach dem gleichen Muster (gelöste/ungelöste Probleme) mit dem Verhältnis von gesellschaftlicher Gesamtentwicklung und Entwicklung von Frauen und Mädchen; mit der gegenwärtigen Problematik der Frauen und Mädchen und ihren Wirkungsmöglichkeiten; mit dem Unterschied von Wesen und Stand der Gleichberechtigung in der BRD und der DDR sowie mit der Darstellung von Frauen im Rahmen allgemeiner gesellschaftlicher Abhandlungen. Die Analyse endete mit Schlussfolgerungen für die Beiratsarbeit: Es müsse systematisch Einfluss genommen werden auf: die Themenwahl; die Erweiterung des Mitarbeiterkreises; die Erforschung einiger Grundsatzfragen. Des weiteren auf: die Kopplung der Frauenthematik mit den Forschungsschwerpunkten der jeweiligen Institute; die Gemeinschaftsarbeit sowohl innerhalb als auch zwischen den verschiedenen Disziplinen; die kollektive Ausarbeitung von Konzeption, Methoden und Theorien sowie auf Meinungsstreit. (GH 1/65:47f.)

Die »Analyse des Standes der wissenschaftlichen Arbeit« wurden ergänzt durch Bemerkungen zum Arbeitskreis II, zur Familie in der sozialistischen Gesellschaft. (GH4/65:3ff.) Als »gelöstes Problem« wurde notiert, dass in den ausgewerteten wissenschaftlichen Untersuchungen »die Abhängigkeit der Familie von den gesellschaftlichen Verhältnissen« nachgewiesen worden war. Das war eine Bestätigung der Thesen von Marx und Engels und daraus leitete die Arbeitsgruppe ihre Grundposition ab, mit der sie ihre lange Liste von Forschungsfragen zu Familienentwicklungen (GH 4/65:8-12) begründete: Auch in der sozialistischen Gegenwart und Zukunft verändern sich Familienbeziehungen und -formen. Sie sind demnach veränderbar durch Veränderungen der gesellschaftlichen Verhältnisse.

Eher ideologisch eingefärbt als wissenschaftlich bewiesen war dagegen das zweite als gelöst bezeichnete Problem: In der sozialistischen Gesellschaft stimmten die Interessen der Familie objektiv mit denen der Gesellschaft überein und damit auch die Erziehungsziele von Gesellschaft und Familie. Das war eine der vielen Spezifizierungen der These von der Übereinstimmung der Interessen von Individuum und Gesellschaft, die die offizielle DDR-Politik – wider bessere Erfahrungen von Teilen der Bevölkerung – bis zum Ende durchgeschleppt hat.

Unter »offene Probleme« wurde festgestellt, dass Untersuchungen zum konkreten Prozess der Herausbildung sozialistischer Familienbeziehungen nicht vorlagen (Aufgabenverteilung zwischen allen Familienmitgliedern; Wechselverhältnis zwischen gesellschaftlichen und natürlich-biologischen Seiten des ehelichen und familiären Lebens; Familienmoral; Sexualethik) und dass Untersuchungsmethoden dazu fehlten. »Bisher«, so heißt es da, »wurden die Veränderungen im Inhalt des Familienlebens fast ausschließlich unter dem Gesichtspunkt der Gleichberechtigung der Frau betrachtet. Die Gleichberechtigung ist zwar eine ganz entscheidende und unabdingbare Seite der sich entwickelnden neuen Familienbeziehungen, aber eben eine Seite. (...) Da also die Entwicklung der Familie in der DDR viele Seiten hat und alle Familienmitglieder erfasst, halten wir es nicht für richtig, die Probleme der Familie ausschließlich vom Standpunkt der Gleichberechtigung der Frau her zu erforschen. Der Arbeitskreis II (..), in dem sich nahezu alle Wissenschafter der DDR zusammengeschlossen haben, die zu Problemen der Familie arbeiten, wird deshalb versuchen, die Forschung zur Entwicklung der Familie überhaupt zu forcieren und zu koordinieren. Dass wir damit über die Aufgabe des Beirats «Die Frau in der sozialistischen Gesellschaft» hinausgehen, soll kein Hinderungsgrund sein. Schließlich gab es bisher keine Instanz, die sich umfassend mit der Entwicklung der Familie befasste, und es ist für die Frauen von zugespitzter Bedeutung , dass diese Lücke geschlossen wird. Dabei ist es die vordringlichste Aufgabe, die einseitige Betrachtung vieler Probleme aus der Sicht einzelner Disziplinen zu überwinden und die Gemeinschaftsarbeit der Pädagogen, Mediziner, Juristen, Psychologen. Soziologen, Philosophen und Ökonomen zu sichern.« (GH 4/65:7f)

Unmittelbar im Anschluss an den vierseitigen Problemkatalog folgten »Gedanken zum Aufbau und zur Methodik einer Familiensoziologie in der DDR« (GH 4/65:13-18)

Die wesentlichen Grundgedanken der Analyse finden sich im Perspektivplan des Beirats (GH 2/65:4ff.). Interessant ist, dass unter »Aufbau der wissenschaftlichen Arbeit des Beirats« vorgeschlagen wurde, die Frauenforschung als Querschnittsforschung in den jeweiligen Instituten zu betreiben, für die Familienforschung aber sei der schrittweise Aufbau eines Instituts notwendig, weil die sich entwickelnden Familienbeziehungen nicht allein von der gesellschaftlichen Stellung der Frau her, sondern nur mit Blick auf die Familie als Kollektiv untersucht werden könnten. (GH 2/65:6;11) Das war ein sehr deutlicher Vorstoß des Beirats in Richtung auf die historisch bereits anstehende weitgehende Entkopplung von Frauen- und Familienforschung.

Dieser Vorschlag wurde damals von der Regierung (noch) nicht angenommen.

IX

Der Ministerrat fasste am 20.10.1966 einen Beschluss »über die weitere Durchführung der Forschung zu Problemen der Entwicklung und Förderung der Frauen und Mädchen in der DDR«, unterzeichnet von Ministerpräsident Willi Stoph. (Gesetzblatt der DDR vom 7.11.1966, Teil II Nr.121. Abgedruckt in GH 6/66:3-7) Die nachfolgenden grünen Hefte vermitteln den Eindruck, als sei damit die Zeit der wirklich an- und aufregenden konzeptionellen Vorschläge beendet worden. Dem war aber nur bedingt so.

Dem neuen Beschluss war Ende 1965 eine Prüfung der Beiratsarbeit durch die Arbeiter- und Bauern-Inspektion (ABI) vorausgegangen, die Mängel hinsichtlich der Einbeziehung der Frauenproblematik in die generelle Wissenschaftsplanung festgestellt hatte. (GH 6/66:15) Gemeint waren letztlich zum einen die mangelhafte Einbeziehung der Frauenforschung in die Wissenschaftsdisziplinen und zum anderen die mangelhafte Ausstattung des Beirats mit Forschungskapazitäten. Diese Gründe legte der Beiratsvorsitzende Werner Hartke auch dem neuformierten Beirat dar: Der Ministerratsbeschluss von 1964 ist »sowohl von zentralen Staatsorganen als auch von zentralen wissenschaftlichen Einrichtungen so verstanden (worden), als wäre der Beirat für die Arbeit auf diesem Gebiet allein verantwortlich und als müssten auch von ihm die wissenschaftlichen Kader für die Forschungsarbeit selbst gestellt werden.«

(GH 6/66:16) Um diese Situation zu ändern und seine Arbeitsfähigkeit zu erhalten, bzw. herzustellen, hatte der Beirat selbst diesen neuen Ministerratsbeschluss mit vorbereitet.

Mit ihm wurde der Gründungsbeschluss aus dem Jahr 1964, der nie publiziert worden war, ausdrücklich aufgehoben. Die Unterstellung des Beirats, seine Zusammensetzung, Forschungsschwerpunkte, Arbeitsweisen und Verantwortlichkeiten wurden nun festgeschrieben.

Der Beschluss bestätigte die Themen Frauen/Mädchen sowie Familie und forderte – zweifellos zu Recht – die Konzentration der seitenlangen thematischen Vorschlags- und Wunschliste auf fokussierende Schwerpunkte. Die Erforschung der Entwicklung von Frau und Familie als einem Teil der gesamtgesellschaftlichen Entwicklung wurde bestätigt, aber die gesamtgesellschaftliche Entwicklung wurde auf die »Entwicklung der ganzen Volkswirtschaft und aller ihrer Teilbereiche« (GH 6/66:13) eingegrenzt. In diesem Zusammenhang wurde festgestellt: »Es geht heute nicht mehr um die Berufstätigkeit der Frau schlechthin, sondern um die allseitige fachliche, politische und kulturelle Bildung aller Frauen und um ihren Einsatz entsprechend ihren Fähigkeiten.« (GH 1/67:8)

Das war eine Aufwertung des Beirates und bedeutete Fortschritt und Einschränkung zugleich. Fortschritt insofern, als die Frauenforschung »in die Forschungs- und Aufgabenkomplexe der Pläne Wissenschaft und Technik« einbezogen und die Verantwortung für die Planung und Leitung der wissenschaftlichen Arbeit an die staatlichen Organe für die Entwicklung in ihrem Bereich übergeben wurde, genauer an die jeweils zuständigen »Leiter der zentralen Staats- und Wirtschaftsorgane«. Für Wissenschaftsdisziplinen, für die eine zentrale staatliche Leitung nicht vorhanden war, wurde sie an die »zentralen wissenschaftlichen Gremien« gegeben (Wissenschaftliche Institute bzw. Wissenschaftliche Räte). Die Verantwortung für die Frauen- und Familienforschung lag von nun an per Regierungsbeschluss bei den Leitern der höchstmöglichen Gremien in Politik und Wirtschaft. Und nicht nur das: Der Vorsitzende des Wissenschaftlichen Beirats »Die Frau in der sozialistischen Gesellschaft« war dem Vorsitzenden des Ministerrats rechenschaftspflichtig und zur Veröffentlichung der Forschungsergebnisse verpflichtet. Beschlossen wurde außerdem die enge Zusammenarbeit von Staatlicher Plankommission und Wissenschaftlichem Beirat. Er hatte fortan seine Forschungspläne vor der Staatlichen Plankommission zu verteidigen und tat das auch mehrmals. Eine solche Möglichkeit, Pläne und Ergebnisse auf höchster Ebene bekannt zu machen und zu diskutieren, wurde keinem anderen (gesellschafts-) wissenschaftlichen Rat eingeräumt. (Kuhrig am 17.5.2004)

Die bisherigen Beiratsmitglieder wurden dankend verabschiedet. Die verantwortlichen Ministerien, Institutionen und Gremien bekamen den Auftrag, jeweils einen bevollmächtigten Vertreter in der Beirat zu delegieren. Er setzte sich fortan aus 38 Personen = 20 Frauen und 18 Männern zusammen, die – grob zugeordnet – den Ministerrat (3), die Staatliche Plankommission (1), die zuständigen Fachministerien (10), Staatssekretariate (3) und Komitees (3), die Frauenkommission beim ZK der SED, den FDGB, die Zeitschrift »Für Dich«, den Wissenschaftlichen Rat für soziologische Forschung (je 1) sowie die Akademie der Wissenschaften (8 einschließlich der ständigen Mitglieder der Forschungsgruppe) und Universitäten, Institute, wissenschaftliche Gesellschaften (6) vertraten.

Mit diesem Beschluss wurde das gravierende Problem des Mangels an Forschungskapazitäten dahingehend gelöst, dass die akademischen Forschungs- und Bildungseinrichtungen weitgehend entlastet oder außen vor gelassen wurden. In die Pflicht genommen wurden die Forschungseinrichtungen von Großbetrieben mit hohem Frauenanteil. Sie waren vor allem an Analysen aktueller Probleme und Entwicklungstrends von Frauen-Arbeit in ihren Betrieben interessiert. Nicht zuletzt aus diesen Zuständigkeiten erklärt sich, warum es in den grünen Heften vergleichsweise viele Beiträge zu Berufsarbeit, Frauenförderung, Qualifizierung, Voll-, Teilzeit- und Schichtarbeit – vor allem in Betrieben mit überwiegend weiblicher Belegschaft gibt (Elektronik, Elektroindustrie, Textilindustrie, Handel etc.). Mittels der Veränderungen von Strukturen und mittels des Verschiebens von Verantwortlichkeiten auf Forschungseinrichtungen von Großbetrieben wurde das Thema Arbeitskraft Frau, an dem die Regierung zu dem Zeitpunkt ein besonderes pragmatisch-politisches Interesse hatte, mit seinen vielen Facetten ins Zentrum der Forschung gerückt.

Die Einschränkung, die bedauerlicherweise durch den Beschluss vom Oktober 1966 festgeschrieben wurde, betraf die Grundlagenforschung zu Frau, Familie, Geschlechterverhältnissen. Die vorbereitende Forschungsgruppe hatte, wie oben dargelegt, Grundlagenforschung für unverzichtbar gehalten und überzeugende und tragfähige konzeptionelle Ansatzpunkte vorgeschlagen. Aber mit dem Beschluss wurde die Grundlagenforschung strukturell und de facto ins Aus gestellt; denn begreiflicherweise waren die Produktionsbetriebe nicht bereit, ihr betriebseigenes Forschungspotential in Grundlagenforschung ausgerechnet zu Geschlechterverhältnissen zu investieren.

Der Wissenschaftliche Beirat erhielt offiziell den Auftrag, diese heterogenen Forschungseinrichtungen zu Projekten anzuregen, die Projekte zu koordinieren sowie die notwendige Gemeinschaftsarbeit zu organisieren. Das verlangte der kleinen, dem Beirat zugeordneten Forschungsgruppe »Die Frau in der sozialistischen Gesellschaft« vergleichsweise wenig wissenschaftliche, aber viel wissenschaftsorganisatorische und Überzeugungsarbeit ab.

Der Start dieses neuformierten Wissenschaftlichen Beirats war trotz dieser empfindlichen Einschränkung insofern vielversprechend, als seine erste Arbeitstagung im März 1967 zum Thema: »Die gesellschaftliche Stellung der Frau in der DDR und die Aufgaben der Wissenschaft« sich mit der Konzeption der künftigen Arbeit befasste. Die Tagung wurde frauen- und wissenschaftspolitisch für so wichtig gehalten, dass nicht nur in den grünen Heften Papiere zur Vor- und Nachbereitung sowie zum Verlauf der Arbeitstagung veröffentlicht wurden (GH 1-3/67), sondern dass das Tagungsprotokoll vom Akademie-Verlag als eigenständige Publikation unter dem Titel »Frau und Wissenschaft« herausgebracht wurde und damit käuflich zu erwerben war (für 5,- DDR-Mark).(Grandke, 1968)

Im Vorwort zu diesem Protokollband wies Anita Grandke darauf hin, wie hoch die Tagung angebunden war und auf welche Weise sie der Verständigung über konzeptionelle Fragen diente: »Etwa 200 Wissenschaftler der verschiedensten Disziplinen und Vertreter zentraler staatlicher Organe, zu deren Aufgabe die Planung und Leitung der wissenschaftlichen Arbeit gehört, sowie Vertreter gesellschaftlicher Organisationen berieten über die gesellschaftliche Stellung der Frau in der DDR und die Aufgaben der Wissenschaft. ... Die Tagung hatte im wesentlichen wissenschaftstheoretischen Inhalt und wissenschaftspolitische Aufgaben, die sich aus den bisherigen Erfahrungen in der Tätigkeit des Wissenschaftlichen Beirats ergeben hatten. Deshalb sollte eine Verständigung über die Hauptprobleme bei der weiteren Festigung der gesellschaftlichen Stellung der Frau oder – mit anderen Worten – über den Hauptinhalt der Forderung nach Gleichberechtigung der Frau in der Periode der Schaffung des entwickelten gesellschaftlichen Systems des Sozialismus in der DDR erreicht werden Davon ausgehend kam es darauf an, die Aufgaben der Wissenschaft, die notwendigen Schwerpunkte für die künftige Arbeit und den Platz zu bestimmen, den die wissenschaftlichen Untersuchungen zur Rolle der Frau im Sozialismus in der wissenschaftlichen Arbeit überhaupt einnehmen müssen. Außerdem war beabsichtigt, eine Einschätzung des bisherigen Einflusses der Wissenschaft auf den Prozess der Verwirklichung der Gleichberechtigung der Frau vorzunehmen und schließlich Erfahrungen über die bestmöglichen Methoden der Planung, Leitung und Durchführung der wissenschaftlichen Arbeit auszutauschen.« (Grandke, 1968: 7f.)

Von besonderem Interesse in unserem Zusammenhang ist das Hauptreferat zum Tagungsthema. (GH 2/67:3-41; Grandke, 1968: 13-31)

Akademiepräsident und Beiratsvorsitzender Werner Hartke leitete es ein mit den Worten: »*Die Tagung*, zu der wir uns heute in der Deutschen Akademie der Wissenschaften versammelt haben, *führt* in den weitgespannten Rahmen wissenschaftlicher Veranstaltungen unseres Landes *eine neue Thematik ein.*« (GH 2/67:3; Hervorhebung RU) Im Sinn dieser Zielstellung skizzierte Hartke, nach einer kurzen Bilanz der bisherigen Frauenpolitik der DDR, die künftige Entwicklung der Stellung der Frau – wie üblich im Zusammenhang mit den von der SED beschlossenen gesamtgesellschaftlichen Zielen. Sie bestanden zu diesem Zeitpunkt vor allem in der Durchsetzung des neuen ökonomischen Systems der Planung und Leitung der Volkswirtschaft (NÖSPL) sowie in der Weiterführung der technischen Revolution und damit vor allem der »komplexen sozialistischen Rationalisierung«. Hartke sagte: Die Rationalisierung und die damit verbundene Einsparung von Arbeitsplätzen werde Frauen besonders treffen, weil in Produktion, Industrie und Landwirtschaft der weibliche Anteil an un- und angelernten Arbeitskräften besonders hoch sei. Das ist eine Problematik, mit der alle hochindustrialisierten Staaten, auch die sozialistischen, zu kämpfen hatten. Hartkes Schlussfolgerung war eine Warnung vor der Meinung, die Freisetzung von Arbeitskräften mache die Berufstätigkeit von Frauen weniger erforderlich (Grandke 1968:24), eine Meinung, die in der DDR offenbar immer wieder mal aufkam. Hartke sprach nicht von drohender Arbeitslosigkeit, Armut und Exklusion. Im Gegenteil: Das gesellschaftspolitische Ziel war Inklusion, Einbeziehung. Hartke stellte fest, »dass die Rolle der Frau bei der Meisterung der modernen Technik noch unzureichend«, dass »der Anteil der Frauen an den Kadern, die mittlere oder leitende Funktionen ausüben, noch gering ist«, dass deshalb Qualifizierung ein zentrales Anliegen sei. Aber wie er an verschiedenen Stellen wiederholte: Qualifizierung nicht in einem engen, ausschließlich auf die Arbeitskraft gerichteten Sinn, sondern in einem komplexen, auf die Entfaltung der gesamten Persönlichkeit gerichteten Sinn. Auf dieser Forderung beharrte der Wissenschaftliche (Bei)Rat bis zu seiner Auflösung. Die Aufgabe bestehe darin, »alle Fähigkeiten und Talente der Frau zu entfalten und ihre Anwendung im gemeinsamen gesellschaftlichen und persönlichen Interesse zu sichern.« (Grandke 1968:19) Dafür müssten seitens Politik und Wirtschaft Bedingungen geschaffen und seitens der Frauen Bereitschaft geweckt werden. Seitens der Frauenforschung müsse genau an diesem Punkt angesetzt werden. Dafür nannte er zwei große Aufgabenbereiche:

»Es geht einmal um Untersuchungen und wissenschaftlich begründete Vorschläge, die sich unmittelbar auf die Entwicklung der Frau in unserer Gesellschaft beziehen. Hier sind die Probleme der weiteren Festigung der gesellschaftlichen Stellung der Frau direkt Gegenstand der wissenschaftlichen Arbeit. Und die notwendigen Untersuchungen bilden eine Teilproblematik der vielfältigen Fragestellungen und Probleme, die die Rolle, die Entwicklung und Stellung des Menschen überhaupt in der sozialistischen Gesellschaft betreffen.[6] Der zweite Aufgabenkomplex betrifft Probleme, die sich nicht unmittelbar auf die Frau selbst beziehen, die aber unmittelbaren Einfluss auf die Entwicklungsmöglichkeiten der Frau nehmen. Wir meinen insbesondere Untersuchungen zur gesellschaftlichen Erziehung und Betreuung der Kinder und zur Erleichterung der Lebensbedingungen der Werktätigen, vor allem der Hausarbeit.« (GH 2/67:18)

---

6 Diese Feststellung bezog sich auf die jungen Philosophen, die noch nicht verstanden hatten, dass »auch sozialistische Persönlichkeiten ein Geschlecht haben«. Siehe dazu Abschnitt VIII dieser Studie.

Bemerkenswert aus heutiger Sicht finden wir die Forderung, Forschungen zur Rolle und Stellung der Frau in den Fachdisziplinen immer auch unter dem Zukunftsaspekt (Gestaltung der Gesellschaft) und unter dem Werteaspekt (Stellung des Menschen in der Gesellschaft) zu betreiben. Bemerkenswert finden wir auch; dass – gerade unter dem Aspekt der Stellung des Menschen in der Gesellschaft – die Verantwortung der Männer für die arbeitsaufwendigen Bereiche der natürlichen Reproduktion und damit die Veränderung des Geschlechterverhältnisse vergessen oder ausgelassen wurde, nachdem die Arbeitsgruppe des Beirats in der ersten Phase der konzeptionellen Arbeit großen Wert darauf gelegt hatte. Immerhin kritisierte der Redner an anderen Stellen des Referats die in wissenschaftlichen Arbeiten »fehlende oder unzureichende Einbeziehung ... des vollzogenen und sich weiter vollziehenden Prozesses der doppelten Befreiung der Frau« (GH 2/67:20), also die Erforschung der Veränderungen der gesellschaftlichen Stellung der Frau als Emanzipationsvorgang, der die Veränderung der Geschlechterverhältnisse einzuschließen pflegt. [7]

Einem kurzen an Soziologen und einige andere Wissenschafter gerichteten Lob dafür, dass sie zumindest angefangen hatten, sich mit der Stellung der Frau zu beschäftigen, folgte eine für DDR-Verhältnisse ungewöhnlich lange kritische Passage, eine Art Rundumschlag – teilweise mit Namen und Institutionen unter dem Motto: »Der Verzicht auf grundsätzliche Darstellungen zur gesellschaftlichen Stellung der Frau in der DDR kann auch deshalb für die Zukunft nicht mehr akzeptiert werden, weil es zwangsläufig zu fehlerhaften, mindestens missverständlichen Darstellungen zur Rolle der Frau in abgeleiteten Fragen führt« (GH 2/67:21) Er kritisierte die Soziologen für unzureichende Untersuchungen zu Qualifizierung, Berufstätigkeit, Jugendentwicklung; die Ökonomen für unzureichende Untersuchungen zu Perspektive angelernter Arbeitskräfte und zu ökonomischen Hebeln als Anreiz zur Berufsarbeit – speziell für Frauen; die pädagogischen Wissenschaftler für den Mangel an Untersuchungen zu Horten, die medizinischen Wissenschaftler für die Vernachlässigung von Forschungen zur Prophylaxe; die Rechtswissenschaftler wegen des Mangels an geschlechterdifferenzierten Untersuchungen zum Arbeitsrecht; und vor allem kritisierte er die Psychologen, weil sie zwar das Vorhandensein von geschlechtertypischem Verhalten in der Persönlichkeitsbildung behauptet, aber nicht konkret untersucht hatten; und dann kritisierte er noch einmal alle. Zum einen, weil sie bei der Herstellung von Einzelstudien die (frauen) historische Dimension ausgelassen hatten. Zum anderen, weil sie auf allgemeine Zweifel an den geistigen Fähigkeiten der Frau (im Vergleich zum

---

[7] Er zitierte in diesem Zusammenhang die von Walter Ulbricht getroffene Feststellung: »Selbst wenn dieser unser Staat nichts anderes fertigbekommen hatte als die Befreiung der Frau von den Fesseln einer jahrhundertealten Abhängigkeit und vielfältigen Ausbeutung, so wäre allein schon damit seine geschichtliche Leistung bewiesen.« (Ulbricht, W., Festrede zum 15. Jahrestag der DDR, 1964:14; hier zitiert nach GH 2/67:21)

Mann) und auf spezielle Zweifel an ihrer Fähigkeit zu technischen Berufen, erschienen in den »Mitteilungen der Sektion Anthropologie« (1964), nicht wissenschaftlich Stellung bezogen hatten. (GH 2/67: 25)

Als zu erforschende Themenkomplexe nannte er:
. die Entwicklung des sozialistischen Bewusstseins bezüglich der Stellung der Frau in Gesellschaft und Familie;
. die weitere Entwicklung der gesellschaftlichen Stellung der Frau im Zusammenhang mit den Erfordernissen der komplexen sozialistischen Rationalisierung;
. Verbesserung der außerschulischen Erziehung der Kinder, insbesondere der Unterstufe;
. Erleichterung der Hausarbeit – einerseits im Hinblick auf Zeitersparnis; andrerseits im Hinblick auf die Zielstellungen der Rationalisierung in einer Reihe von Industriezweigen (Ernährung, Bekleidung etc.).

Zum Thema Leitungstätigkeit erklärte Hartke: Die Stellung der Frau in der Gesellschaft sei ein wichtiger Teilkomplex der gesamtgesellschaftlichen Entwicklung. »Demzufolge kann es nicht darauf ankommen, eine spezielle «Frauenforschung» aufzubauen. Notwendig dagegen ist die bewusste, planmäßige, kontrollierte Einbeziehung der Probleme ... in die Erforschung der generellen gesellschaftlichen Probleme.« (GH 2/67: 35)

In Sinne einer zu untersuchenden Querschnittsproblematik verlief dann auch die zweitägige Diskussion zu den Schwerpunkten der künftigen Arbeit. Dabei handelte es sich um Themenfelder, zu denen in dem folgenden Jahrzehnt in der Tat, wenn auch mit unterschiedlicher Intensität – gearbeitet wurde, wie in dem Sammelband »Zur gesellschaftlichen Stellung der Frau« (Kuhrig/Speigner, 1978) nachzulesen ist: Frauen im Arbeitsprozess (Planung und Leitung; Forschung, Industrie, Landwirtschaft); Kinder-Betreuung, -Erziehung und -Bildung; Erziehungsprobleme in der Familie; Erleichterung der Hausarbeit; Frauenheilkunde (vor allem Prophylaxe); Sozial- und Arbeitshygiene; Körperkultur und Sport; Ideologische Probleme der gesellschaftlichen Stellung der Frau.

Da die zentralen Staats- und Wirtschaftsorgane die wissenschaftlichen Ergebnisse ihrer Forschungseinrichtungen häufig selbst in Fachzeitschriften veröffentlichten, war die »Verantwortliche für den Inhalt der Hefte« von nun an darauf angewiesen, auf Tagungen und Colloquien, die in irgendeiner Weise den Forschungsgegenstand tangierten, Texte einzutreiben bzw. gelegentlich auch Artikel in Auftrag zu geben. Dabei war sie vornehmlich auf aktuelle Informationen zu Frau und Familie aus – beispielsweise auf Gesetze, Regierungs-, Partei-, Gewerkschaftsbeschlüsse und ähnliches – sowie auf neueste Forschungsergebnisse, vor allem auf Thesen und AutorInnen-Referate zu A-, bzw. B-Dissertationen[8]. Diese Arbeitsweise war mühsam, ermöglichte aber, den ursprünglich intendierten multidisziplinären informativen Charakter der grünen Hefte durchzuhalten.

Es ist keineswegs so, dass alle Beiträge die damals offizielle politische »Linie« oder die Meinung der Redaktion wiedergeben. Die Vielfalt und Multivalenz der Artikel und Standpunkte muss besonders bei der Lektüre des Kapitels 2 dieser Studie immer mitgedacht werden.

X

Der Beirat setzte in Zusammenarbeit mit dem Wissenschaftlichen Rat für Soziologie und mit Wissenschaftlern der Gewerkschaftshochschule Bernau die Bemühungen um die Bildung eines Instituts für Familienforschung fort. Im Frühjahr 1971 beschloss der VIII. Parteitag der SED die so genannte »ökonomische Hauptaufgabe«. Sie hatte die Einheit von Wirtschafts- und Sozialpolitik mit dem ausdrücklichen Ziel der Erhöhung des materiellen und kulturellen Lebensniveaus der Bevölkerung zum Inhalt. Damit war, wie wir damals verstanden, wünschten und hofften, die Schaffung einer Lebensweise gemeint, die die Bezeichnung »sozialistisch« verdiente. Aber dieses historisch dimensionierte Vorhaben war bekanntlich aus vielen Gründen zum Scheitern verurteilt. Ein wichtiger Grund war, dass es der Wirtschaftspolitik nicht gelang, die Arbeitsproduktivität in der DDR in einem solchen Maße zu erhöhen, dass sie im »Wettbewerb der Systeme« auf Dauer hätte bestehen oder gar siegen können. Die Erhöhung des Kulturniveaus als das eigentliche Ziel geriet bald in Vergessenheit und die Sozialpolitik hatte für die weitere Emanzipation der Frauen durchaus widersprüchliche Wirkungen.

Die sozialpolitischen Maßnahmen wurden vornehmlich als Instrumente gegen die drohenden ungünstigen demografischen Verschiebungen eingesetzt und damit zu Gunsten der jungen Frauen, deren Gebärfreudigkeit sie steigern sollten. Die Maßnahmen führten nicht zu der gewünschten Erhöhung der Geburtenquoten, aber sie trugen immerhin dazu bei, dass in der DDR – trotz kostenloser Pille und trotz Legalisierung des Schwangerschaftsabbruchs – das rapide Absinken der Geburtenzahlen (im Unterschied zu den meisten hochindustrialisierten kapitalistischen europäischen Ländern) nicht einsetzte. Hinsichtlich der Frauenemanzipation trugen sie vor allem dazu bei, dass Frauen nicht gezwungen waren, sich für Mutterschaft oder Berufstätigkeit zu entscheiden, sondern dass sie beides vereinbaren konnten. Durch gezielte sozialpolitische Maßnahmen wurde allen Frauen im arbeitsfähigen Alter, ob verheiratet, in Lebensgemeinschaft oder alleinerziehend, das Leben – zumindest anfangs – erheblich erleichtert. Aber leider nicht nachhaltig. Die Vereinbarkeitsproblematik war in der linken Tradition immer nur ein, wenn auch sehr wichtiger, Teil des Emanzipationskonzepts gewesen. Und in der Tat: Auf Dauer erwies sich, dass die Subvention der Vereinbarkeit von Mutterschaft und Berufstätigkeit die grundlegende Veränderung der Geschlechterverhältnisse nicht

---

8 Dissertation A entsprechen den heutigen Dissertationen, Dissertationen B den Habilitationen.

förderte. So liefen in den 20 Jahren bis zum Zusammenbruch der DDR mehrere Entwicklungen parallel und zusammen: Die Frauen behielten – sozial unterstützt – weitgehend die tradierte Rolle in Haus und Familie und erreichten – bildungs- und beschäftigungspolitisch gefördert – auf unbefristeten, sicheren Arbeitsplätzen die finanzielle Unabhängigkeit von den Männern und das spezifische (kaum feministisch fundierte) Selbstbewusstsein, das vielen DDR-Frauen, auch uns, erst nach der Wende auffiel. Aber selbst diese politisch inkonsequenten Maßnahmen veränderten das Alltagsverhalten von Männern – allerdings, wie wir ebenfalls nach der Wende erlebt haben, nicht irreversibel, zumindest nicht das von allen Männern.

XI

Die Bemühungen unterschiedlicher Kräfte um ein Institut für Familienforschung waren insofern doch noch von Erfolg gekrönt, als in den 70er Jahren zwei Neugründungen erfolgten. 1974 wurde der »Rat für Sozialpolitik und Demografie« gebildet, angesiedelt beim Wissenschaftlichen Rat für Wirtschaftswissenschaften, und 1978 das »Institut für Soziologie und Sozialpolitik«, angesiedelt beim Forschungsbereich Gesellschaftswissenschaften der Akademie der Wissenschaften. Auch der Rat für Sozialpolitik und Demografie bekam den Auftrag, Forschungen zu koordinieren. Das Institut für Soziologie und Sozialpolitik bekam die Aufgabe, zu forschen. Beide arbeiteten, wie schon die Namen sagen, mit dem Blick auf die sozialpolitischen Maßnahmen und ihre gesellschaftlichen, vor allem ihre demografischen Wirkungen. Die Hoffnungen des Beirats »Die Frau in der sozialistischen Gesellschaft«, nun endlich Grundlagenforschung zu Frauen, Geschlechterverhältnissen und menschlicher Emanzipation in Gang setzen zu können, erwiesen sich als Illusion.

Aber immerhin konnte der Wissenschaftliche Beirat im gleichen Jahr 1978 den Sammelband »Zur gesellschaftlichen Stellung der Frau in der DDR« herausbringen, an dem »Kollektive und Einzelautoren« mitgeschrieben hatten, die schon seit Jahren im Beirat mitgearbeitet hatten. Der Sammelband stellte eine Zusammenfassung des bis dahin erarbeiteten Erkenntnisstandes, zeigte die Schwerpunkte, die in der Frauenpolitik und in der Frauenforschung gesetzt wurden, und war nicht zuletzt ein Beweis auf die Interdisziplinarität der Beiratsarbeit. In acht Kapiteln wurden folgende Themen ausführlich materialreich behandelt:

. Gleichberechtigung der Frau – Aufgaben und ihre Realisierung in der DDR;
. Zur Verwirklichung des Rechtes auf Arbeit für die Frauen;
. Die Entwicklung der Frau in der sozialistischen Landwirtschaft;
. Bildung für Frauen und Mädchen;
. Zur Entwicklung von Ehe und Familie;
. Gesellschaftliche Kindereinrichtungen – eine Voraussetzung für die Vereinbarkeit von Berufstätigkeit und Mutterschaft;

. Zu einigen Aspekten der Reduzierung der Hausarbeit;
. Die Förderung und Erhaltung der Gesundheit von Frauen und Mädchen. (Kuhrig/Speigner, 1978, 5ff.)

Am 3.4.1981 wurde der Beirat in den »Wissenschaftlichen Rat ›Die Frau in der sozialistischen Gesellschaft‹umgebildet«. (GH 5/81:3) Nachdem sich, wie es heißt, »die Bedingungen für die gesellschaftswissenschaftliche Arbeit weiter entwickelt« hatten und »das System der zentralen Planung unter Führung und Leitung durch die Partei geschaffen« worden war, »konnte der Beschluss aus dem Jahre 1966 aufgehoben werden.« (GH 5/81: 5) Das hatte zum einen die Aufhebung der Sonderstellung (Unterstellung des Beirates unter den Ministerrat) und zum anderen die Eingliederung in den Zentralen Forschungsplan der DDR 1981-85 zur Folge. (Siehe dazu: Einheit, 12/80) Es bedeutete eine neue Anbindung, eine neue Zusammensetzung, neue Vorsitzende und neue Aufgaben.

Der Wissenschaftliche Rat blieb zwar an der Akademie der Wissenschaften, aber nicht mehr beim Präsidenten. Er wurde dem Forschungsbereich Gesellschaftswissenschaften zugeordnet. Die Forschungsgruppe wurde in das 1978 gegründete Institut für Soziologie und Sozialpolitik eingegliedert. Zur Ratsvorsitzenden und weiterhin verantwortlichen Redakteurin der grünen Hefte wurde Herta Kuhrig berufen, zu ihrem Stellvertreter Gottfried Schneider, Stellvertretender Direktor des Zentralinstituts für Berufsbildung der DDR.

Von den 36 Ratsmitgliedern waren 23 Frauen, davon 17 Doktorinnen, davon 8 Professorinnen. Im Unterschied zu 1966 war nur noch ein Volkseigener Betrieb vertreten, der VEB Kombinat Nahrungsmittel und Kaffee. Dagegen vertraten 28 Ratsmitglieder die Akademie der Wissenschaften, Universitäten, Hochschulen und Institute; 5 den Ministerrat, Ministerien und Staatssekretariate; 2 den Freien Deutscher Gewerkschaftsbund (FDGB Abteilung Frauen; Gewerkschaft Wissenschaft); 1 den Demokratischen Frauenbund Deutschlands (DFD). (GH 5/81: 8ff.) Auf diese Weise wurde der Forschungsauftrag den Großbetrieben wieder abgenommen und an wissenschaftliche Institutionen (zurück)delegiert. Aber Frauenforschung wurde dort nach wie vor nicht institutionalisiert, weder in der Forschung noch in der Lehre.

Typisch für diese beginnenden 80er Jahre, in denen die gesellschaftlichen Verhältnisse anfingen, bis zu Unerträglichkeit zu stagnieren, ist die Aufgabe, die der Leiter des Forschungsbereiches Gesellschaftswissenschaften der AdW dem Rat stellte. Er erwarte, sagte er, »dass dieser Rat wirksam wird, indem er mit konkreten Beiträgen hilft, die Aufgaben, die der X. Parteitag der SED zur Weiterentwicklung der gesellschaftlichen Stellung der Frau vorlegen wird (sic!), zu erfüllen.« (GH 5/81:6) Diese Aufforderung, noch nicht bekannt gegebene politische Zielstellungen im nachhinein wissenschaftlich zu begründen und zu belegen, war eine wahrhaft groteske Spitzenleistung des voraus eilenden Gehorsams. Typisch ist, dass die Mehrzahl der Wissenschaftlerinnen solche Entgleisungen überhörte, nicht kritisierte.

Typisch für diesen Zeitraum ist aber auch, dass Gunnar Winkler, Direktor des Instituts für Soziologie und Sozialpolitik der AdW, der an Stelle der erkrankten Herta Kuhrig das Referat »Zu den Aufgaben des Wissenschaftlichen Rates ›Die Frau in der sozialistischen Gesellschaft‹« hielt, zunächst einmal die bisherige Arbeit seiner Zunft, der Soziologen, kritisierte, weil sie in ihren Untersuchungen die Geschlechterdimension unterschätzt bzw. überhaupt ausgelassen hatten. Er bekräftigte den alten Gedanken, dass die Gleichberechtigung die soziale Gleichstellung der Frau erfordert und dass diese nur erreichbar ist, wenn die Frau über die gleichen Bedingungen zur Entfaltung ihrer Fähigkeiten und Talente verfügt wie der Mann. In der Gegenwart bestünden noch soziale Unterschiede hinsichtlich der »Stellung (der Frau) im System der sozialistischen Produktion, hinsichtlich ihrer Arbeits- und Lebensbedingungen, ihrer Bedürfnisse und dem Grad ihrer Befriedigung sowie ihrer Interessen, aber auch ihres Einkommens, ihrer Freizeitverwendung u.a. Indikatoren (..). Wenn es sich dabei auch nicht um soziale Gegensätze handelt, so gilt auch hier die Marxsche Feststellung, dass es sich dabei um Unterschiede handelt, die erst in ›einer höheren Phase der kommunistischen Gesellschaft‹ endgültig überwunden sein werden«. (GH 5/81:15) Letzteres klingt wie eine der beliebten, zu dem Zeitpunkt jedoch längst nicht mehr wirksamen Vertröstungen auf eine unbestimmte Zukunft. Aber der Redner zog aus dieser These Schlussfolgerungen für die gegenwärtige Politik und Wissenschaftspolitik. Es sei an der Zeit, mit der Schaffung der notwendigen Voraussetzungen für die weitere Minderung noch vorhandener sozialer Unterschiede zwischen Mann und Frau im Arbeitsprozess und in anderen Lebensbereichen zu beginnen und mit praxisorientierter Grundlagenforschung dazu beizutragen. Typisch für diese beginnenden 80er Jahre ist jedoch auch, dass er den Weg dazu »insbesondere (in der) noch wirksamere(n) Vereinbarkeit von Berufstätigkeit und Mutterschaft im Interesse der Frau, der Familie, unserer Gesellschaft« sah. (GH 5/81:13) Notwendige Maßnahmen zur Vereinbarkeit von Berufstätigkeit und Vaterschaft erwähnte auch er nicht. Damit bewegte er sich im Rahmen der demografisch orientierten Frauen- und Familienpolitik, wie sie seit Beginn der 70er Jahre betrieben wurde, deren widersprüchliche Wirkungen sich in der Praxis schon gezeigt hatten und den ForscherInnen der verschiedenen Wissensgebiete durchaus bekannt waren. Der Redner schlug dem neuen Wissenschaftlichen Rat »Die Frau in der sozialistischen Gesellschaft« folgende Forschungsschwerpunkte vor:

»a.) Die weitere Minderung bestehender sozialer Unterschiede hinsichtlich der Arbeitsanforderungen und des Arbeitsinhaltes. (..)

b.) (..) wissenschaftliche Untersuchungen zu der mit der weiteren wissenschaftlich-technischen Entwicklung verbundenen Freisetzung von Arbeitskräften. (..)

c.) (..) Fragen des Einsatzes von Frauen in leitenden Positionen (..)«

Weiter nannte er: »die Erarbeitung noch wirksamerer wissenschaftlicher Grundlagen für eine Frauenpolitik unserer Partei« unter Berücksichtigung der demografischen Problematik,

. der »Wohnbedingungen von Familien mit Kindern,

. Fragen des materiellen Lebensniveaus,

. der Zeitverwendung von Familien mit Kindern, insbesondere der werktätigen Mütter,

. Fragen der Partner- und Familienbeziehungen,

. der Entwicklung gesellschaftlicher Einrichtungen,

. der Möglichkeiten der Reduzierung von Hausarbeit«, sowie die Untersuchung

. der »zunehmenden Tendenz von Geburten von Kindern durch nichtverheiratete Frauen« (1979 waren das 20 Prozent aller Neugeborenen) und

. die Entwicklung der »Alternsforschung« (da der Anteil der Frauen unter den Rentnern bis Anfang der 90er Jahre auf fast 75 Prozent steigen werde). (GH 5/81:21ff.)

Die grünen Hefte aus den 80er Jahren sind der gedruckte Beweis dafür, dass zu alledem geforscht wurde, wenn auch mit unterschiedlicher Intensität. Das Schwergewicht wurde auf Untersuchungen zur Verbesserung der Vereinbarkeit von Berufsarbeit und Familie durch sozialpolitische Maßnahmen gelegt mit dem Ziel, zur Lösung der demografischen Probleme beizutragen.

XII

Bei der nachträglichen Lektüre aller grünen Hefte haben wir festgestellt, dass es während der 25 Jahre (1965-90) im wesentlichen gelungen ist, den intendierten Charakter von Information, Interdisziplinarität und Meinungsbildung durchzuhalten.

Am meisten geleistet wurde zweifellos auf den folgenden Gebieten:

Hausarbeit von Frauen (siehe dazu Kapitel 2).

Berufsarbeit von Frauen in den verschiedensten Bereichen, besonders in solchen mit hohem Frauenanteil. Das betraf vor allem: Elektrotechnik / Elektronik, Datenverarbeitung; anfänglich auch Bauwesen; Landwirtschaftliche Produktions-Genossenschaften (LPG); Handel, Versorgung, Dienstleistungen; Staatsapparat, gesellschaftliche Organisationen, Gewerkschaften; u.a.

Untersucht wurden in diesen Bereichen Probleme der Vollzeit-, Teilzeit-, Schichtarbeit von Frauen sowie deren Auswirkungen für die Frauen, ihre Familien und Kinder (Reproduktion und/oder Veränderung von Geschlechterrollen); Berufsausbildung, Studium, Qualifizierung, Frauensonderstudium; Motivationen / Demotivationen für Berufsarbeit; Frauen in technischen Berufen; Werbung von Mädchen für technische Berufe (Lehre; Studium); Frauen in und Werbung von Frauen für Leitungsfunktionen.

Untersuchungen zu Frauen an Universitäten, Hoch- und Fachschulen als Studentinnen ohne oder mit Kindern sowie als WissenschaftlerInnen; Frauen im Gesundheitswesen als Pflegepersonal oder Krippenerzieherinnen; Auswirkungen von Krippenerziehung auf Kleinstkinder. Relativ wenige Untersuchungen gab es zu Frauen in Kindergärten, Schulen und Schulhorten, weil das Ministerium für Volksbildung, dem diese Bereiche unterstanden, eine Forschungsnotwendigkeit nicht sah.[9]

Von Anfang an gab es Gesundheitsuntersuchungen zur Belastbarkeit von Frauen (Reihenuntersuchungen, Kuren, Gesundheitsschutz; gynäkologische Untersuchungen; Klimakterium) sowie

Untersuchungen zu Familien- und Partnerschaftskonflikten (besonders unter dem Aspekt der Vereinbarkeitsproblematik); Sexualerziehung; später auch zur Geschlechter- und Familienerziehung von Jugendlichen und jungen Ehepaaren; ab Beginn der 70er Jahre Beiträge zur demografischen Entwicklung und zur Bevölkerungspolitik.

Immer wieder wurden, wenn auch in unregelmäßigen Abständen, Beiträge zur Geschichte der proletarischen, gelegentlich auch der bürgerlichen Frauenbewegung veröffentlicht. Das wurde nach 1970 weitergeführt, als die Forschungsgemeinschaft »Kampf der Arbeiterklasse um die Befreiung der Frau« bereits ein eigenes MITTEILUNGSBLATT (MB) herausgab. (Siehe Abschnitt XIVff.)

Anfang der 80er Jahre, als die Mittelstreckenraketen in Europa stationiert wurden und die Angst vor und die Proteste gegen Atomkrieg in der ganzen Welt wuchsen, legte das Thema Frau und Frieden deutlich zu.

In den achtziger Jahren wurde verstärkt fortgesetzt, was schon vorher begonnen worden war: Die Veröffentlichung von Dokumenten der Internationalen Demokratischen Frauen Föderation (IDFF) und der Vereinten Nationen (UNO). Publiziert wurde u.a. der UNO-Beschluss gegen die Diskriminierung von Frauen (GH 6/80) und mit dem Beschluss über das Jahr, bzw. die Dekade der Frauen (1976-85) auch die Regierungsberichte der DDR an den Generalsekretär der UNO (GH 2/85).

Dass das allerletzte grüne Heft ausgerechnet mit der UNO-»Konvention über die Rechte des Kindes« aufgemacht wurde. Im Nachhinein kommt es uns vor wie ein Kassandra-Ruf. (GH 1/90:3-29)

---

9 Bei der heutigen Lektüre der Artikel zu Krippen, Kindergärten, Schulhorten, Ausbildung, Studium fällt uns auf, dass sehr selten von Geld die Rede ist, und wenn, dann nicht von Kürzungen, sondern Nichterhöhung der staatlichen Zuwendungen. Dass Krippen- und Kindergartenerziehung sowie Schul-, Berufs- und Hochschulbildung kostenlos waren und die Mehrzahl der SchülerInnen der Erweiterten Oberschule (EOS) und Studierende Stipendien bekamen, so dass die Eltern, ob verheiratet oder alleinerziehend, finanziell nicht belastet wurden, wurde im Laufe der Zeit so selbstverständlich, dass es in diesen wissenschaftlichen Untersuchungen nicht erwähnt wurde.

XIII

Etwa ab Mitte der achtziger Jahre wurde sowohl in den grünen als auch in den SID-Heften der Ton kritischer. Es tauchten Themen auf, die bis dahin ausgespart worden waren, nicht, weil es die Probleme in der DDR nicht gegeben hätte, sondern weil es sie in einem sozialistischen Land nicht geben durfte. Es ist anzunehmen, dass die Glasnost-Politik in der Sowjetunion Einfluss auf die zunehmende Offenheit hatte. Ob das so war, wie diese Öffnung konkret funktionierte, von wem sie initiiert und durchgesetzt wurde, gehört zu dem Thema Zensur und Selbstzensur, die auch in der parteinahen grauen Literatur der DDR praktiziert wurde. Wir haben keine Beiträge gefunden, die Glasnost und Perestroika forderten oder auch nur thematisierten. Da in der DDR in diesem Zeitraum die Beschränkung auf Demografie- und Vereinbarkeitspolitik unerträglich wurde, wuchs bei den Wissenschaftlerinnen das Bedürfnis, Gegengewichte zu schaffen und dazu auch neue internationale Forschungsergebnisse zu nutzen. (Kuhrig am 17.5.2004) Die neuen Themen wurden – wenn auch unserem Leseeindruck nach mit Vorsicht – in Angriff genommen, um die Frauenproblematik als komplexe Emanzipationsaufgabe wieder ins Bewusstsein und ins Gespräch zu bringen.

Neue Themen waren beispielsweise: Ökologie und Umweltbewusstsein (SID 2/82; 1/88; 6/88; 6/89); Drogenkonsum von DDR-Jugendlichen (GH 4/86); Gleichberechtigung in der Sprache (GH 4/88); »gefährdete Gruppen« und Asozialität (SID 3/87); Homosexualität und soziale Lage der homosexuellen Frauen und Männer in der DDR. (GH 4/85)[10].

Einige Artikel bezogen sich auf Daten, die schon am oder seit Anfang der 70er Jahre erhoben, aber nicht publiziert worden waren.[11] Das geschah vor allem in den 6 SID-Heften, die im Jahr 1990 erschienen und genau genommen schon nicht mehr in die Reihe der analysierten DDR-Literatur gehören. Zu den neuen Themen nach dem Herbst 1989 gehörten: Nationalismus sowie Rechtsextremismus / Ausländerfeindlichkeit (SID, beide 1/90), Motivationen von Ausreisewilligen in Berlin (SID 1/90) und in anderen Städten wie Dresden, Gera, Karl-Marx-Stadt, Leipzig (SID 5/90).

Auffällig an den grünen Heften der 80er Jahre ist – neben der Zunahme an Informationen über die UNO und die IDFF – die Zunahme an Informationen zur Lage von Frauen in kapitalistischen, sozialistischen und Entwicklungsländern sowie über westliche Frauenforschung. Letzteres geschah im wesentlichen mittels Rezensionen über feministische wissenschaftliche Literatur und

---

10 Es handelte sich um das Autorreferat zu einer Dissertation B (=Habilitationsschrift), in dem darauf hin gewiesen wurde, dass am Ende Juni 1985 in Leipzig eine wissenschaftliche Tagung zum Thema »Psychosoziologische Probleme der Homosexualität« stattfand, auf der neben Medizinern, Psychologen, Pädagogen, Philosophen erstmalig auch homosexuelle Frauen und Männer auftraten. »Neues Deutschland«, Zentralorgan der SED, hatte darüber berichtet.

11 Wir überblicken nicht, ob die Daten – zumindest auszugsweise – in den jeweiligen Fachorganen publiziert worden waren.

Berichten über (vornehmlich linke) Frauenkonferenzen in kapitalistischen Ländern, die sich selbstverständlich mit feministischen Positionen auseinander setzten. In GH 1/89 beispielsweise wurden die Beiträge abgedruckt, die auf der Frauenkonferenz des Instituts für marxistische Forschungen e.V. Frankfurt/M. zu »Klasse und Geschlecht« gehalten wurden. Damit wurde nicht nur ein Thema eingebracht, das in der DDR lange ausgeblendet gewesen war, sondern auch eine ungewohnte Darstellungsform. Denn es handelte sich um eine Debatte zwischen linken Frauen, die nicht nur unterschiedliche Aspekte des Verhältnisses von Klasse und Geschlecht behandelten, sondern auch unterschiedliche Positionen vertraten. Diese Veröffentlichung wirkt heute wie ein Beitrag zur Genderproblematik und zur Diskussionskultur in einer Zeit, in der in der Bevölkerung die Forderungen nach Demokratisierung, freier Meinungsäußerung, Verbesserung der politischen Kultur immer lauter wurden.

In dieser allerletzten Phase, in der allerdings, wie wir heute wissen, schon alles zu spät war, wurden also endlich wieder konzeptionelle Ansätze für eine kritische Frauenforschung veröffentlicht. Dazu gehörten Vorschläge aus verschiedenen Fachdisziplinen:

. Untersuchung der Geschlechtersozialisation in der DDR (GH 3/89);

. Untersuchung von individuellen Lebens- und Konfliktbewältigungsstrategien von Frauen, Flucht in Krankheiten eingeschlossen (GH 5/89);

. Untersuchung der männlichen Kodierung in der Sprache in der DDR (GH 1/90);

. Eröffnung einer Debatte zu »Marxismus und Frauenfrage in der DDR« und die Erarbeitung einer »Theorie gesellschaftlicher Reproduktion«, wobei es der Autorin vor allem um »eine Bestimmung des Platzes von Geschlechterverhältnissen in der Sozialismustheorie« ging. (GH 1/90)

Dazu gehörte auch ein Beitrag der Vorsitzenden des Wissenschaftlichen Rates von Ende September 89, die – angesichts der damaligen Fluchtbewegung in die BRD – die (rhetorische) Frage stellte: Wer hat den fliehenden Frauen das illusionäre Bild vom Westen vermittelt?, obwohl, wie sie feststellte, »in Bezug auf die erreichte gesellschaftliche Stellung des weiblichen Geschlechts ... die DDR heute eine Spitzenposition ein (nimmt)«, was eindeutig belegbar war, gemessen an international festgelegten Kriterien wie: rechtliche Gleichheit, Stand der Bedingungen für die Wahrnehmung der Rechtsgleichheit in Politik, Arbeit, Bildung, Gesundheitsschutz, des Standes der sozialen Sicherheit, des Systems der Förderung der Frau einschließlich der vorhandenen Bedingungen für die Vereinbarkeit von Berufstätigkeit und Mutterschaft, der Entscheidungsfreiheit der Frau hinsichtlich Mutterschaft u.a. Herta Kuhrig fragte weiter: Wissen die Frauen das überhaupt?

Aber sie fragte – zumindest damals – noch nicht öffentlich: Wenn Frauen, besonders junge, das zwar möglicherweise nicht wissen, aber es doch täglich leben – warum fliehen sie trotzdem? Wäre sie dieser Frage nachgegangen, so hätte sie Fluchtgründe nennen müssen, die nicht speziell Frauenrechte und Geschlechterverhältnisse, sondern Menschenrechte (vor allem Reise- und Redefreiheit) und wirtschaftlichen Wohlstand betrafen, Also Fluchtziele , die nicht speziell Frauen, sondern auch Männer hatten.

Trotz der internationalen Spitzenposition wirkt, so räumte sie ein, »die Zugehörigkeit zum weiblichen Geschlecht (..) auch in unserer Gesellschaft als soziales Strukturmerkmal, beeinflusst Möglichkeiten und Chancen, setzt nicht selten engere Grenzen.«

Nach der Konzentration auf die klassischen Frauenfragen komme es nun darauf an, theoretische Grundfragen der marxistischen Emanzipationstheorie zu erforschen. Diese Aufgabe war, wenn auch in schöner Unverbindlichkeit, schon häufig gestellt worden. Nun schlug Herta Kuhrig vor, folgende Themen neu anzugehen:

. Verhältnis Klasse und Geschlecht. Dabei handele es sich in der Tat um ein Verhältnis und nicht, wie oft unterstellt, um eine Identität.

. Konsequenzen der Gleichberechtigung für die Lage der Männer. Es gebe Disproportionen im Tempo der Veränderung der Geschlechterrollen. Das reale und tendenzielle Stagnieren der Veränderung der Männer(rollen) bedeute eine Gefahr für die Frauenemanzipation.

. Verhältnis soziale Frage – Frauenfrage. Die relative Eigenständigkeit der Frauenfrage gegenüber der sozialen Frage sei bisher vernachlässigt worden; in der Forschung seien die Frauen mehr als Objekte eines Befreiungsprozesses denn als Subjekte ihrer Emanzipation betrachtet worden; es habe mehr Untersuchungen von Bedingungsgefügen als vom Umgang der Frauen selbst damit gegeben. Mann und Frau können nicht emanzipiert werden, sondern müssen sich emanzipieren.

. Die Frage, ob die Frauenfrage nur im Sozialismus zu lösen sei, sei mehr als eine theoretische Frage. (GH 5/89: 3ff.)

Mit allen diesen Vorschlägen wurden Schwachstellen der DDR-Frauenforschung getroffen.

XIV

Die Forschungsgemeinschaft »Geschichte des Kampfes der Arbeiterklasse um die Befreiung der Frau« wurde 1966 an der Pädagogischen Hochschule »Clara Zetkin« in Leipzig gegründet.

Wie Joachim Müller, der langjährige Vorsitzende der Forschungsgemeinschaft, zum ersten mal 1968 auf der Arbeitstagung »Frau und Wissenschaft« (Grandke, 1968: 103) und dann noch einmal anlässlich ihres 15.Jahrestages berichtete, geschah das nicht ganz freiwillig. Im Frühjahr 1966 hatte der Lehrstuhl Geschichte des damaligen »Pädagogischen Instituts Leipzigs« Kontakt zu zentralen Institutionen für Geschichtswissenschaft gesucht, um eine »Entscheidung über ein den zentralen Führungsgrundsätzen entsprechendes Thema in der Forschung herbeizuführen.« (MB 1/81: 5)[12] Die Akademie der Wissenschaften schlug vor,»das bis dahin noch von keiner Seite bearbeitete Thema ›Geschichte der proletarischen Frauenbewegung‹ zu übernehmen« und bis 1970 einen Sammelband herzustellen. Tatsächlich gab es bis dahin keine eigenständige historische Frauenforschung in der DDR, auch wenn in der offiziellen Geschichtsschreibung, die gemäß der Marx'schen Geschichtsdefinition eine Geschichtsschreibung der Klassenkämpfe war, Frauen, die sich in Klassenkämpfen hervorgetan hatten, durchaus erwähnt wurden – wie die Frauen der französischen Revolution, die Pariser Kommunardinnen, Lenins Frau Nadeshda Krupskaja und natürlich auch deutsche Frauen wie beispielsweise Jenny von Westfalen, Luise Otto-Peters[13], Rosa Luxemburg, Clara Zetkin, Antifaschistinnen wie Sophie Scholl, Käthe Niederkirchner und andere.

Aber als eigenständiger Forschungsgegenstand wurde Frauengeschichte bis Mitte der sechziger Jahre nicht begriffen. Müller berichtete:»Es muss hier nochmals gesagt werden, dass das Thema weder unseren Vorstellungen noch unserem Geschmack entsprach. Wir dachten mehr an eine Untersuchung von Biographien einzelner Reichskanzler und anderen Repräsentanten der Weimarer Republik (..). Es kann kein Zweifel bestehen, dass (..) wir selbstverständlich unsere Vorbehalte hatten. So haben wir auch auf der ersten Zusammenkunft des Wissenschaftlichen Beirates ›Die Frau in der sozialistischen Gesellschaft‹ (..) davon gesprochen, dass wir hofften, dieser Kelch würde noch einmal an uns vorübergehen. Prof. Dr. W. Hartke (..) nahm diese selbstkritische Bemerkung in seinem Schlusswort auf und begrüßte die kleine Abteilung marxistischer Historiker, die sich nun anschickte, sich in ein Thema einzuarbeiten, zu dem die Liebe erst entdeckt werden musste.« Knapp 20 Wissenschaftler – darunter zwei Frauen – von verschiedenen Hochschulen machten sich an die Arbeit,»versehen mit allen Fehlern und Unzulänglichkeiten, mit kühnen Denkansätzen bei gleichzeitiger methodischer Handwerkelei«. (Alle Zitate in: MB 1/81:5f) Sie nahmen Kurs auf die Ausarbeitung von Überblicksdarstellungen – auch mit dem Ziel, Frauen in der Geschichte und Frauengeschichte in den Geschichtsunterricht einzubringen. Zu dieser Absicht sagte Müller im März 1967 auf der Konferenz»Frau und Wissenschaft«:»Unsere Lehrbücher zeigen, dass unser Geschichtsbild nichts gemein hat mit der berüchtigten These des Vertreters der sogenannten kleindeutschen Schule der bürgerlichen Historiographie, Treitschke: Männer machen Geschichte. Den-

---

12 Das war die Zeit nach der Verabschiedung des Gesetzes über das einheitliche sozialistische Bildungssystem (1965) und vor der 3. Hochschulreform der DDR (1966). Auch in der Volksbildung gab es Mitte der sechziger Jahre viel Bewegung und einiges Nützliche wurde in Gesetzen festgeschrieben. Durch deren buchstabengenaue Umsetzung endeten produktive Ansätze oft in Stagnation.
13 Sie war unter anderem bekannt durch den Roman »Nur eine Frau« von Hedda Zinner (1954) und den danach gestalteten gleichnamigen DEFA-Film (1958)

noch gewinnt man den Eindruck , dass die Männer die Geschichte gemacht haben und machen. Wir meinen, dass die Lehrprogramme, die Lehrbücher, Materialien der verschiedensten Art nicht nur die Fragen eines lesenden Arbeiters, sondern auch die Fragen einer lesenden Arbeiterin bedenken und beantworten sollten.« (Grandke 1968: 104)

Diese Bemerkung bezieht sich auf das in der DDR bekannte und häufig zitierte Gedicht »Fragen eines lesenden Arbeiters« von Brecht, in dem es u.a. heißt:

»...Der junge Alexander eroberte Indien. / Er allein?

Cäsar schlug die Gallier. / Hatte er nicht wenigstens einen Koch bei sich?

Philipp von Spanien weinte, als seine Flotte / Untergegangen war. Weinte sonst niemand?

Friedrich der Zweite siegte im Siebenjährigen Krieg. Wer / Siegte außer ihm?...

Alle zehn Jahre ein großer Mann. / Wer bezahlte die Spesen?...« (Brecht 1988: 29)

XV

Erste Arbeiten veröffentlichte die Arbeitsgruppe in den grünen Heften. Nach drei Jahren legte sie den Sammelband vor. Er wurde 1970 vom Verlag für die Frau in Leipzig herausgegeben unter dem – aus heutiger Sicht tragikomisch anmutenden – Titel »Um eine ganze Epoche voraus«. Untertitel: »125 Jahre Geschichte des Kampfes um die Gleichberechtigung der Frau«.

Im Oktober 1970 erschien auch das MITTEILUNGSBLATT Heft 1, ohne konzeptionelle Einführung, nur mit einem kurzen Geleitwort versehen. Der wissenschaftliche Auftrag war offenbar seit der Gründung der Forschungsgemeinschaft klar. Das Blatt sollte wie die grünen Hefte der gegenseitigen Information und der Verbesserung der wissenschaftlichen Planung und Zusammenarbeit dienen. Wie diese erhob es keinen Anspruch auf Vollständigkeit. Das MITTEILUNGSBLATT – äußerlich unspektakulär wie die anderen Reihen – erschien anfangs ein- bis zwei-, ab 1977 dreimal pro Jahr. Dazu kamen – im gleichen Format – die Protokollhefte von den »Clara-Zetkin-Konferenzen«, die im Schnitt alle zwei Jahre zu verschiedenen Schwerpunkten, aber immer mit einem Bezug zu Clara Zetkin von der Pädagogischen Hochschule »Clara Zetkin« veranstaltet wurden.

Die verantwortlichen RedakteurInnen wechselten mehrmals, ebenso wie ein Teil der MitarbeiterInnen der Forschungsgemeinschaft. Es handelte sich naturgemäß häufig um LehramtsstudentInnen, die ihre Abschlussarbeiten zu frauenhistorischen Themen schrieben, danach als LehrerInnen in die Volksbildung gingen. Frauengeschichte war in den Lehrplänen der allgemeinbildenden und der Erweiterten Oberschulen der DDR nicht vorgesehen. Ob und in welchem Maße wenigstens die AbsolventInnen dieser Hochschule Erkenntnisse der Frauengeschichtsschreibung in den Unterricht einfließen ließen, wäre interessant zu wissen. Bei den Dissertationen lag der wissenschaftliche Neuwert natürlich höher als bei den Diplomarbeiten. Aber die wenigsten jungen DoktorantInnen bekamen die Gelegenheit, nach der Promotion ihre wissenschaftliche Arbeit auf diesem Gebiet fortzusetzen. Pädagogische Hochschulen waren in erster Linie Ausbildungsinstitute.

Trotzdem war die Forschungsgemeinschaft von Anfang an außerordentlich produktiv. Die Bibliographie eigener Veröffentlichungen, die anlässlich des 15.Jahrestages zusammengestellt wurde, umfasste bereits 43 einzeilig bedruckte Seiten – einschließlich Staatsexamens- und Diplomarbeiten. Sie zeigt auch, dass über das MITTEILUNGSBLATT und die grünen Hefte hinaus Beiträge sowohl im Ausland als auch in populärwissenschaftlichen Zeitschriften der DDR erschienen. (MB 1/81:15ff.). In dem Doppelheft 1-2/89 wurde die Bibliographie für die Jahre 1971-85 fortgesetzt, und in MB 2/1990 gibt der Artikel »Ergebnisse historischer Frauenforschung in der DDR 1980 bis 1990« einen Überblick, in dem die 25jährige Arbeit der Forschungsgemeinschaft als bedeutsame wissenschaftliche Leistung gewürdigt und in dessen Anhang die wichtigsten Titel noch einmal, nunmehr thematisch gegliedert, genannt werden. (S. 18-51)

Die Leistungen und die Leistungsfähigkeit dieser Forschungsgemeinschaft führten dazu, dass sich »am 8.September 1988 beim Nationalkomitee der Historiker der DDR die Kommission zur Geschichte der Frauen und der Frauenbewegung« (Leitung: Erika Uitz) konstituierte, die es als ihre Aufgabe betrachtete, »die Anstrengungen der verschiedenen Institute und Hochschulen zur Erforschung der *Geschichte der Frauen in allen historischen Epochen sowie der Frauenbewegung* koordinierend zu fördern, nicht zuletzt im Interesse einer stärkeren internationalen Zusammenarbeit.« (MB 2/90:5; Hervorhebungen RU) Allerdings ist in den MITTEILUNGSHEFTEN der Jahrgänge 1988/89 eine signifikante zeitliche Erweiterung der Thematik nicht zu bemerken.

Dieser Überblicksartikel, der die Arbeiten aus den Jahren 1980-90 insgesamt lobte, in MB 2/90 noch erschien[14], nachdem die Forschungsgemeinschaft sich bereits von dem Namen »Kampf der Arbeiterklasse um die Befreiung der Frau« distanziert und sich als »Forschungszentrum« unter dem Namen »Frauen in der Geschichte« konstituiert und dazu in dem »Mitteilungsblatt des Forschungszentrums Frauen in der Geschichte« 1/90 eine »Erklärung vom 13.12.1989« veröffentlicht hatte.

Diese Erklärung soll hier im Wortlaut wiedergegeben werden, gibt sie doch einen Eindruck von der damaligen Situation im allgemeinen und von der Si-

---

14 Der Artikel erschien in MB 2/90 versehen mit dem Hinweis, Redaktionsschluss für diesen Beitrag sei der 31.12.1989 gewesen. In dieser Zeit der »friedlichen Revolution« waren präzise Datierungen wichtig.

tuation der Frauengeschichtsforschung im besonderen. Damals erschien eine Flut von Erklärungen dieser Art. Sie dienten in der Zeit, als von einer Öffnung der Staatsgrenzen und einem Anschluss an die Bundesrepublik noch keine Rede war, als Instrumente des politischen Protestes und der politischen Positionierung und gaben erste grobe, aber richtungsweisende Vorschläge zur Reformierung des jeweils eigenen Arbeitsgebietes.

»Erklärung

Die Frauen sind beteiligt an der Revolution in unserem Land. Sie melden sich selbst zu Wort, um ihre Forderungen und Vorstellungen in die gesellschaftliche Erneuerung der DDR einzubringen.

Leipziger Historikerinnen und Historiker, die sich seit mehr als zwanzig Jahren mit der historischen Frauenforschung beschäftigen, wollen diesem Aufbruch der Frauen dienen. Am 11. Dezember 1989 konstituierte sich deshalb an der Pädagogischen Hochschule »Clara Zetkin« ein

Forschungszentrum »Frauen in der Geschichte«.

Erklärtes Ziel des Forschungszentrums ist es, mit Forschungen zur Rolle der Frau in der Sozialgeschichte, zur Lebensgeschichte von Frauenpersönlichkeiten und zur Frauenpolitik unterschiedlicher Parteien und Gruppierungen zum historischen Selbstverständnis der sich in der DDR neu entwickelnden Frauenbewegung beizutragen und Forderungen nach gleichberechtigter Teilnahme von Mann und Frau am Aufbau eines demokratischen Sozialismus zu unterstützen.

Für erforderlich halten wir u.a. Untersuchungen, die sich mit dem Verhältnis von Klasse und Geschlecht in der Geschichte sowie mit den Auswirkungen des Stalinismus auf Frauenpolitik und Frauenbewegung beschäftigen.

Wir unterstützen die Forderung nach Schaffung eines Amtes für Frauenpolitik bei der Regierung der DDR!

Wir fordern von der Historiker-Gesellschaft, von Historikerinnen und Historikern anderer Fachdisziplinen, der Rolle der Frauen in der Geschichte den ihr gebührenden Platz einzuräumen und schon vorliegenden Ergebnissen der historischen Frauenforschung Aufmerksamkeit zu widmen!

Wir fordern die Überarbeitung der Lehrpläne der allgemeinbildenden Schulen der DDR im Fach Geschichte unter frauengeschichtlichem Aspekt!

Nachdrücklich bekennen wir uns zum demokratischen Dialog und zur pluralistischen Vielfalt in der DDR. Das Forschungszentrum ist daher offen für die Mitarbeit von Historikerinnen und Historikern sowie Frauenforschern anderer Wissenschaftsgebiete, die unterschiedliche weltanschauliche und politische Orientierungen besitzen.

Forschungszentrum »Frauen in der Geschichte« an der Pädagogischen Hochschule »Clara Zetkin« Leipzig

Es folgten 6 Namen.

Wie deutlich zu erkennen ist, formulierten die VerfasserInnen ihre Forderungen zu dem Zeitpunkt noch unbelastet von der wenig später alles beherrschenden Täter-Opfer-Diskussion. Sie forderten die Demokratisierung der DDR – vor allem im Hinblick auf ihr eigenes Gebiet, die Frauenpolitik und die Möglichkeiten für Forschung und Lehre. In dieser Situation gaben sie die Selbstverpflichtung ab, mit der Frauengeschichtsforschung aktiv am demokratischen Umbau der Gesellschaft teilhaben zu wollen. Das zeugte von ihrer Absicht, das Prinzip der Praxisverbundenheit und -orientiertheit von Forschung, das in der DDR propagiert und von den meisten GesellschaftswissenschaftlerInnen akzeptiert wurde, nunmehr auf einer qualitativ neue Stufe zu praktizieren.

Die Forderungen der VerfasserInnen waren gerichtet auf

die Durchsetzung von Frauenforschung als Querschnittsproblematik in der historischen Forschung überhaupt;

die offizielle Einbeziehung der Frauenproblematik in Lehre und Schulunterricht; vor allem aber auf

die Erweiterung des Forschungsfeldes in mehrere Richtungen, die unter den Stichworten »unterschiedliche Parteien und Gruppierungen«, »Auswirkungen des Stalinismus auf Frauenpolitik und Frauenbewegung« sowie »Klasse und Geschlecht« gefasst sind.

Der genannte Überblicksartikel »Ergebnisse historischer Frauenforschung in der DDR 1980-1990« (MB 2/90) ist für uns vor allem deshalb von Interesse, weil er bereits im Dezember wesentliche allergische Punkte der historischen Frauenforschung der DDR benannte, allerdings noch immer wie in der DDR üblich in positiv-optimistischer Formulierung, d.h. es wurden nicht Defizite aufgezählt, sondern zu lösende und lösbare Aufgaben:

Die thematischen und zeitlichen Lücken, die es noch zu füllen galt, wurden genauer gekennzeichnet und hinzugefügt,

. dass »*sozialgeschichtliche Aspekte*« Aufmerksamkeit verdienten, gemeint waren Geschichte der Frauenberufsarbeit und der Stellung der Frauen in allen Klassen und Schichten Deutschlands, der DDR und der BRD;

. dass dabei an Ergebnisse der *internationalen Frauenforschung* angeknüpft werden müsse;

. dass neben den Kategorien *Klasse* und *Geschlecht* »auch der *Patriarchats-Begriff* verstärkte Aufmerksamkeit« erfordere;

. dass in der Geschichtsschreibung »dem ›femininen Aspekt‹ endlich die erforderliche, notwendigerweise spezifische Aufmerksamkeit entgegenzubringen« sei, »*gilt auch für die weitere Erforschung und Darstellung der Geschichte der Arbeiterbewegung*«; und

. dass überhaupt die »Integration von Forschungsergebnissen zu all diesen Gegenständen in *das Gesamtbild der Geschichte, das generell der Erneuerung bedarf*,« notwendig sei. (MB Frauen in der Geschichte 2/90:17f.; Hervorhebungen RU.)

Das waren Aufgaben, über die sich einige Leipziger HistorikerInnen zweifellos lange vor dem Herbst 1989 im Klaren waren, die sie aber offenbar damals zum ersten Mal so pur zu formulieren wagten.

In dem gleichen Artikel findet sich auch eine, allerdings nur eine selbstkritische Bemerkung: »Es ist nicht zu übersehen, dass viele der Veröffentlichungen zur Rolle der Frau in der Geschichte der DDR und zur Frauenpolitik ihrer führenden politischen Kräfte gewisse apologetische Züge tragen. Die Autoren sahen sich einem stalinistisch orientierten Sozialismuskonzept und auch einem entsprechenden Geschichtsbild mehr oder weniger verpflichtet.« Diese Kollegenkritik wurde aber sofort entschärft: »Dennoch enthalten die Arbeiten wichtiges Faktenmaterial und machen auf erreichte Ergebnisse ebenso aufmerksam wie auf manche Entwicklungsprobleme.« (MB Frauen in der Geschichte 2/90:11)

Bei der nachträglichen Lektüre fiel uns auf, dass hier der Begriff Stalinismus zum zweiten Mal auftaucht. Aber während in der »Erklärung« völlig zu Recht gefordert wurde, die längst überfällige Untersuchung der »Auswirkungen des Stalinismus« auf die Frauen in Angriff zu nehmen, wurde in diesem bilanzierenden Artikel nicht definiert, was unter »stalinistisch orientiertes (...) Geschichtsbild« der HistorikerInnen konkret zu verstehen war. Möglicherweise war dieser pejorative Begriff Ausdruck des Bemühens, sich in der ersten aufgeregten Wendezeit von Konzepten, Meinungen, Haltungen zu distanzieren, ohne KollegInnen öffentlich zu diffamieren. Interessant zu wissen wäre, ob, mit welchen Argumenten und welchen Ergebnissen diese Einschätzung in dem neugebildeten Forschungszentrums debattiert wurde. Aber weder dazu noch zum Thema »Stalinismus und Frauen« erschienen Artikel. Nach der Wende hatten die Herausgeber offenbar vor allem damit zu tun, das MITTEILUNGSBLATT »Frauen in der Geschichte« am Leben zu erhalten. (Siehe dazu: Abschnitt II in diesem Kapitel)

XVI
Der Wissenschaftliche Beirat »Die Frau in der sozialistischen Gesellschaft« hatte 1966 der PH Leipzig als Forschungsfeld die »Geschichte der proletarischen Frauenbewegung« vorgeschlagen. Damit wäre der zu erforschende Zeitraum ebenfalls von vornherein auf die Existenz der Arbeiterklasse (Industrialisierung/ Kapitalismus/ Sozialismus) beschränkt worden, was wissenschaftlich zulässig ist. Aber die Forschungsgemeinschaft und das MITTEILUNGSBLATT bekamen den Namen »Geschichte des Kampfes der Arbeiterklasse um die Befreiung der Frau«. Das ist eine auf den Begriff gebrachte These, die besagt, dass Frauen sich nicht befreit haben, sondern befreit wurden

---

15 In seiner Rede auf der Konferenz »Frau und Wissenschaft« nannte Müller diesen Namen nicht.

und demnach – zu Ende gedacht – Objekte, nicht Subjekte der Geschichte sind. Mit diesem Namen wurde der historischen Frauenforschung der DDR von vornherein eine bestimmte ideologische Tendenz vorgegeben, abverlangt bzw. unterstellt, was wissenschaftlich nicht zulässig ist.

Wer aber war die Arbeiterklasse im Zusammenhang mit der Frauenbefreiung? Tatsächlich haben wir in den MITTEILUNGSBLÄTTERN einige Artikel gefunden, in denen diese These durchdekliniert wurde und zwar dahingehend, dass nicht die gesamte Arbeiterklasse, sondern ihre organisierte Vorhut – also zunächst die linke SPD, später die KPD und schließlich die SED – die Frauen befreit hätten. Das waren Artikel, die die linke Frauenpolitik eher lobend Revue passieren ließen als kritisch analysierten.

Charakteristisch dafür sind auch eine Reihe von Beiträgen zu August Bebels Buch »Die Frau und der Sozialismus«, das immer wieder zu den runden Jahrestagen seines Erscheinens gewürdigt wurde, und Beiträge zum Internationalen Frauentag, der bekanntlich auf Vorschlag Clara Zetkins begangen wurde. Zum Internationalen Frauentag wurde immer wieder geforscht. Das war gut so; denn die Geschehnisse dieses Tages weltweit ließen und lassen immer wieder Rückschlüsse auf die jeweilige Situation von Frauen zu. Insofern boten die Beiträge in ihrer Gesamtheit, auch durch den gelegentlichen Blick auf das Ausland, einerseits zwar eine Grundlage für eine Geschichte des Internationalen Frauentages. Andrerseits aber priesen sie oft, wenn auch indirekt (mittels des Lobes der Verdienste von Frauen) die SED und die DDR-Regierung, weil sie die Bedingungen dafür geschaffen hatten, dass die Frauen sich verdient machen konnten. Viele Artikel befassten sich mit der Erläuterung der in den Reden der DDR-Offiziellen gesetzten jeweiligen frauenpolitischen Schwerpunkte. Dagegen kamen alltagskulturelle Untersuchungen zum 8.März nicht vor, beispielsweise zu Fragen wie: Welche (politische und kulturelle) Bedeutung hatte dieser Tag für die Frauen selbst, aber auch für die Männer und Kinder? Wie feierten sie ihn? Änderten sich Bedeutung und Feierformen und wenn ja, wie und warum? Unserer Erinnerung nach wären an dem Verhalten der Bevölkerung gerade an diesem Tag viele Informationen über die wirkliche, konfliktreiche Situation der Frauen in den politischen und in den Geschlechterverhältnissen der DDR zu gewinnen gewesen. Beispielsweise wurde der Tag – in krassem Unterschied zum »Muttertag« – nie vermarktet, nie zum Anlass für Werbeschlachten des Handels; beispielsweise war es schöne Gewohnheit geworden, den Tag kollektiv, vielfach auch zusammen mit den Kollegen, zu begehen; aber es gab beispielsweise auch, wie das häufig mit Feiertagen geschieht, zunehmend eine Verflachung des ursprünglichen Anliegens.

Überhaupt wurden gegenwartsgeschichtliche Untersuchungen zum Alltag von Frauen und zu Gewohnheiten, die in ihren Alltag eingegangen waren, also zu Veränderungen ihres Kulturverhaltens in der Reihe kaum veröffentlicht, sofern sie über die bereits beschriebenen Themenfelder wie Zeitressourcen hinausgingen.[16]

Vergangenheitsgeschichtliche Untersuchungen zum Alltag nahmen im Laufe der Zeit an Zahl, Umfang und Konkretheit zu. Das geschah im Rahmen der Lebensweise-Forschung der Kulturwissenschaften und im Zuge der allgemeinen Erforschung der Alltagsgeschichte des deutschen Volkes, die in der DDR vor allem von dem Nestor der Sozialwissenschaften, dem Wirtschaftshistoriker Jürgen Kuczynski vorangetrieben wurde.[17] Hinsichtlich der Alltagsgeschichte von Frauen machte sich vor allem die Agrarwissenschaftlerin Sigrid Jacobeit verdient, die grundlegende methodische Gedanken zur Alltagsforschung am Beispiel von werktätigen Bäuerinnen im Faschismus veröffentlichte (MB, Kolloquium Frauen und Faschismus, 1983: 50ff.). Sie vertrat den Standpunkt, die Begriffe »Lebensweise« und »Alltag« seien umfänglicher zu verstehen als »Lage«, die von den objektiven Bedingungen determiniert werde, und zitierte den Kulturwissenschaftler Dietrich Mühlberg.

»Alltag fragt nach den Beziehungen der Menschen in der jeweiligen Lage; Alltag fragt nach dem Bewusstwerden dieser Beziehungen, fragt nach den Reaktionen des Einzelnen und der Massen auf die Lage; Alltag fragt nach der Befriedigung der Grundbedürfnisse, also (...) wie man gearbeitet, wie man gewohnt, gedacht, geliebt, gefeiert und erzogen hat, wenn nicht gerade gestreikt, organisiert, agitiert, verhandelt oder geschossen wurde.« (ebenda)

Sigrid Jacobeit forderte vor allem die verstärkte Praktizierung von oral history – und nicht nur wie in der DDR bis dahin üblich mit Antifaschistinnen. Und sie forderte intensive regionale Forschung, die allerdings nicht bornierte Lokalgeschichte sein dürfe.

Es wurde ein Forschungsprojekt speziell für Leipzig aufgelegt. (MB 2/83; 1/85) Allerdings betrafen diese Veröffentlichungen in den MITTEILUNGSBLÄTTERN wiederum eher den Erwerbs-Arbeits-Alltag als den Familien-Alltag der Frauen, also eher die alltägliche Ausbeutung und Unterdrückung von Frauen und Mädchen in der kapitalistischen Industrie als die in der Familie. Forschungsergebnisse zu letzterem finden sich dagegen unter anderem in Buchveröffentlichungen.[18]

In dem Leipzig-Projekt gab es beispielsweise mehrere Untersuchungen zum politischen Kampf von Dienstmädchen. Angesichts der gegenwärtig wie-

---

16 Natürlich gab es in den audiovisuellen und den Print-Medien Reportagen zum Frauen-Alltag, aber sie beschönigten die Zustände meistens in irgendeiner Weise. Bessere Auskunft über die Lebensweisen und Konfliktsituationen geben Kunstwerke von, bzw. über Frauen in der DDR. Auf Kunstwerke (aller Gattungen) haben schon in der DDR viele Gesellschaftswissenschaftler ausdrücklich Bezug genommen, wenn sie Alltagsprobleme behandelten.
17 Kuczynski, Jürgen, 1980-82: Alltagsgeschichte des deutschen Volkes, Bde 1-5. Berlin.
18 Beispielsweise Jacobeit, Sigrid und Wolfgang, 1985 ff.: Illustrierte Alltagsgeschichte des deutschen Volkes. 3 Bde. Urania-Verlag Leipzig Berlin Jena; Uitz, Erika, 1988: Die Frau im Mittelalter. Leipzig; Dölling, Irene, 1992: Der Mensch und sein Weib. Berlin.

der aufgekommenen Brisanz der Haushaltshilfenproblematik wecken diese Beiträge unser besonderes Interesse. Immerhin waren 1849 allein in Sachsen 130 543 Personen weiblichen Geschlechts im Sektor persönliche Dienstleistungen beschäftigt, das waren weit mehr als in den Fabriken. Sie hatten keine geregelte Arbeitszeit und bekamen vorwiegend Naturallohn (Bleibe, Verpflegung, wenig Geld). Auch damals kam die überwiegende Zahl der Dienstmädchen aus dem Osten, allerdings kaum aus anderen Ländern wie heute üblich. Sie waren auch nicht qualifiziert, schon gar nicht hochqualifiziert, im Gegenteil, die meisten waren Un- oder Angelernte. Aber wie die Auswertung von Zeitungsartikeln aus dem Jahr 1848 zeigte, kamen zumindest einige von ihnen (schon damals schwankten die Angaben zwischen 40 und 300!) in einer Versammlung zusammen und formulierten ihre Wünsche, die Rückschlüsse auf ihren konkreten Alltag zulassen: 1. Erhöhung des Lohnes. 2. Nicht fünf Treppen hoch unterm Dach schlafen zu müssen. 3. Mindestens freitags und sonnabends, wo es viel angreifende Arbeit gibt, eine kräftige Suppe. 4. Um 10 Uhr abends, wenn nicht Krankheit oder andere ungewöhnliche Abhaltung dies unstatthaft machen, sich zu Bette legen zu dürfen. 5. Alle vier Wochen einmal Erlaubnis zum Ausgehen. 6. Aufhebung der monatlichen Kündigungsfrist. (MB 1/85:41). Sie gründeten einen Verein zu einer Zeit, zu der es noch keine Gewerkschaften gab, und wurden öffentlich kritisiert, durch Männer mit politischer Erfahrung unterschiedlicher Couleur manipuliert und sehr bald auch verfolgt – nicht zuletzt durch ihre Dienstherrinnen, die einander in einer Art kommunikativem Netzwerk vor den aktivsten Aufrührerinnen warnten und ihnen die Einstellung verweigerten. Aufschlussreich für die schnellen und effektiven Maßnahmen der politischen Reaktion ist eine Annonce, die Ende Juni 1848 erschien: »Wo versammelt sich gegenwärtig der Verein der Dienstmädchen, oder sind auch sie verduftet?« (MB 1/85: 43) Das war 8 Wochen nach der Gründungsversammlung.

Wir haben also bei unseren Recherchen sorgfältig gearbeitete Studien gefunden, in denen Frauen durchaus nicht als Objekte der Befreiung, sondern als couragierte Subjekte einer mühevollen Emanzipation, als politische Akteurinnen dargestellt wurden, die ihre ureigensten Interessen einzubringen wussten und eingebracht haben.

Das betraf vor allem Frauen in zugespitzten Klassenkampfsituationen, also Bereiche, die bis dahin nicht oder nur unzureichend auf das eigenständige Verhalten von Frauen hin untersucht worden waren: wie die revolutionären Kämpfe in Russland 1917 und in Deutschland 1848 und 1918 (MB 2/80), in großen Streikbewegungen der Weimarer Republik, bei denen Frauen und Frauenvereine keineswegs nur ihre Männer unterstützten, sondern teilweise selbst Streiks initiierten, planten, durchführten wie die Geraer Textilarbeiterinnen in der zweiten Hälfte des Jahres 1924. Ihr Ziel war, eine breite Front aller Arbeiterinnen zum Kampf für soziale und demokratische Forderungen zu bilden. Ihre Forderungen unterschieden sich schon erheblich von denen der Dienstmädchen. Sie lauteten: 1. 40 Prozent Lohnerhöhung. 2. Gleiche Löhne für gleiche Arbeit. 3. Beschlagnahme von Villen der Bourgeoisie zur Unterbringung notleidender Frauen. 4. Ausreichende Versorgung der Erwerbslosen mit Lebensmitteln, Brennmaterial und Kleidung. 5. Freilassung von politischen Gefangenen und der Frauen, die wegen Verstoßes gegen §218 eingesperrt worden waren. (MB 5/74) Die Kämpfe der Frauen gegen Armut werden gut nachvollziehbar, wenn man den Beitrag liest, der bis auf den Pfennig genau die Löhne vorrechnet, die Frauen 1926 in ganz verschiedenen Leipziger Betrieben erhielten. (MB 2/81; 2/83)

Untersucht wurde auch Verhalten von Frauen während und gegen Faschismus und Krieg, faschistische Frauen- und Geburtenpolitik, Frauenschicksale in Konzentrationslagern, wobei wie in der DDR-Geschichtsschreibung üblich das Schwergewicht auf die Täterinnen und auf die politisch Verfolgten gelegt wurde, andere Häftlingsgruppen aber unterbelichtet blieben.

Ausgelassen wurde weitgehend die Untersuchung des politisch und moralisch erzieherischen Wirkens von Frauen innerhalb der Familien. Das ist insofern erstaunlich, als die Berner Konferenz der KPD[19] im Jahr 1939 in ihrer Resolution ausdrücklich hervorgehoben hatte, welche Bedeutung Frauen im Kampf gegen Faschismus und Krieg besonders in den Familien haben (könnten / müssten). (MB 5/74:8) 1986 wurde eine Dokumentation über eine Propagandaschrift der KPD veröffentlicht, die von der Gestapo im Mai 1944 in Eisenbahnwagen sichergestellt worden war, die aus der Schweiz kamen. Die Schrift trug den Titel »Die werktätige Frau und Hitlers Raubkrieg«, analysierte die faschistische Frauenpolitik und deren Auswirkungen, bemerkte »bitter«, dass es unterschiedliche Haltungen von Frauen zum Krieg gäbe, stellt fest: »Hitlers Krieg ist bereits verloren!« und endete mit dem Aufruf: »Die Rache der misshandelten Völker wird über uns und unsere Kinder kommen, wenn wir uns nicht durch die Tat von Hitlers Krieg distanzieren, denn diese Völker werden mit Recht sagen: ›Was habt Ihr gegen Hitlers Krieg getan?‹« (MB 1/86:22-41)

Natürlich war bekannt, dass Frauen sich auch in der Familie sehr unterschiedlich zu Faschismus und Krieg verhalten hatten. Trotzdem wurden, wenn überhaupt, in der DDR vornehmlich Antifaschistinnen befragt. Sie waren zu Auskünften bereit. Die anderen Frauen (und deren Kinder) schwiegen meistens und lange, was das offizielle Bild von der Rolle der Frauen im fa-

---

19 Die »Berner Konferenz« der KPD fand Ende Januar 1939 in der Nähe von Paris statt. Einzige Frau unter den 22 Teilnehmern war Elli Schmidt, politische Mitarbeiterin des Sekretariats des ZK der KPD in Paris (1937-40). Sie forderte die Intensivierung der politischen Arbeit unter den Frauen. Sie wurde 1947 Vorstandsmitglied des neugegründeten DFD; 1948 dessen erste Vorsitzende; 1950 Leiterin der Kommission zur Ausarbeitung des Gesetzes über den Mutter- und Kinderschutzes und die Rechte der Frau. 1953 wurde sie aller Funktionen enthoben und aus der SED ausgeschlossen, 1956 rehabilitiert.

schistischen Deutschland nicht nur entdifferenzierte, sondern verschönte und damit verfälschte. Vor allem deshalb forderte Sigrid Jacobeit, wie schon erwähnt, auch die Befragung dieser anderen nach ihren Alltagserfahrungen. Das Verschweigen des alltäglichen Faschismus im privaten Bereich zum Zwecke der Bestätigung des antifaschistischen Gründungs»mythos« der DDR war eine entscheidende Schwachstelle in der historischen Bewältigung des Faschismus. Diese (Wissenschafts)Politik hat sich schon deshalb nicht ausgezahlt, weil viele Menschen sich gezwungen fühlten, ihre Biographien und ihre Identitäten – nach »draußen« – zu verschweigen oder bewusst umzudeuten. Was »drinnen« an den Küchentischen erzählt und diskutiert wurde, blieb unbekannt. Das Thema alltäglicher Faschismus in Familien wurde kaum anders als durch Kunstwerke (Literatur; Filme) in die Öffentlichkeit gebracht.

In den 25 Jahren ihres Bestehens hat die Forschungsgemeinschaft »Geschichte des Kampfes der Arbeiterklasse um die Befreiung der Frau« manche Forschungslücken geschlossen, aber auch manche sichtbar gemacht. Und einige fallen uns erst heute auf.

XVII

Ein Forschungsgegenstand war durchgehend Clara Zetkin, deren Namen die Pädagogische Hochschule trug. Bis 1989 veranstaltete die Hochschule 10 »Clara-Zetkin-Kolloquien« zu unterschiedlichen frauenhistorischen Themen. Die Tagungs-Protokolle wurden in Sonderheften publiziert. Die unterschiedlichen Themen ließen sich mühelos mit ihrem Namen verbinden; denn Clara Zetkin hatte von etwa 1886 bis zu ihrem Tod 1933 frauenpolitisch gearbeitet und in dieser fast 50jährigen politischen Tätigkeit waren viele Strömungen der Frauengeschichte des deutschen Kaiserreichs und der Weimarer Republik wie in einem Brennspiegel zusammengetroffen.

1993 erschien in Frankreich, 1994 in Deutschland »Clara Zetkin. Eine neue Biographie« von dem französischen Historiker Gilbert Badia. Diese Biographie gibt ein differenzierteres, detailreicheres Bild als die Leipziger Historiker/innen in den 60 bis 80er Jahren geben konnten. Denn die SED-Archive, in denen Clara Zetkins Korrespondenz aufbewahrt wurde, wurden erst 1990 geöffnet und zugänglich gemacht. (Badia, 1994: 9) Dennoch hat die Arbeitsgruppe damals eine wichtige Arbeit geleistet, für die Badia den Professoren H.-J. Arendt und Fritz Staude von der Pädagogischen Hochschule »Clara Zetkin« ausdrücklich Dank sagte. (Badia, 1994: 292)

Clara Zetkin hat in den harten Kämpfen um Frauenemanzipation immer wieder Stellung beziehen müssen und bezogen, nicht nur politisch, sondern auch theoretisch, nicht nur in Deutschland, sondern auch international, nicht nur gegenüber ihren politischen GegnerInnen, sondern auch gegenüber ihrer eigenen Parteien – erst der SPD, später der KPD. Die Dokumente, die in den

Archiven zurückgehalten und erst in den neunziger Jahren ausgewertet werden konnten, betrafen vor allem diese innerparteilichen Kämpfe. Trotzdem sind aus heutiger Sicht genau die Beiträge in den Mitteilungsblättern und den Protokollheften interessant, in denen, so weit möglich, die innerparteiliche Kämpfe um frauenpolitische Programmatiken und Aktionen untersucht wurden. Sie erhellen, wie weit im 19. Jahrhundert noch (schon) bei vielen Genossen in der Parteiführung und an der Basis reales politisches Denken und Handeln und revolutionäre Reden auseinander klafften, sobald es um die Emanzipation und die Gleichberechtigung der Frauen ging.

Da die SPD wie damals alle Parteien eine Männerpartei war, gab es immer wieder Meinungsverschiedenheiten und Fraktionskämpfe zum Stellenwert von Frauen und Frauenpolitik in der Partei und Parteipolitik: Sollten Frauen überhaupt eigene Aktionsmöglichkeiten eingeräumt werden? Wenn ja, wie viele und welche? Und immer wieder – besonders in wirtschaftlichen Krisenzeiten – verstärkte sich die ablehnende Haltung von Männern gegenüber der Berufstätigkeit von Frauen. Die Argumente von der biologisch begründeten Mutter- und Hausfrauenrolle, von Männerarbeitslosigkeit durch (erwerbs)arbeitende Frauen (»Schmutzkonkurrentinnen«), die damals in Umlauf waren, sind bekanntlich immer noch im Schwange, wenn die Politiker heute sie natürlich smarter und mediengerechter formulieren.

Einige Beiträge zeigen, dass die KPD ganz ähnliche Probleme nach 1923 hatte. Bis dahin hatte die frauenpolitische Arbeit der Partei vornehmlich darin bestanden, Frauen ideologisch davon zu überzeugen, dass sie an der Seite der Arbeiterklasse politisch aktiv sein sollten. Plötzlich – in der revolutionären Nachkriegskrise – waren Frauen und Mädchen da, die ihren Part im Kampf übernehmen, aber sich nicht zu den üblichen weiblichen Wohl- und Hilfstätigkeiten bereit finden wollten. Das war für die Genossen, die sich 1924 den Roten Frontkämpferbund (RFB) geschaffen hatten, ein Problem. Und die KPD stand plötzlich vor der Aufgabe, mit diesen Frauen klarzukommen. Es entstanden lange und heftige Auseinandersetzungen um die Frage, ob die Frauen und Mädchen eine eigene Organisation gründen durften. Würden sie sich – angesichts ihrer eigenen Interessen – nicht zu weit von der KPD entfernen? Aber wie anders sollte die Partei die Frauen auf ihre Linie verpflichten, wenn die Frauen – was die meisten taten – zwar sympathisierten, aber nicht Mitglied werden wollten? Ab Sommer 1925 wurde die Gründung des Roten Frauen und Mädchen Bundes (RFMB) vorbereitet – interessanterweise vorangetrieben vor allem durch Männer. Clara Zetkin war bereit, den Vorsitz zu übernehmen. Aber auf dem Parteitag im Juli wurde das Problem überhaupt nicht besprochen, und die Reichsfrauenkonferenz der KPD – ebenfalls im Juli – lehnte die Gründung einer eigenen Frauenorganisation mehrheitlich ab. Im November 1925 – nach der Übernahme des Parteivorsitzes durch Ernst Thälmann – wurde zwar der RFMB gegründet, aber aufschlussreich für die Unsicherheit ist, dass der Bund laut Satzung vor allem politische Erziehungsarbeit unter den Frauen der Arbeiterklasse und des Mittelstandes leisten und zur Beendigung der Zersplitterung der Frauen in Vereinen beitragen sollte. (MB 3/73: 1ff.) Nicht minder aufschlussreich ist übrigens, dass in der DDR in einschlägigen Nachschlagewerken wie »Meyers Neues Lexikon«, 1964, oder »Weltgeschichte in Daten«, 1969, oder »Universal-Lexikon«, 1987, der RFMB im Unterschied zum RFB nicht genannt wurde.

Um die gleiche Zeit, Mitte der zwanziger Jahre scheiterten Bemühungen, Organisationsformen sowjetischer Frauen einfach in die westeuropäischen Länder zu exportieren, am Widerspruch von Frauen, die ihre völlig anderen Lebens- und Arbeitsbedingungen ins Feld führten. (MB 5/74:12ff.)

Es ist interessant, dass Auseinandersetzungen darüber, wie Frauen organisiert sein sollten – in selbständigen Organisationen, innerparteilichen Sektionen oder ›normalen‹ Parteimitgliedschaften –, in der deutschen Arbeiterbewegung immer wieder neu entbrannten, neu gelöst werden mussten und – immer mit der kräftigen Einmischung von Männern – auch gelöst wurden, auch in der SBZ und der DDR.

Problematische Erfahrungen mit – in diesem Fall sowjetischen – Genossen machte Clara Zetkin auch in den Jahren 1927-33, als sie an der Kommunistischen Akademie in Moskau arbeitete (1929-31 von Deutschland aus). Sie war die Präsidentin der Sektion zum Studium der Theorie und Praxis der Internationalen Frauenbewegung, die 1927 anlässlich ihres 70. Geburtstages gegründet wurde, und machte damals dort ähnliche Erfahrungen wie 35 Jahre später die Frauenforscherinnen in der DDR. Von Anfang an herrschte Unklarheit über den Charakter der Sektion; Wissenschaftler erkannten Frauenforschung nicht als seriöse Forschung an, sie lehnten jegliche Mitarbeit ab. Und eine soziologische Untersuchung der Lage von Bäuerinnen (auch Einzelbäuerinnen) in allen Teilen der Sowjetunion, die unter Clara Zetkins Leitung für 1929/30 – das war die Zeit der Kollektivierung der Landwirtschaft – vorbereitet worden war, durfte nicht abgeschlossen werden. (V. Clara-Zetkin-Kolloquium, 1977: 109ff)

In den MITTEILUNGSBLÄTTERN wird allerdings auch dargestellt, dass die KPD trotz derartiger innerparteilicher Probleme politisch durchaus die sozialen Interessen der proletarischen Frauen formulierte und verfocht. Beispielsweise reichte die Fraktion 1929 dem Reichstag den »Entwurf eines Gesetzes zum Schutze von Mutter und Kind« ein, der damals von der Reichstagsmehrheit abgelehnt wurde und gegenwärtig immer noch, bzw. – für uns DDR-sozialisierte Frauen wieder – aktuell und hochbrisant ist.

Der damalige Entwurf forderte von den Gemeinden: 1. Fürsorgemaßnahmen für Schwangere, junge Mütter, Eltern und Säuglinge; 2. Betreuungseinrichtungen für Klein-, Vorschul- und Schulkinder.

Vom Reich forderte er: 1. Kinderbeihilfen für bedürftige kinderreiche Familien, wobei eheliche, adoptierte, Stief- und uneheliche Kinder gleich behandelt werden sollten; 2. Begünstigungen bei der Einkommens- und der Hauszinssteuer; 3. Wohnungsfürsorge; 4. Fahrpreisermäßigungen; 5. Straffreiheit bei Schwangerschaftsabbruch; 6. die Aufhebung der §§ 184, Abs.3, 218, 219 Strafgesetzbuch; 7. die Amnestie der verurteilten Frauen und 8. Schwangerschaftsabbruch zu einer Pflichtleistung der Krankenkassen zu machen. (Originaltext des Antrags in MB 3/73:60ff.)

Clara Zetkin galt in der DDR als eine marxistische Autorität. Deshalb überraschte es uns nicht, als wir in den Heften auch Ergebenheitsbekundungen fanden, bei denen ihr Name als Autoritätsbeweis für politische Allgemeinplätze herhalten musste. (V. Clara-Zetkin-Kolloquium 1977:36f)

Die überwiegende Mehrzahl der AutorInnen dagegen bemühte sich um Analysen, wobei interessanterweise schon im 2. Heft von Clara Zetkins eigener Haltung zu der höchsten marxistischen Autorität die Rede war. Einerseits räumte sie ein: »Gewiss Marx hat sich nie mit der Frauenfrage ›an sich und für sich‹ und ›als solcher‹ beschäftigt.« Andrerseits sah sie sich genötigt, ihn gegen den bis heute (von FeindIn und FreundIn) wiederholten Vorwurf zu verteidigen, auf diese Weise habe er die proletarische Bewegung ohne frauenpolitisches Konzept in den Kampf geschickt, indem sie fortfuhr:»Trotzdem hat er Unersetzliches, hat er das Wichtigste für den Kampf der Frau um volles Recht geleistet. Mit der materialistischen Geschichtsauffassung hat er uns zwar nicht fertige Formeln über die Frauenfrage, wohl aber Besseres gegeben: die richtige treffsichere Methode, sie zu erforschen und zu begreifen.« (MB 2/72:37ff.; Marx Engels Lenin, 1972: 12) Dass sie die historische und materialistische Dialektik für die Frauenbewegung für besser, nützlicher hielt als Formeln, ist für uns wichtig, auch wenn wir, angesichts der Fortschritte in vielen Einzelwissenschaften, wissen, dass das nicht die einzige Denkmethode ist, deren Frauen sich bedienen sollten. Aber gerade in den gegenwärtigen globalen Transformationsprozessen, in denen neue Produktions- und soziale Verhältnisse mit unglaublichem Tempo über uns hereinbrechen, ist es notwendig, Methoden zu beherrschen, mit denen wir diese scheinbaren Naturgewalten als beeinflussbares Menschenwerk analysieren können.

Zetkins Forderung nach dieser Methode wurde allerdings später in den MITTEILUNGSBLÄTTERN nicht weiter und nicht genauer untersucht. Möglicherweise, weil die HistorikerInnen die Methode für durchgesetzt und damit das Problem für geklärt hielten. Wahrscheinlich aber auch, weil die Methode bei konsequenter Anwendung auf gesellschaftliche Verhältnisse unausweichlich zu Fragen nach den Machtverhältnissen und -strukturen führt – nicht nur im Hinblick auf die Vergangenheit, sondern auch im Hinblick auf die Gegenwart. Deshalb sind der Marxismus in der Form, wie er im allgemeinen in der DDR propagiert wurde, und die historische und materialistische Dialektik nicht dasselbe. Der propagierte Marxismus verlangte vor allem Glauben an / Vertrauen in die Analysen, die von der SED und der DDR-Regierung vorgenommen oder in Auftrag gegeben wurden, sowie individuelle und kollektive Bekenntnisse zu ihren Beschlüssen.

Die Methodenfrage wurde nicht weiter verfolgt, in deutlichem Unterschied zu anderen Themen. Beispielsweise wurde wiederholt über bestimmte Positionen – nicht Formeln – Clara Zetkins geschrieben und darüber, wie sie sie in zugespitzten Kampfsituationen vertrat. Mehrfach untersucht wurde ihre positive Haltung zum Fernziel Sozialismus/Kommunismus; zur Definition von Geschichte als einer Geschichte von Klassenkämpfen, verstanden als Kämpfe um gerechte Besitz- und Machtverhältnisse sowie Gleichheit vor dem Gesetz; ihr Bekenntnis zu der Theorie von der Frauenfrage als Teil der Klassenfrage; ihr Bekenntnis zur politischen Vorrangstellung der Einheit der Partei; ihr Bekenntnis zu der Theorie, dass nicht der Geschlechterkampf zur sozialen Befreiung der Frauen führt, sondern der gemeinsame Kampf von Frauen und Männern gegen die kapitalistischen Macht- und Ausbeutungsverhältnisse und deren Vertreter und Verfechter. Auf genau diesen ideologischen Pfeilern (be)ruhte die Frauenpolitik und Frauenforschung in der DDR.

Gerechterweise fügen wir hinzu, dass in der Mehrzahl der Beiträge der Hauptakzent auf die Tatsache gelegt wurde, dass Clara Zetkin trotz und wegen dieser Grundpositionen innerhalb und außerhalb der Partei gegen jedwede Marginalisierung der Frauenfrage kämpfte und sich dafür einsetzte, dass Frauen sich organisierten und ihre Probleme selbst auf die politische Tagesordnung brachten und vertraten. Unserer Lesart nach wollten die AutorInnen nachdrücklich darauf hinweisen, dass für Clara Zetkin in ihrer politischen Arbeit die Frauenfrage der Klassenfrage nicht nach-, sondern zugeordnet war als wesentlicher Teil menschheitlicher, nicht nur weiblicher Emanzipation.

Ganz im Sinne der Menschen-Emanzipation aus Unterdrückungsverhältnissen wies sie dem Recht von Frauen auf Erwerbsarbeit und auf gleichen Lohn für gleiche Arbeit bekanntlich eine Schlüsselfunktion zu. Denn ihrer Ansicht und Erfahrung nach waren nur auf der Basis der finanziellen Unabhängigkeit der Frau vom Mann, auf dem Fundament ihrer finanziellen Selbständigkeit alle anderen Forderungen von Frauen zu realisieren, von den Rechten auf Bildung und Teilhabe an politischen Entscheidungen bis hin zu Rechten auf Scheidung und Alleinerziehung von Frauen. Im politischen Alltag focht sie für alle diese Rechte gleichermaßen.

Es war für uns spannend, das alles wieder neu oder auch zum ersten Mal zur Kenntnis zu nehmen, und machte uns wieder neugierig auf die Originaltexte von Zetkin (auch auf die von Marx, Engels, Bebel). Denn der anregende (Wahrheits-)Gehalt ihrer Analysen und Argumente erweist sich für uns in der Praxis der DDR auf eine Art, in den gegenwärtig ablaufenden Transformations- und Globalisierungsprozessen des Kapitalismus auf eine andere Art. Und gleichzeitig erweist sich – damals auf eine, gegenwärtig auf eine andere Art –, dass die durch Bildung, Qualifikation und Erwerbsarbeit erreichte finanzielle Unabhängigkeit der Frauen von den Männern allein eine wirkliche Emanzipation keineswegs garantiert.

Den Heften ist zu entnehmen, dass VertreterInnen der Arbeiterparteien immer wieder mal öffentlich eingeschätzt haben, die Frauenfrage sei prinzipiell gelöst, die Gleichberechtigung der Geschlechter prinzipiell hergestellt. Das tat die SPD beispielsweise 1919, nachdem die Frauen das Wahlrecht erhalten hatten. (Clara-Zetkin-Kolloquium »Novemberrevolution 1918/19 und die Frauen«, 1988: 41). Das tat die SED beispielsweise 1971: »In der DDR ist die *Frauenfrage im klassischen Sinne* gelöst«. (GH 2/76: 34; Hervorhebungen RU). Tatsächlich stellte sich immer wieder heraus, dass die Frauenfrage nicht »gelöst« war, sondern dass jede noch so fortschrittliche Maßnahme neue Konflikte brachte – nicht nur individuelle und individuell lösbare, sondern gesellschaftliche.

In den MITTEILUNGSBLÄTTERN wurde Clara Zetkins Verhältnis zu bürgerlichen Frauenkämpferinnen und -vereinen analysiert. Sie suchte die Zusammenarbeit mit ihnen, wenn irgend Interessenübereinstimmung hergestellt werden konnte, was zeitweise hinsichtlich Friedenskampf; Frauen-Wahlrecht, -Bildung, -Arbeit; Mütter-, Kinder- und Familienschutz u.a. der Fall war. Sie griff sie aber heftig an, wenn sie die als weiblich geltende Taktik des Bittens um Zugeständnisse praktizierten: »Sie wenden sich mit Petitionen um Reformen nicht nur an die gesetzgebenden Behörden, sondern auch an Seine Majestät den Kaiser und an die Regierung. Wer kann von uns, die wir Republikaner sind, verlangen, dass wir uns der Person eines Herrschers bittend nahen? Wer kann von uns Sozialdemokraten verlangen, dass wir bittend einer Regierung uns nahen, die ein Ausnahmegesetz gegen uns erlassen hat, unter dem wir zwölf Jahre lang geknechtet und verfolgt worden sind, wie überhaupt nur politische Gegner geknechtet und verfolgt werden können? (...) Für uns steht in erster Linie der Grundsatz: Die proletarische Frau kämpft gemeinsam mit ihren männlichen Schicksalsgenossen einen Klassenkampf und nicht einen Kampf gegen die Vorrechte des männlichen Geschlechts, den die bürgerliche Frauenbewegung ihrer ganzen Entwicklung nach zu führen die historische Aufgabe hat.« (Clara Zetkin, 1896, in: MB 3/82: 25f.)

Vor allem der letzte Relativsatz erregte unser Interesse, weil wir uns nicht erinnern können, dass der Gedanke in der DDR – zumindest öffentlich – weiter gedacht wurde, weder im Hinblick auf die bürgerliche oder die neue feministische Bewegung in der BRD noch im Hinblick auf die patriarchal strukturierten sozialistischen Produktionsverhältnisse in der DDR. Hätten wir Frauen – nach der Entmachtung des Kapitalismus – nicht auch die »historische Aufgabe« gehabt, einen Kampf zu führen »gegen die Vorrechte des männlichen Geschlechts«, die immer wieder reproduziert wurden? Trotz aller frauenpolitischen Maßnahmen? Und trotz aller Einsicht, dass wirkliche Veränderungen der Geschlechter- und der gesellschaftlichen Verhältnisse letztlich nur von Frauen und Männern – miteinander und in ständiger Auseinandersetzung – vollzogen werden können?

Clara Zetkin rief in ihrer Zeit die proletarischen Frauen auf, ihre Rechte selbstbewusst einzufordern und zu erkämpfen und nicht für Reformen zu danken: »denn alles, was die bürgerliche Gesellschaft an solchen Reformen zu schaffen vermag, das ist nur ein Quentchen gegenüber der Schuld der kapitalistischen Gesellschaft«. Ein Quentchen, das sie als »Linsengericht« – in der biblischen Bedeutung des Wortes – bezeichnete, für das »wir (..) das Recht, eine revolutionäre Klasse zu sein, nicht her(geben).« (MB 3/82: 26)

Nur selbstbewusster Kampf um die eigenen Interessen steigere das berechtigte Selbstbewusstsein. Auch dieser Gedanke wurde für die DDR um so seltener weitergedacht, je älter sie wurde. Hatte Wilhelm Pieck, Präsident der DDR, 1952 auf einer Frauenkonferenz im Berliner Glühlampenwerk noch den geradezu klassischen Satz gesagt: »Ich muss schon sagen, Kolleginnen, ihr habt euch da reichlich lange allzu viel gefallen lassen« (MB 7/74), so erwartete Erich Honecker in den 80er Jahren zunehmend Dankbarkeitsbezeugungen, vor allem für die sozialpolitischen Maßnahmen.

Nach dem Studium der Hefte kamen wir zu der Schlussfolgerung, dass die SED in der SBZ und der DDR über eine Art Kompass verfügte, der die Richtung für die Frauenpolitik wies. Er wurde aus den geschichtlichen Erfahrungen der gesellschaftlichen und der Geschlechterverhältnisse abgeleitet und von Wilhelm Pieck 1946 – in der optimistischen und ein bisschen pathetisch angehauchten politischen Sprache der Nachkriegszeit – auf die einfache Formel brachte: »Von uns erwarten sie (die Frauen, RU), dass wir ihnen den Weg in eine Zukunft weisen, in der es ein Glück und *keine Sorge sein wird, Frau und Mutter zu sein.*« (MB 2/86: 27ff. Hervorhebung RU).

Als dann die klassischen Frauenforderungen, die das möglich machten, zumindest juristisch durchgesetzt waren, entstanden neue Konflikte und neue Aufgaben. Aber die wurden in Praxis und Theorie nur inkonsequent bearbeitet.

Kapitel 2
Ausgewählte Forschungsergebnisse, chronologisch dargestellt, Auswahlbegründung, Arbeit im Privathaushalt

I

Institutionalisierte DDR-Soziologie und DDR-Frauenforschung gab es, wie im Kapitel 1 beschrieben, reichlich 25 Jahre lang. Uns lagen aus dieser Zeit mehr als 70.000 bedruckte Seiten vor – die SID-Reihe, die grüne Reihe, die Schriftenreihe Soziologie (S-Reihe), Dissertationen, Forschungsberichte, Informationshefte und Mitteilungsblätter[20] unterschiedlicher Art und anderes.

Als erstes grobes Orientierungsmerkmal für die Recherche diente uns zunächst die Frage: In welchen Texten ist bereits aus der Überschrift oder aus dem Inhaltsverzeichnis zu erkennen, dass eine geschlechtsspezifische Sicht, dass spezielle Frauen-, vielleicht sogar Männerprobleme oder auch Familienprobleme erwartet werden dürfen? Auf diese Weise fielen zahlreiche Artikel der SID-Reihe, der S-Reihe, der Informationshefte und die Mehrheit der Dissertationen und Forschungsberichte durch das Auswahlraster.

Für die grüne Reihe, in der es ausschließlich um »die Frau in der sozialistischen Gesellschaft« gehen sollte, mussten wir das Auswahlkriterium zuspitzen. Wir entschieden uns zur Konzentration auf die sogenannte private Sphäre. Abgesehen von den grünen Heften der letzten DDR-Jahre, in denen wir auch Texte in die Analyse einbezogen, die dem »neuen Denken« entsprachen, interessierten wir uns hier vor allem für die im Privathaushalt geleistete, meist unbezahlte Arbeit.

Die von uns in der grünen Reihe recherchierten Forschungsergebnisse betreffen demnach insbesondere die familiäre Entwicklung, die häusliche Arbeitsteilung, das Erziehungsverhalten der DDR-Eltern, die Auswirkungen der mütterlichen Berufstätigkeit auf die kindliche Entwicklung, die Vorbereitung der Jugendlichen auf Familie, das reproduktive Verhalten u.ä. Mit anderen Worten: Wir berücksichtigen bei dieser Analyse nicht die Themen weibliche Berufstätigkeit und berufliche Qualifizierung von DDR-Frauen, die unzweifelhaft und bleibend zu den Errungenschaften der DDR-Politik gehör(t)en und die für die Mehrheit der Beiträge Ausgangspunkte bildeten. Wir verzichteten bei dieser Recherche somit auch bewusst auf Frauenprobleme in der Wissenschaft, in technischen Berufen, auf weibliche Leitungstätigkeit oder auf Probleme weiblicher Schichtarbeit. Kurz, wir berücksichtigten bei der Analyse

---

20 Forschungsergebnisse, die im Mitteilungsblatt der Forschungsgemeinschaft »Geschichte des Kampfes der Arbeiterklasse um die Befreiung der Frau« veröffentlicht wurden, spielen wegen ihres spezifisch historischen Charakters in diesem 2. Kapitel keine Rolle, siehe dazu Kapitel 1.

der grünen Hefte nicht die zahlreichen Forschungsergebnisse, die auf »die erste Vorbedingung« für Gleichberechtigung der Geschlechter gerichtet waren, sondern schränkten unseren Blick gewissermaßen auf die Kehrseite und Ergänzung dieser ersten Vorbedingung ein. Eher aus pragmatischen Gründen verzichteten wir auch auf Beiträge zu Frauen und Gesundheit, auf Auseinandersetzungen mit dem westlichen Feminismus oder auf Analysen zum Frauenleben in anderen sozialistischen Ländern.

Die Berechtigung zu dieser Blickverengung – wohlgemerkt nur in den Veröffentlichungen des (Bei)Rates »Die Frau in der sozialistischen Gesellschaft« – ergab sich für uns zum ersten aus dem scheinbar unerschütterlichen Zusammenhang zwischen Frauenarbeit und Arbeit im Privaten. Wir wissen, dass es bis heute weltweit überwiegend Frauen sind – nach UNO-Angaben etwa zu 70 Prozent – die die lebensnotwendige sogenannte reproduktive und meist unbezahlte Arbeit leisten, und wir wollten wissen, wie die DDR-Wissenschaft offiziell mit diesem Thema umgegangen ist. Nicht selten wird die gesellschaftliche Missachtung der Arbeit im Privathaushalt schlechthin als Kern des modernen Patriarchats bezeichnet. Uns interessierte, ob bzw. in welchem Maße oder mit welcher Spezifik es auch eine solche Missachtung im DDR-Sozialismus gab, inwiefern also der Begriff »sozialistisches Patriarchat« gerechtfertigt ist. In diesem Zusammenhang ist aus unserer Sicht weniger hervorhebenswert, dass das »kapitalistische Patriarchat« das Hausarbeitsproblem ebenfalls nicht lösen kann. In einer Gesellschaft, in der die Ökonomie absolute Dominanz erfährt, ist das wohl nicht anders zu erwarten. Die DDR war aber nicht eine solche Gesellschaft.

Zum zweiten fühlten wir uns zu dieser Blickverengung berechtigt, weil es zu den unbestrittenen historischen Erkenntnissen gehört, dass Hausarbeit und damit auch ihre Subjekte in der Geschichte der Linken und in der Geschichte der Arbeiterbewegung immer eine untergeordnete Rolle gespielt haben. Bekanntlich löst die These von Adam Smith aus dem 18. Jahrhundert, dass Hausarbeit nicht produktiv sei, bis heute Debatten aus. Und bekanntlich äußerte sich auch Lenin Anfang des 20. Jahrhunderts zu diesem Thema und prägte damit die Gesellschaftswissenschaften der sozialistischen Länder nachhaltig. Er schrieb in seiner Publikation »Die große Initiative«, dass die Frau »erdrückt, erstickt, abgestumpft, erniedrigt wird von der Kleinarbeit der Hauswirtschaft, die sie an die Küche und an das Kinderzimmer fesselt, und (dass) sie ihre Schaffenskraft durch eine geradezu barbarisch unproduktive, kleinliche, entnervende, abstumpfende, niederdrückende Arbeit vergeuden lässt. Die wahre Befreiung der Frau, der wahre Kommunismus wird erst dort und dann beginnen, wo und wann der Massenkampf (unter Führung des am Staatsruder stehenden Proletariats) gegen diese Kleinarbeit der Hauswirtschaft oder, richtiger, ihre massenhafte Umgestaltung zur sozialistischen Großwirtschaft beginnt« (Lenin, Bd. 29: 419).

Abgesehen davon, dass für Lenin offensichtlich eine Identität zwischen der wahren Befreiung der Frau und dem wahren Kommunismus bestand – ein Gedanke, der beim Zusammenbruch des sozialistischen Weltsystems kaum diskutiert wurde und der über die berühmte Marxsche These von der Messbarkeit des gesellschaftlichen Fortschritts hinausgeht – abgesehen davon also beschreibt Lenin die Frauenarbeit im russischen Haushalt des beginnenden 20. Jahrhunderts sicherlich sachgemäß. Was er nicht beschreiben konnte, war die Arbeit im privaten DDR-Haushalt des ausgehenden 20. Jahrhunderts, geprägt durch vergleichsweise hohen technischen Standard, durch Wohnkomfort, durch viel kleinere Familienverbände, durch enge soziale Verbundenheit und damit auch Kontrolle in den Wohngebieten, vor allem aber geprägt durch ein vergleichsweise hohes soziales Anspruchsniveau der Subjekte (Bildung, Selbstbewusstsein) und durch einen gesellschaftlichen Wohlstand, der die Überlebensarbeit vergangener Frauengenerationen erleichterte.

Übrigens, das oben genannte Lenin-Zitat wird in der einschlägigen DDR-Literatur relativ oft verwendet. Den Gedanken, den Lenin im Anschluss daran äußerte, findet man dagegen vergleichsweise selten: »... zur sozialistischen Großwirtschaft beginnt. Schenken wir dieser Frage, die theoretisch für jeden Kommunisten unbestritten ist, in der Praxis genügend Aufmerksamkeit? Natürlich nicht. Lassen wir den Keimen des Kommunismus, die schon jetzt auf diesem Gebiet vorhanden sind, genügend Fürsorge zuteil werden? Nein und abermals nein.« (ebenda)

Zurück zur Hausarbeit in der DDR. Wie ließ sie sich charakterisieren, wie stand es unter den Bedingungen zunehmender weiblicher Berufsarbeit um die Verantwortlichkeit dafür, wie viel Zeit wurde dafür von wem aufgebracht, galt die von Lenin empfohlene massenhafte Umgestaltung zur Großwirtschaft als einziger Weg oder doch wenigstens als Königsweg für die »wahre Befreiung der Frau«? Solchen und ähnlichen Fragen wollten wir auf einem in Grenzen verallgemeinerbaren Niveau nachspüren. Zu solchen Fragen fühlten wir uns nicht nur berechtigt, sondern verpflichtet, weil nach unserer Wahrnehmung die aktuelle sozialwissenschaftliche Debatte – beispielsweise zur Zukunft der Arbeit – Hausarbeit kaum und die spezifisch ostdeutschen Erfahrungen damit noch weniger widerspiegelt. Erwähnt wird zwar die »zweite Schicht der DDR-Frauen«, aber kaum das damit verbundene »zweite Portemonnaie« und die gesellschaftlichen Bemühungen um Durchlässigkeit der Trennwand zwischen Öffentlichem und Privatem.

II

Wenn heute von der Zukunft oder auch vom Ende der Arbeitswelt, von deren »objektiven« Erfordernissen wie Flexibilisierung, Vermarktlichung, Beschleunigung, Globalisierung usw. die Rede ist, dann kann nicht Hausarbeit und Kindererziehung gemeint sein. Denn dieser Typ von Arbeit wird nicht zu

Ende gehen können, auch wenn es die hauptamtliche Hausfrau in Deutschland immer seltener gibt– nun auch im Westen. Dort gab es Anfang der 80er Jahre noch 37,7 Prozent Nicht-Erwerbstätige, die sich als Hausfrauen (theoretisch auch Hausmänner) verstanden, 1991 noch 29,1 Prozent und im Frühjahr 2002 noch 26,2 Prozent. Im Osten lag die Hausfrauen-Quote von Anfang an, d.h. in dem Fall von 1991 an, immer unter 5 Prozent – aus statistischer Sicht eine zu vernachlässigende Menge, aus politischer Sicht eine Folge der DDR-Frauenpolitik. Gegenwärtig sind es 4,3 Prozent der ostdeutschen Nicht-Erwerbstätigen, die sich als freiwillige Hausfrauen betrachten (vgl. Allbus 1982, 1991, 2002). Es bleibt der Fakt: Immer weniger Frauen in Deutschland beschäftigen sich ausschließlich mit der gesellschaftlich notwendigen Arbeit im Privathaushalt.

Das Verschwinden der Kategorie Hausfrau wirkt sich wie erwähnt kaum auf die Arbeit selbst aus. Wie es aus quantitativer Sicht um Hausarbeit in der DDR stand, wird in diesem Kapitel unter Punkt III speziell betrachtet. Müsste man ein Fazit ziehen, dann sähe das etwa so aus: Obwohl fast alle DDR-Frauen der entsprechenden Altersgruppen Ende der 80er Jahre berufstätig waren, hatte sich an ihrer Verantwortung für die Arbeit im Privaten einschließlich Kindererziehung nicht viel geändert. Seit Mitte der 60er Jahre konnte weder die angestrebte radikale Verringerung der Hausarbeit nachgewiesen werden, noch eine – weniger angestrebte – radikale Neuverteilung dieser Arbeit zwischen den Familienmitgliedern, etwa zwischen Mann und Frau. Und dennoch: Verglichen mit dem West-Mann nahmen sich die DDR-sozialisierten Männer Anfang der 90er Jahre als deutlich häuslicher aus (vgl. Zulehner u.a., 1999).

Und heute? Nach Befragungsdaten (Allbus 2002) beteiligen sich ostdeutsche Männer an der wöchentlichen Hausarbeit im Durchschnitt mit reichlich 8 Stunden, westdeutsche mit reichlich 7 Stunden. Bei den Frauen ist die Differenz zwischen Ost und West auffälliger. Ostdeutsche arbeiten mehr als 17 Stunden pro Woche, westdeutsche mehr als 21 Stunden im eigenen Haushalt. Das heißt nicht nur, dass den ostdeutschen Frauen die höhere männliche Arbeitsbereitschaft zugute kommt, sondern auch, dass für die ostdeutschen Privathaushalte insgesamt weniger Arbeit aufgewandt wird. Ob die Haushalte im Osten deshalb weniger sauber, das Essen weniger schmackhaft, die Kinder weniger erzogen sind, ist nach unserer Wahrnehmung bisher noch nicht erforscht worden, ist möglicherweise auch mit den herkömmlichen Methoden nicht erforschbar.

Überhaupt erweist sich der Forschungsgegenstand Haushalt methodisch als schwer handhabbar, weshalb Datenvergleiche zwischen unterschiedlichen Studien kaum möglich sind – vor allem, weil die Definition von Hausarbeit nicht einheitlich ist und weil unterschiedliche Hausarbeiten oft zeitgleich bzw. ineinander geschachtelt (optimiert?) durchgeführt werden. So verwundert es nicht, dass die Gender-Studie des Europäischen Netzwerkes Tilburg von 2001 hinsichtlich der Hausarbeitszeit zu anderen Zahlen als die o. g. Allbus-Befragung kommt. Hiernach beteiligten sich im Jahr 2000 die ostdeutschen ebenso wie die westdeutschen Männer mit je 17 Stunden und die ostdeutschen Frauen mit 34, die westdeutschen Frauen mit 35 Stunden an der wöchentlichen Routinearbeit im Haushalt. Das würde bedeuten, dass es 10 Jahre nach dem DDR-Beitritt so gut wie keine Ost-West-Unterschiede in dieser Hinsicht gibt und dass der Gesamtaufwand für die Hausarbeit in Deutschland (nur für die Routinearbeit!) mehr als 50 Stunden beträgt. Aufschlussreich an dieser Studie ist der Rückblick bis zum Jahr 1965. An der hohen Stundenzahl der Frauen (immer um 30 Stunden) hat sich in Ost und West bzw. in BRD und DDR kaum etwas geändert, was sich mit DDR-Forschungsergebnissen trifft. Aber der männliche Anteil sei zunächst im Osten, dann auch im Westen von durchschnittlich etwa 4 Stunden (1965) auf die genannten 17 Stunden gestiegen (vgl. Künzel u.a., 2001: 82). Männer würden demnach durchaus häufiger im Haushalt arbeiten, allerdings ohne Frauen zu entlasten. Ist Hausarbeit also doch »wie Gummi« und kann je nach individueller Bedeutsamkeit gedehnt oder reduziert werden? Wir müssen die Fragen so stehen lassen.

Auch die z. Z. aktuellste Zeitbudgetuntersuchung des Statistischen Bundesamtes weist einen hohen Anteil an unbezahlter Arbeit im Haushalt auf und eine überdurchschnittliche Beteiligung der Frauen daran. »Für die unbezahlte Arbeit wurde im Jahr 2001 etwa das 1,7fache an Zeit im Vergleich zur Erwerbsarbeit ... aufgebracht« (Statement..., 2003: 3). Dieses Verhältnis (1 zu 1,5 bis 1,7) erweist sich nach dieser Untersuchung sowohl im Vergleich zu den ersten 90er Jahren, in denen allerdings nur die alten Bundesländer analysiert wurden, als auch im Vergleich zu anderen Erhebungsmethoden als stabil. Im DDR-Vergleich würde das sowohl ein absolutes als auch ein im Vergleich zur Erwerbsarbeit relatives Anwachsen der Hausarbeit bedeuten. Von den durchschnittlich 50 Wochenstunden, die für unbezahlte Hausarbeit ermittelt wurden, kommen auf Frauen 31. Von den 34 Wochenstunden Erwerbsarbeit (mit Wegezeit) kommen auf Frauen 12. Das heißt, grob betrachtet erledigen Frauen in Deutschland gegenwärtig knapp zwei Drittel der unbezahlten und reichlich ein Drittel der bezahlten Arbeit. Damit unterscheiden sich die Geschlechterverhältnisse im heutigen Arbeitsvolumen kaum von denen im Arbeitsvolumen der späten DDR, was die Hausarbeit betrifft (DDR-Frauenanteil 70 Prozent). Sie unterscheiden sich aber gravierend hinsichtlich der Erwerbsarbeit, die in der DDR Berufsarbeit hieß. Denn auf DDR-Frauen kamen zumindest seit den 80er Jahren etwa 50 Prozent der Berufsarbeitsstunden.

Gelegentlich lassen sich auch aktuelle statistische Angaben und Forschungen zu ganz konkreten Hausarbeiten finden. Wäsche waschen beispielsweise ist eine Arbeit, von der im Frühjahr 2002 etwa 90 Prozent aller Allbus-Befragten meinen, das erledige stets oder überwiegend die Frau. Sowohl zwischen

Ost und West als auch zwischen Männern und Frauen gibt es diesbezüglich nur geringe Meinungsunterschiede. Frauen in Ost und West liegen leicht über der 90-Prozent-Grenze, Männer in Ost und West leicht darunter. Heutige Männer beurteilen demnach – ähnlich wie DDR-Männer– die geschlechtsspezifische Arbeitsteilung (bezüglich Wäsche waschen) nur geringfügig anders als Frauen. Das neueste Ergebnis entspricht in etwa dem von 1994. Auch damals pendelten die Meinungen zur Wäsche-Frage um die 90-Prozent-Marke. Und 1988, als es noch keine neuen Bundesländer gab, sagten 89 Prozent der Männer und 94 Prozent der Frauen der Bundesrepublik, dass die Wäsche stets oder überwiegend von den Frauen gewaschen wird. Die Daten und dahinterstehenden Fakten scheinen sowohl gegenüber feministischer Kritik als auch gegenüber radikalen gesellschaftlichen Umbrüchen stabil zu sein.

Ähnlich eindeutig, aber nicht ganz so polarisierend fallen die Antworten aus, wenn nach Essen kochen oder Wohnung putzen gefragt wird (nach Klo putzen fragt niemand). Hier pendeln im Frühjahr 2002 die Meinungen um die 77-Prozent-Marke, Frauen geben etwas häufiger, Männer etwas seltener an, dass das Essen zubereiten im allgemeinen Sache der Frauen ist. Und beim Putzen der Wohnung liegt die Durchschnittsmarke exakt bei 70 Prozent. Männer in Ost und West liegen 4 Prozent darunter, Frauen in Ost und West 4 Prozent darüber, wenn es um die Zustimmung zum Statement geht: Frauen putzen stets oder überwiegend die Wohnung. Auch hier der Rückblick ins Jahr 1988. Dass für das Zubereiten der Mahlzeiten die Frauen zuständig sind, meinten damals 81 Prozent der Männer und 90 Prozent der Frauen. Die Wohnung putzen ist stets oder überwiegend Sache der Frauen, sagten 78 Prozent der Männer und 84 Prozent der Frauen. Alles in allem also im Laufe von 14 Jahren eine leichte Zunahme der männlichen Beteiligung am Zubereiten des Essens und vor allem am Putzen der Wohnung, was von Männern mehr als von Frauen betont wird. Der Beitritt von etwa 16 Millionen DDR-sozialisierten Deutschen hat demnach weder die weibliche Dominanz an den genannten konkreten Hausarbeiten noch die geschlechtsspezifische Sicht darauf einschneidend verändert.

Die Schwerfälligkeit, mit der sich Veränderungen in der häuslichen Arbeitsteilung durchsetzen, trifft sich mit einer großen Gelassenheit gegenüber diesem Thema in den Familien. Zwar meinen im Frühjahr 2002 etwa 55 Prozent der deutschen Männer und 68 Prozent der deutschen Frauen – jeweils ohne nennenswerte Ost-West-Unterschiede – dass sich Männer mehr an der Hausarbeit beteiligen sollten, aber zu familiären Konflikten scheint das kaum zu führen. Denn 79 Prozent der Westdeutschen und sogar 85 Prozent der Ostdeutschen – jeweils ohne nennenswerte Geschlechterunterschiede – behaupten: Wir sind uns nie/selten uneinig über die Aufteilung der Hausarbeit (vgl. Allbus 2002). Das heißt, das nachweisbare und relativ stabile Ungleichgewicht in der häuslichen Verantwortung entspricht im großen und ganzen den Interessen der Betroffenen, auch den Interessen der Frauen. Wollen Frauen also gar keine diesbezüglichen Veränderungen?

Zu diesem Thema – inwiefern beanspruchen Frauen geradezu ihre Alleinverantwortung im Haushalt – fehlen aus unserer Sicht gründliche Forschungen zum Ost-West-Vergleich. Die Lücke muss bald geschlossen werden, weil die DDR-sozialisierte Frau im wahrsten Sinne des Wortes ausstirbt. Zu vermuten ist, dass die weiblichen Auffassungen zur häuslichen Verantwortung nicht zu trennen sind von der weiblichen Position in der Öffentlichkeit. Wenn Frauen wenig Chancen haben, ihre Fähigkeiten im Beruf zu zeigen, ihr Bedürfnis nach Anerkennung in der Öffentlichkeit zu befriedigen, dann erscheint uns selbstverständlich, dass sie ihre Verantwortung und damit auch ihre Macht, ihre Unersetzbarkeit am häuslichen Herd nicht aufgeben möchten. Erhalten sie aber von ihrer Gesellschaft die Chance, als ganzer Mensch zu leben (vgl. Kaufmann u.a., 1997), warum sollten sie dann das Socken waschen und Zwiebeln schneiden nicht auch gern den anderen Familienmitgliedern überlassen?

Eine andere und aus unserer Sicht weniger plausible Erklärung für das weibliche Festhalten an der häuslichen Arbeitsteilung liefern Studien, die auf den »besonderen Sauberkeitsstandard« von Frauen verweisen.»Für Frauen ist die Unreinheit wohl immer noch ein größeres moralisches Problem als für Männer« (Koppetsch u.a., 1999: 231). So wird das bereits erwähnte weibliche Festhalten am Wäsche waschen mit der besonderen Körperbezogenheit und daher Intimität dieser Tätigkeit begründet. Frauen würde es mehr ausmachen als Männern, dass der jeweils andere die schmutzige Wäsche sieht (Kaufmann, 1995: 17 ff). Um es zu wiederholen: Wir wüssten gern, ob der besondere Sauberkeitsstandard auch für ostdeutsche Frauen nachweisbar ist oder ob auch hier 40 DDR-Jahre eine Werteveränderung anstoßen konnten.

Um auch das zu wiederholen, wir wüssten es gern bald. Denn wenn sich zwischen 1995 und 2000 in der häuslichen Arbeitsteilung in Deutschland überhaupt etwas geändert hat, dann vor allem in ostdeutschen Haushalten. Ein Trend zur traditionellen Rollenverteilung lasse sich in Ostdeutschland nicht übersehen, und das, obwohl » 1990 zwei Staaten zusammengeführt (wurden), wie sie auch in Ausprägung und politischer Bearbeitung geschlechtsspezifischer Ungleichheit nicht unterschiedlicher hätten sein können. Im internationalen Vergleich nahmen BRD und DDR bei fast allen Indikatoren extrem entgegengesetzte Positionen ein – die DDR gehörte regelmäßig mit den skandinavischen Ländern zu den modernisierten Ländern, die BRD gehörte regelmäßig mit den südeuropäischen Ländern zu den traditionalen Ländern« (Künzel u.a., 2001: 1).

Heute also im Osten wieder ein Trend zum Traditionellen – aber eben nur, was die »männliche Hausarbeitsneigung« betrifft. Denn dass bezüglich der »weiblichen Erwerbsneigung« die Entwicklung in Richtung Modernisierung läuft, ist deutschlandweit und darüber hinaus unbestreitbar. Die empirischen Fakten schreien geradezu nach ost-west-differenzierter sozialwissenschaftlicher Forschung.

III

Im Einzelnen entdeckten wir in der recherchierten Literatur unter dem Aspekt unserer nachträglichen Fragen folgende Fakten, Widersprüche, Daten, Forschungsergebnisse. Als Darstellungsprinzip erschien uns die chronologische Abfolge (im allgemeinen Zwei-Jahres-Schritte) – quer über alle Typen von Quellen – am zweckmäßigsten:

1965: Die grünen Informationshefte des Beirates »Die Frau in der sozialistischen Gesellschaft« des ersten Jahres dienten vor allem der Aufgabenfindung bzw. Aufgabenpräzisierung des neu gegründeten Beirates und seiner Arbeitskreise (vgl. Kapitel 1). Ausgangspunkt war ganz offensichtlich ein wahrgenommenes Forschungsdefizit, nämlich dass bisher »die Entwicklung der Frauen als Teilproblem der sozialistischen Revolution nicht als einer wissenschaftlichen Untersuchung wert angesehen« (GH 1/65: 45) wurden. Im Rahmen dieses Dilemmas wird auf Forschungsbedarf bezüglich der Dialektik zwischen biologisch bedingten und historisch bedingten Geschlechterunterschieden (GH 1/65: 23) hingewiesen und wird die »undifferenzierte und pauschale Kopplung von Fragen des Gefühls und des Verstandes (kritisiert), die mit der Konsequenz verbunden war, dass Frauen wegen ihres starken Gefühls über weniger Denkvermögen verfügen würden und umgekehrt denkende Frauen gefühlsarm seien« (GH 1/65: 30).

Hinsichtlich des Geschlechterthemas – nicht nur des Frauenthemas – erscheinen heute die Startüberlegungen von 1965 hoffnungsvoll und angemessen: »Die Frage der Umerziehung der Männer wird (bisher) nur allgemein angeschnitten. Welche Probleme dabei bestehen, wird nicht gesagt. Insbesondere wird nicht erwogen, ob wir nicht früher oder später neben der Förderung der Frau mit Kleinkindern zu einer Unterstützung der Gesellschaft gegenüber den *Eltern* (Hervorhebung im Original) übergehen und dorthin den Schwerpunkt verlagern sollten... Die Rolle des Vaters muss nicht nur unter dem Aspekt der Entlastung der Frau, sondern noch mehr im Interesse der Entwicklung einer neuen Qualität des Familienlebens ebenso neu durchdacht werden wie die Rolle der Mutter.« (GH 1/65: 24, 25). Auf Aussagen und Analysen zur angestrebten »neuen Qualität des Familienlebens« haben wir in unserer Recherche besonderen Wert gelegt.

1966, 1967: In den Heften »Soziologische Informationen und Dokumentationen« dieser beiden Jahre finden sich Hinweise auf soziologische Graduierungsarbeiten, die nicht genauer beschrieben werden, so zur »Gleichberechtigung der Frau und WTF[21]« oder zu »Qualifizierungsproblemen der werktätigen Frauen in Buna und Leuna« (SID 2/66), wobei jeweils die großen Chemiebetriebe in diesen beiden Orten gemeint waren. Es finden sich auch Beiträge von Autorinnen und Autoren zur »sozialen Integration der Frauen in den Betrieben« (SID 4/66) oder zur »Besonderheit der Fluktuation weiblicher Beschäftigter« (SID 6/66). In allen Fällen verweist schon die Überschrift auf den damals ganz selbstverständlichen Ausgangspunkt, nämlich dass Frauen das »besondere«, das »zu integrierende« Geschlecht sind und dass Männer die Normalität verkörpern. Alle genannten Arbeiten wurden in dieser Zeit verteidigt, waren also vor der Institutionalisierung der DDR-Soziologie begonnen worden.

Von diesen wenigen Beispielen abgesehen dominierte in den SID-Beiträgen der ersten beiden Jahrgänge jedoch der scheinbar geschlechtslose Werktätige. Auch auf dem VI. Weltkongress für Soziologie in Evian, an dem 13 WissenschaftlerInnen der DDR teilnahmen (weitere 3 erhielten von Institutionen außerhalb der DDR keine Reisegenehmigung), war die DDR-Frau oder gar das Geschlechterverhältnis kein spezifisches Thema. Allerdings wurde auf diesem Kongress über das DDR-Schulsystem und speziell über die Qualifizierung weiblicher Jugendlicher gesprochen (SID 6/66).

Im Jahr 1967 stand eine interessante Hypothese zur Debatte, über deren Verifizierung oder Falsifizierung wir danach nichts gefunden haben. Es sei auf Grund von Forschungsergebnissen der Martin-Luther-Universität Halle über die Einstellung von Frauen zur beruflichen Arbeit zu vermuten, »dass die Anzahl und das Alter der Kinder zwar die Einsatzmöglichkeiten und das Leistungsvermögen der betreffenden Frauen beeinflussen, dass ihr Einfluss auf die Einstellung und das Verhältnis der Frauen zur Arbeit jedoch unbedeutend sei. Die Einstellung und die Haltung der Männer zur Berufsarbeit ihrer Ehefrauen hat dagegen bedeutenden Einfluss auf das Verhältnis der Frauen zur Arbeit« (SID 4/67: 10). Heute schließen wir daraus: An der Einstellung und der Haltung der Ehemänner hätte also »gearbeitet« werden müssen, um das Verhältnis ihrer Frauen zur Berufsarbeit zu verbessern.

In den kultursoziologischen Konzeptionen und in den ersten Erhebungen zum Kulturniveau der Klassen, Schichten und sozialen Gruppen, zu Kunstwirkungen und zu Lebensweise und Umweltgestaltung kommen Frauen nicht vor (SID 2/66). Nicht einmal beim Thema »Familie und Wohnen« werden sie als untersuchenswerte Gruppe genannt (SID 1/67), obwohl ihnen – im Widerspruch zum damals schon geltenden Familiengesetz – im allgemeinen die Verantwortung für Familie, Kinder und Wohnung zugesprochen wurde.

Um die »neue Qualität des Familienlebens« nachzuweisen, wurden zunächst unterschiedliche gesellschaftliche Erscheinungen analysiert. Beispielsweise die immer wieder sichtbare[22] geschlechtsspezifische Kriminalitäts-

---

21 Wissenschaftlich-technischer Fortschritt.

beteiligung und ihr Zusammenhang zu Erziehungsanforderungen in der Familie. Danach zeigte sich, dass auch im Sozialismus Mädchen im Unterschied zu Jungen
- eine bessere Arbeitshaltung, auch bessere schulische Leistungen aufweisen,
- gelernt hätten, neben persönlichen Interessen auch gemeinschaftliche zu berücksichtigen,
- eine äußere Ordnung (deshalb auch eine innere) akzeptieren (GH 1/66: 48).

Wie bei anderen Themen auch wird das nicht zu übersehende Dilemma ausschließlich auf noch vorhandene »negative Erscheinungen der Vergangenheit« zurückgeführt. »Daraus folgt, dass nicht nur die gesellschaftliche Stellung der Frau, sondern auch die des Mannes geändert werden muss... Dazu gehört, dass Mädchen und Jungen zur häuslichen Arbeit herangezogen werden, dass sie beide in gleichem Maße zu emotionalen und sachlichen Beziehungen zur Umwelt, zu Disziplin, Hilfsbereitschaft und Rücksichtnahme, zu Tatkraft und Entschlussfreudigkeit erzogen werden.« (GH 1/66: 55, 56)

Weibliche Berufstätigkeit gehörte damals noch nicht in dem Maße zur gesellschaftlichen Selbstverständlichkeit wie in den späteren DDR-Jahren. Von der Wissenschaft musste deshalb – schon aus Gründen der Systemauseinandersetzung – immer wieder geprüft werden, welche Auswirkungen mütterliche Berufstätigkeit auf die Entwicklung der Kinder und die Entwicklung der Familie hatte. So wurde auf der Grundlage von Befragungen von mehr als 500 Kindern der Klassen 3 bis 8, ihrer Lehrerinnen und Lehrer und ihrer Mütter (zu zwei Drittel berufstätig) festgestellt, dass die sogenannten Verhaltensnoten (Betragen, Fleiß, Mitarbeit, Ordnung) durch mütterliche Berufstätigkeit überwiegend negativ beeinflusst werden. Die Kinder von berufstätigen Müttern waren also nicht im gleichen Maße brav, fleißig und ordentlich wie die von ihren Müttern behüteten und beaufsichtigten Kinder. Ein erwartbares Ergebnis, dessen Auswirkungen nach unserer Erinnerung erst nach dem gesellschaftlichen Umbruch heftig und kontrovers diskutiert wurden (vernachlässigte Kinder versus verantwortungsbewusste Kinder). Gleichzeitig bewirkte – dieser Untersuchung zufolge – mütterliche Berufstätigkeit bei Jungen eine Leistungssteigerung (familiäres Klima?), bei Mädchen eher einen Leistungsabfall. Letzteres wurde – sicherlich zu Recht – mit dem höheren Maß an häuslicher Arbeit, die überwiegend Mädchen leisten mussten, in Zusammenhang gedacht.

Eine andere zeitgleiche Untersuchung erfragte und dokumentierte in zwei Chemiebetrieben die Einstellung von Männern und Frauen zur ständigen und nicht nur zeitweiligen weiblichen Berufstätigkeit mit dem Ergebnis, dass sich

---

[22] Allerdings haben – wie die jährlichen Polizeilichen Kriminalstatistiken zeigen – Frauen inzwischen hier deutlich »aufgeholt«. Vor allem bei sehr jungen (bis 21 Jahre) Tatverdächtigen unterscheiden sich die »weiblichen Daten« Anfang des neuen Jahrhunderts kaum noch von den »männlichen«.

männliche und weibliche Haltungen dazu deutlich unterschieden. »Die Entscheidungen der männlichen Befragten in den zwei Werken zur ständigen Berufsarbeit der Frauen liegen bis zu 10 Prozent niedriger als bei den Frauen!... Es ist anzunehmen, dass hier mehr der Ehemann aus ihnen spricht als der Arbeitskollege« (GH 6/67: 47). Hier sind– heute gelesen – sowohl das Forschungsergebnis als auch die Interpretation aufschlussreich. Zunächst bestätigen die Daten die Hypothese (vgl. SID 4/67), dass die damaligen DDR-Männer durchaus nicht nur mit uneingeschränkter Begeisterung die Berufswünsche ihrer Frauen (und der gesellschaftlichen Öffentlichkeit!) begleiteten. Die Interpretation zeigt darüber hinaus, dass dem Ehemann, also dem privaten Bereich, ganz offensichtlich weniger »Fortschrittlichkeit« abverlangt wurde als dem Kollegen im beruflichen Leben. Mit anderen Worten: die »neue Qualität des Familienlebens« war theoretisch postuliert, wurde aber wohl in der alltäglichen Praxis und auch in der Wissenschaft noch nicht wirklich erwartet.

Obwohl in unterschiedlichen Zusammenhängen (allerdings fast nur in den grünen Heften) immer wieder auf die neue Rolle des Vaters bei der Erziehung der Kinder (GH 4/66: 8), auf ein neues Leitbild des Mannes in Gesellschaft und Familie (GH 4/66: 20), auf ein gleichrangiges Verhältnis aller Familienmitglieder (GH 4/66: 50) hingewiesen wurde, sind in der Forschung und sicherlich auch weitgehend im familiären Alltag Vereinbarkeitsprobleme ausschließlich Frauenprobleme. Wenn sich beispielsweise Wissenschaftler und Wissenschaftlerinnen für die Möglichkeiten zur Erleichterung der Hausarbeit interessierten, dann taten sie das, um »die Frau bei der Vereinbarung der verschiedenen Aufgabenbereiche zu unterstützen« (GH 4/66: 8). Und dennoch: 1966 begann eine später immer wieder aufgegriffene Forschung zu Inhalt und Struktur von DDR-Hausarbeit, die international ihresgleichen sucht und die von den späteren Kritikerinnen der DDR-Frauenforschung offensichtlich nicht zur Kenntnis genommen wurde. Wir werten diese Forschung im Rückblick als Indiz für die Ernsthaftigkeit der Gleichberechtigungsbestrebungen und ihre Ergebnisse gleichzeitig als Indiz für die Hilflosigkeit gegenüber den stabilen und immer wieder reproduzierten patriarchalen Strukturen.

Lösungen für das Hausarbeit-Problem wurden zunächst in drei Richtungen gesehen: Zum einen sollten (von Frauen) bestimmte Arbeiten im Haushalt ganz und gar weggelassen werden, zum zweiten sollten mehr Arbeiten an gesellschaftliche Dienstleistungsbereiche ausgelagert werden (die Leninsche Empfehlung), zum dritten sollte im Haushalt selbst mehr rationalisiert, mehr Technik eingesetzt werden (GH 4/66: 8 und 5/66: 32). Zumindest für den zweiten und dritten Weg wurden die gesellschaftlichen Bedingungen angemahnt. Allerdings sah man den Einsatz technischer Haushaltgeräte schon bald kritisch, weil sich herausstellte, dass der Zeitaufwand für Hausarbeit trotz Technisierung nicht geringer wurde, dass die Einsparung bestimmter Tätigkeiten zusätzliche andere Tätigkeiten erforderte. Auch unter dem Aspekt des steigenden Stromverbrauchs in den Haushalten forderten die Wissenschaftler und Wissenschaftlerinnen bald eine grundsätzlichere, dem Sozialismus gemäße Debatte zur Lösung des Vereinbarkeitsproblems, auch eine Debatte zu tatsächlichen Bedürfnissen im privaten Bereich (GH 5/66: 43). Nach unserer Kenntnis fand diese Debatte als ernst genommenes Politikum nicht statt. Halten wir aber fest, dass es Mitte der 60er Jahre WissenschaftlerInnen gab, die sie für notwendig hielten.

Zeitbudgetforschungen fanden heraus, dass in einem durchschnittlichen DDR-Haushalt (ohne Rentnerhaushalte, ohne Studentenhaushalte) wöchentlich etwa 48 Stunden für die Erledigung der Hausarbeit aufgewandt wurden. Diese Arbeit erledigte zu etwa 80 Prozent die Frau, zu etwa 12 Prozent der Mann und zu etwa 8 Prozent eine andere Person, etwa große Kinder oder Großeltern (GH 5/66: 22). Bezahlte Haushalthilfen gab es in der DDR kaum. Heute wissen wir, dass sich an diesen Zahlen bis zum DDR-Ende nichts Wesentliches geändert hat. Erwartungsgemäß lag der Aufwand an Hausarbeitsstunden bei berufstätigen Frauen niedriger als bei nicht-berufstätigen, weshalb vermutet wurde, dass berufstätige Frauen den Haushalt entweder rationeller oder oberflächlicher, wahrscheinlich aber mit größerer körperlicher und geistiger Belastung bearbeiteten (GH 5/66: 32).

Die auf Hausarbeit gerichtete Zeitbudgetforschung war – nicht nur ein DDR-Problem – von Anfang an mit methodischen Unsicherheiten konfrontiert, weil die für die Hausarbeit typischen (und selten gewürdigten) Gleichzeitigkeiten und die auf Optimierung zielenden Verschachtelungen von Tätigkeiten schwer zu erfassen sind. So ist zu vermuten, dass im folgenden Zeitbudget die Aufwendungen für Kindererziehung weitgehend enthalten sind, obwohl als Einzeltätigkeiten lediglich Speisezubereitung (33 Prozent), Reinigen der Wohnung (25 Prozent), Reinigen der Wäsche (17 Prozent), Einkaufen (12 Prozent) und Sonstiges (13 Prozent) genannt werden (GH 3/67: 37).

1968, 1969: Ende 1968 wurden in den SID-Heften die »Tage der marxistisch-leninistischen Soziologie« für Ende 1969 angekündigt. Auf dieser ersten Bilanz-Veranstaltung sollte auf ein spezifisches Frauen- oder Geschlechterthema ausdrücklich verzichtet werden, weil »die soziologischen Probleme der Persönlichkeitsentwicklung der Frau im sozialistischen Gesellschaftssystem... in allen Arbeitsgruppen beraten« werden (SID 6/68: 5). In aktueller Begrifflichkeit hieße eine solche Herangehensweise gender mainstreaming.

Die auf dem VII. SED-Parteitag vorgegebenen Zielstellungen (Stichworte: Prognose, Perspektivbewusstsein, Menschengemeinschaft, Systemtheorie) spiegeln sich nicht nur in den Texten wider, sondern begründen auch die Notwendigkeit sozialwissenschaftlicher Forschung auf besondere Weise. Die Sozialstrukturforschung entdeckt »zunehmend gemeinsame Züge« zwischen den untersuchten sozialen Gruppen und beschäftigt sich vor allem mit überwiegend körperlich und überwiegend geistig Arbeitenden sowie mit (schwindenden) Bildungsunterschieden, Einkommensunterschieden und Interessenunterschieden. Darüber hinaus sollten in der Folgezeit unterschiedliche Tätigkeitsgruppen, Bildungsgruppen, Gruppen nach gesellschaftlicher Tätigkeit und Freizeitgruppen genauer analysiert werden, was schon ein zaghaftes Rütteln an der Dominanz der Klassentheorie bedeuten konnte. Nach der Kritik am sogenannten Formalismus der Soziologie auf der 9.Plenartagung des ZK der SED wird die Absicht bekundet, sozialpsychologische Experimente (Kollektivforschung) durchzuführen und nicht zu schnell Verallgemeinerungen zu formulieren (SID 1/69). Ob in diesem Zusammenhang die Chance bestanden hätte, auch Geschlechterdifferenzen bzw. zunehmend gemeinsame Züge zwischen den Geschlechtern »zu entdecken«, lässt sich heute nicht mehr mit Sicherheit sagen. Auf jeden Fall galten – den SID-Dokumenten nach – Geschlechterunterschiede weder für die damalige Gegenwart noch für die Zukunft als ergiebiges sozialstrukturelles Thema (SID 2/68: 5,6).

Auf arbeitssoziologischem Gebiet allerdings wurde angekündigt, die Gruppe der berufstätigen Frauen, vor allem der berufstätigen Mütter (ebenso wie die »Spitzenleistungsträger«) genauer zu beforschen (SID 5/68: 6). Und ein Kolloquium, das in Vorbereitung auf den 7. FDGB-Kongress durchgeführt wurde, hatte den Titel »Frauen als politische Funktionäre der Gewerkschaft« (SID 3/68: 15).

Aufschlussreich für unser Thema sind die ersten Ergebnisse einer Intervallstudie der DDR-Jugendforschung 1968. Nach den Vorstellungen zur zukünftigen Frauen-Berufstätigkeit befragt, meinten 78 Prozent der befragten »Lehrlinge und jungen Facharbeiter«, dass Frauen nicht oder nicht für immer aufhören sollten, beruflich tätig zu sein. Die konkreten beiden Statements lauteten: »Nur wenn die Kinder klein sind, zeitweise aufhören« bzw. »Möglichst ständig im Beruf bleiben". Der Geschlechterunterschied in der Zustimmung zu dieser Orientierung war allerdings beträchtlich. Die jungen DDR-Männer stimmten den Statements wesentlich und im statistischen Sinn signifikant seltener zu, nämlich zu 62 Prozent, als die jungen DDR-Frauen, zu 92 Prozent (SID 5/68: 8). Einstellungen und Verhaltensweisen, die später als »ungebrochene Erwerbsneigung ostdeutscher Frauen« sowohl kritisiert als auch gewürdigt wurden, stabilisierten sich offensichtlich schon seit den 60er Jahren. Die Akzeptanz der Männer zur Berufstätigkeit »ihrer« Frauen erfolgte ganz offensichtlich später.

Gleichzeitig zeigten sich dort, wo das Verhältnis bzw. die Einstellung zur Frauen-Berufsarbeit untersucht wird, enge Zusammenhänge zum Bildungsniveau. »Die veralteten überlebten Gewohnheiten, Traditionen und Auffassungen über die Rolle und Stellung der Frau herrschen besonders noch bei den Männern und Frauen vor, die nur ein relativ niedriges Bildungs- und Qualifikationsniveau besitzen« (SID 5/68: 12). Mit den Erfahrungen der 90er Jahre ausgestattet, halten wir solche Forschungsergebnisse für hochbrisant. Sind es auch heute überwiegend ungebildete Männer und Frauen, die hinsichtlich Frauen-Berufstätigkeit »veraltete überlebte« Auffassungen vertreten? Oder ist die Situation völlig anders, wenn die »Versorger-Ehe« eventuell mit »Zuverdienerinnen", nie als veraltet und überlebt erklärt wurde?

Anfang 1968 wurde der Begriff »Beruf« definiert: »Der Beruf ist eine historisch bedingte, auf die gesellschaftliche Arbeitsteilung begründete objektive Form der Arbeitsbesonderung, welche die Beherrschung bestimmter Kenntnisse, Fähigkeiten und Fertigkeiten erfordert, die in einem zeitlich begrenzten Ausbildungsprozess theoretisch und praktisch erworben werden. Der Beruf ermöglicht einen differenzierten Leistungsbeitrag des einzelnen für die Gesellschaft und integriert ihn in das System der gesellschaftlichen Arbeitsteilung. Berufsausbildung und Berufsarbeit sind Wege der sozialistischen Persönlichkeitsentwicklung« (SID 1/68: 6). Dabei erstaunt (uns heute), dass die mit Berufstätigkeit verbundene Möglichkeit zum Geldverdienen, die auch in der DDR nicht als unwichtig galt, nicht erwähnt wird. Weniger erstaunlich ist, dass die Definition eine sehr enge Auffassung von gesellschaftlich notwendiger Arbeit offenbart. Auch Hausfrauen und andere Nicht-Berufstätige waren/sind i. a. in das System der gesellschaftlichen Arbeitsteilung integriert und leisten hierbei einen differenzierten Beitrag. Diese Enge, diese ausschließliche Orientierung auf die Öffentlichkeit bzw. auf die Produktionssphäre zeigt sich auch einige Monate später, als »Arbeit« bzw. »gesellschaftliche Arbeit« aus soziologischer Sicht definiert wird: »Die soziologische Forschung hat die gesellschaftliche Arbeit unter zwei Aspekten zu betrachten. Der 1. Aspekt bezieht sich auf die Rolle der Arbeit im ökonomischen System als dem Kernstück des gesellschaftlichen Systems des Sozialismus... Der 2. Aspekt ergibt sich aus der Rolle der Arbeit in der sozialistischen Gesellschaft generell und der daraus abgeleiteten Bedeutung der Arbeit für den sozialistischen Menschen. Durch die Arbeit vollzieht sich in bewusster und planmäßiger Tätigkeit Teilhabe und Teilnahme am gesellschaftlichen Leben. In der Arbeit entwickelt sich die Persönlichkeit.« (SID 5/68:5).

Aus der Suche nach Definitionen von »Kulturniveaus« von Klassen, Schichten, Gruppen und aussagekräftigen Indikatoren zu deren Messung bleibt die Geschlechterproblematik komplett ausgeschlossen, obwohl als Indikatoren neben Klassenbewusstsein auch Wertvorstellungen vorgeschlagen werden, weil sie »in die individuelle Verhaltensstruktur und in die gruppenspezifische Wertordnung integriert werden und in soziale Handlungsantriebe übergehen können« (SID 3/68).

Die immer wieder nachgewiesenen Leistungs- und Verhaltensdifferenzen zwischen Jungen und Mädchen brachten die DDR-Forscherinnen und -Forscher in Erklärungsnot, denn »die einheitliche und gemeinsame Erziehung von Jungen und Mädchen lässt die Erwartung zu, dass sie sich unter gleichen ökonomischen, juristischen, sozialen und ideologischen Voraussetzungen auch relativ gleich entwickeln« (GH 1/68: 16). Da biologische Faktoren entweder völlig ausgeschlossen (GH 1/68: 17) oder marginalisiert wurden (GH 2/69: 45), war die Suche nach sozialen Ursachen unvermeidlich. Im Unterschied zur (späteren) westlichen Koedukationsdebatte und zur Diskussion in der DDR-Endzeit fand die Suche aber nicht in der gegenwärtigen patriarchalen Gesellschaft statt, wurde also die unterstellte Gleichheit der »ökonomischen, juristischen, sozialen und ideologischen Voraussetzungen« nicht kritisch hinterfragt. Vielmehr schienen die Ursachen für die »Störbereitschaft« und die schlechteren Schulleistungen der Jungen und für die »Bravhaltung« und die besseren Noten der Mädchen nur in den »Erziehungsfehlern« der Eltern, also in der privaten Sphäre, oder in den »Nachwirkungen alter Denkweisen", also im Bereich der Ideologie, zu liegen. »Diese Differenzen sind im wesentlichen auf ideologische Nachwirkungen aus Jahrtausende hindurch bestehenden patriarchalen Verhältnissen zurückzuführen, in denen die Männer eine übergeordnete, herrschende und die Frauen eine untergeordnete, beherrschte Rolle einnahmen. Die Wurzeln hierfür liegen letztlich in der unterschiedlichen Stellung der Geschlechter, wie sie für alle Staaten mit antagonistischen Klassen typisch war und ist.« (GH 2/69: 48). Folgerichtig wurde vor allem die unzureichende ideologische Arbeit, und ausdrücklich nicht die Erziehung in den Kindereinrichtungen, nicht der »heimliche Lehrplan« in den Schulen, nicht die Lohnpolitik, die Arbeitszeitpolitik, die öffentlichen Dienstleistungseinrichtungen usw. für Frauen- und Mädchenprobleme verantwortlich gemacht.»Allgemein anerkannt ist, dass die ideologischen Fronten hinsichtlich der gesellschaftlichen Stellung der Frau quer durch die Geschlechter gehen. Heute korrespondiert die Rückständigkeit und Bequemlichkeit mancher Männer mit der Selbstgenügsamkeit mancher Frauen (GH 4/69: 13).

Vor allem die »Erziehungsfehler« der Eltern waren in diesen und den folgenden Jahren[23] häufig Forschungsgegenstand. »Das zeigt, dass in den Vorstellungen der Eltern noch diese oder jene an die Geschlechterrollen geknüpften Eigenschaften existieren und mehr oder minder bewusst in die familiäre Erziehung ›übertragen‹ werden..., obwohl die Erfordernisse sozialistischer Erziehungsarbeit von den Eltern auf der Erkenntnisebene richtig widergespiegelt werden« (GH 1/68: 18, 19). Andere Untersuchungen verwiesen nicht so deutlich und selbstgerecht auf die »Unfähigkeit« mancher Eltern, die richtig erkannten Erziehungsziele auch praktisch wirksam werden zu lassen, sondern interessierten sich mehr für die unterschiedlichen Einflussnahmen des Vaters und der Mutter auf die kindliche Entwicklung. So ließ sich nachweisen, dass

---

23 Eine spätere Untersuchung über neuropsychische Leistungen bei Kindern im Vorschulalter läuft ebenfalls darauf hinaus, dass »die vorhandenen signifikanten Unterschiede... auf eine geschlechtsgebundene Erziehung nach überholten Leitbildern zurückzuführen« (GH 2/71: 51) ist und dass das soziale Milieu hier kaum differenzierend wirkt.

der Berufswunsch der Knaben vor allem durch den Vater, der Berufswunsch der Mädchen vor allem durch die Mutter (insbesondere in kleineren Orten) beeinflusst wurden (GH 4/69: 36). Wiederum andere Forscherinnen und Forscher forderten in diesem Zusammenhang, das Spontane und Intuitive in der familiären Erziehung zurückzudrängen und die Rolle des Vaters bei der Erziehung zu stärken. Es ist zu vermuten, dass das »Intuitive und Spontane« als Störgröße für den sozialistischen Erziehungsstil gedeutet und dem mütterlichen Einfluss zugeschrieben wurde. Die Rolle des Vaters sei zu stärken, weil »der häufig noch eine höhere Bildung besitzt, politisch bewusster und gesellschaftlich aktiver ist als die Mutter« (GH 1/68:37). Gleichzeitig wird eine »konsequente Betonung und Anerkennung der Kindererziehung als wichtigste staatsbürgerliche Pflicht der Eltern durch die Betriebe sowie die gesellschaftlichen Organisationen und Einrichtungen« (GH 1/68: 38) für erforderlich gehalten. Die Familienforschung der 90er Jahre würde diese Forderung etwa so umschreiben: Die Trennwand zwischen Öffentlichem und Privatem ist durchlässiger zu machen.

Die geschlechtsspezifische Beteiligung an der Hausarbeit wurde auch aus Sicht der heranwachsenden Generation analysiert. Eine umfangreiche Befragung unter 15- bis 19jährigen in Berlin brachte das Ergebnis, dass rund 50 Prozent der Jugendlichen sich für ihre künftigen Familien wünschen, dass »die Väter mehr bzw. wesentlich mehr helfen« (GH 5/68: 66). Hier ist sowohl das quantitative Ergebnis diskussionswürdig: 50 Prozent als Erfolg nach nur 18jähriger DDR-Existenz oder als Dilemma, gemessen am theoretischen und juristischen Anspruch? Vor allem aber fällt uns heute die Terminologie auf: Mit »helfen« brachten weniger die Befragten, mehr die Fragenden zum Ausdruck, dass es bei der mütterlichen Verantwortung für private Arbeit bleiben sollte, nur eben mit einem größeren Anteil des Helfens durch andere – ein Thema, das nach unserer Erinnerung erst in den 80er Jahren öffentlich diskutiert wurde. Im Rückblick ist zu ergänzen, dass sich der Anteil des Helfens (durch Männer) auch unabhängig von ideologischen Vorgaben vergrößerte, einfach erzwungen vom familiären DDR-Alltag.

Anfang 1969 wurden in den grünen Heften generelle Überlegungen zum Verhältnis zwischen öffentlichem und privatem Leben angeregt, genauer zu einem solchen Verhältnis, das den Idealen des Sozialismus angemessen ist: »Gegenwärtig ist der Einfluss der Arbeitstätigkeit auf die Familienbeziehungen stärker als der Einfluss der Familie auf die Arbeit der Produzenten... Erst wenn es uns gelingt, in der betrieblichen Leitungstätigkeit den Menschen als soziales Wesen in seiner Gesamtheit zu erfassen, werden wir den Anforderungen der gesellschaftlichen Praxis gerecht werden« (GH 1/69: 38). Heute bedauern wir, dass solche Überlegungen zu spezifisch sozialistischen Emanzipationschancen, zu ganzheitlichen Lebenskonzepten für Männer und Frauen, nicht konsequenter fortgesetzt wurden – vielleicht auch nur nicht konsequenter veröffentlicht wurden. Gleichzeitig bestehen wir wiederum auf der Feststellung, dass es in den 60er Jahren WissenschaftlerInnen gab, die solche Debatten für notwendig hielten, die ihre Utopie konkreter machen wollten.

1970, 1971: Die »Tage der marxistisch-leninistischen Soziologie in der DDR«, später als 1. Soziologiekongress der DDR gezählt, sind in einer Ausgabe der S-Reihe dokumentiert (Wissenschaftlicher..., 1970). Obwohl das Frauenthema konzeptionell als Querschnittsthema behandelt werden sollte, gibt es in dieser Publikation drei Beiträge, die sich – bereits der Überschrift nach – auf Frauen konzentrieren.

So wird über Befragungsergebnisse referiert, die die »Einstellungen Jugendlicher zur Tätigkeit der Frau in technischen Berufen« (ebenda: 364) betreffen. Hier dominierte die traditionelle Auffassung, »dass Mädchen im allgemeinen weniger interessiert und befähigt sind, technisch-konstruktive Aufgaben zu lösen. Annähernde Gleichheit der Zensuren in den mathematisch-naturwissenschaftlichen Fächern wird nicht als Ergebnis von besonderem Interesse, sondern als Produkt besonderen Fleißes der Mädchen gesehen« (ebenda: 367). Aus heutiger Sicht beeindruckt nicht nur das Befragungsergebnis (nach etwa 20 DDR-Jahren), sondern auch der letzte Satz dieses Beitrages, weil er auf die Rolle der Soziologie in der DDR-Gesellschaft insgesamt verweist: »Durch die anschauliche Erörterung unseres Problemkreises gelang es, die Meinungen der Schüler im Sinne der gesellschaftlichen Forderungen positiv zu beeinflussen« (ebenda: 368).

Zwei weitere Beiträge enthalten die Forderung nach gründlicherer soziologischer Forschung einmal über Frauen im Hoch- und Fachschulwesen und zum anderen über Genossenschaftsbäuerinnen in der DDR. In beiden Fällen wird auf die Feststellung Wert gelegt, dass es sich nicht um eine »gesonderte« oder »spezielle« Frauenforschung (ebenda: 344), nicht um gesonderte »Frauenfragen« (ebenda: 399) handeln darf, dass aber »die Rolle und Stellung der Frau als Bestandteil der Untersuchungskonzeption« ersichtlich sein muss. Denn »fehlerhafte Verallgemeinerungen« dürften nicht wieder vorkommen. Heute lesen wir hier zwischen den Zeilen Verunsicherung. So als hätte die Frauenfrage irgendwo einen Platz eingenommen, der ihr nicht zustand.

In dem Zusammenhang wird die Soziologie aufgefordert, »ideologische Vorbehalte« bei der Einbeziehung der Frauen in die wissenschaftliche Gemeinschaftsarbeit abbauen zu helfen. Der Terminus »Einbeziehung der Frauen« findet sich sowohl in politischen als auch in wissenschaftlichen Dokumenten bis zum DDR-Ende. Wurde er in dieser Zeit noch von den meisten als positiv gedeutet – als Chance für Frauen, als Zeichen dafür, dass sie nicht vergessen werden – so gab es später zumindest in Alltagsgesprächen zunehmend Kritik an der inflationären Verwendung dieser Begrifflichkeit. Warum einbeziehen, wohin einbeziehen? Heißt das, dass Frauen letztendlich als »außerhalb der Gesellschaft« gesehen wurden? Auch hier wissen wir heute, dass eine gründlichere öffentliche Debatte wünschenswert gewesen wäre. Sie hätte sicherlich das Thema Frauenarbeit als gesellschaftlich notwendige Arbeit aufgeworfen. Einige Jahre später hätte eine solche Diskussion zur Kenntlichmachung des sozialistischen Patriarchats führen können.

Im Mai 1971, unmittelbar vor dem für die Frauenpolitik so bedeutsamen VIII. SED-Parteitag, erschien in der S-Reihe die Publikation »Probleme der Frauenqualifizierung«, von den Autorinnen und Autoren ausdrücklich als Diskussionsbeitrag zu diesem Parteitag bezeichnet (Wissenschaftlicher..., 1971: 5). Im einleitenden grundsätzlichen Artikel wird Frauenqualifizierung als Beitrag zur Weiterentwicklung der gesellschaftlichen Stellung der Frau analysiert und sowohl mit UNO-Dokumenten als auch mit Auffassungen der »Klassiker« des Marxismus-Leninismus, zu denen in diesem Fall auch Clara Zetkin gehörte, in Zusammenhang gebracht. In Auseinandersetzung mit frauenpolitischen Zielen der Bundesrepublik wird auf die damals neue sogenannte Drei-Phasen-Theorie hingewiesen, die sinngemäß besagt(e), dass die jungen Frauen bis zur Geburt des ersten Kindes berufstätig sein sollten, sich dann für etwa 15 bis 20 Jahre ausschließlich den Mutter- und Hausfrauenpflichten widmen könnten, um danach wieder in den Arbeitsprozess zurückzukehren. Die Fallen dieses Modells – in der westlichen feministischen Literatur später ausführlich behandelt – waren auch aus DDR-Sicht erkennbar, weshalb es prinzipiell für die sozialistische Gesellschaft verworfen wurde. Das Verwerfen gelang offensichtlich so gut, dass zwanzig Jahre später die durchschnittlich gebildete »Beitrittsbürgerin« nicht einmal mit dem Begriff Drei-Phasen-Modell etwas anfangen konnte.

Als problematisch bei der DDR-Frauenqualifizierung – deshalb der Titel: Probleme der Frauenqualifizierung – galten die schlechteren Ausgangspositionen (im Vergleich zum Mann) und die schwereren Qualifizierungsbedingungen (im Vergleich zum Mann). Rückblickend verdeutlicht diese Sichtweise, dass die mit weiblicher Sozialisation verbundenen besonderen Fähigkeiten und Kenntnisse auch unter DDR-Bedingungen nicht als Vorzüge oder als Potenziale für beide Geschlechter wahrgenommen wurden, dass die Männerqualifizierung als das Maß der Dinge zugrunde gelegt wurde. Gleichberechtigung hieß bis zum DDR-Ende: Heranführen der Frauen an Männerniveau.

Mit Bezug auf zahlreiche soziologische Falluntersuchungen konnten Daten und Einflussfaktoren zur Qualifizierungsbereitschaft und zu objektiven Qualifizierungsbedingungen vorgestellt werden. Dem Zeitgeist entsprechend wurde vor allem die politisch-ideologische Arbeit bzw. die Einheit von politisch-ideologischer und beruflich-fachlicher Ausbildung angemahnt. Der Passus »Einheit von politisch-ideologischer und beruflich-fachlicher Ausbildung« spielt in allen Beiträgen dieses Sammelbandes eine Rolle.

»Inhalt und Form der politisch-ideologischen Arbeit sind im Prinzip für Frauen und Männer gleich. Den Frauen bleibt aber oft weniger Zeit als den Männern, sich umfassend zu informieren« (ebenda: 39). Weil Frauen weniger Zeit als Männer hätten, wird »verstärkt auf das gezielte Selbststudium orientiert... Die Zahl der Unterrichtsstunden zugunsten des gezielten Selbststudiums zu verringern, entspricht den Bedingungen des größten Teiles der Frauen besser« (ebenda: 43). Hier bleibt unklar, ob allein durch den Ersatz von Unterrichtsstunden durch Selbststudiumsstunden Zeit gespart werden sollte, ob also das Selbststudium (für Frauen) als effektiver galt als der Unterricht. Wie dem auch sei, um das Selbststudium zu packen, sollte sich die Frau am Mann orientieren. »In den meisten Fällen kann sich die Frau nur dann qualifizieren, wenn ihr Mann bereit ist, zusätzliche Aufgaben bei der Erziehung und Betreuung der Kinder und der Erledigung der Hausarbeit zu übernehmen. Er sollte seiner Frau auch helfen, Probleme des Selbststudiums zu klären« (ebenda: 45). Dass er dazu in der Lage war, galt offenbar als selbstverständlich.

Die weiteren Beiträge dieses Sammelbandes behandeln »Detailfragen« zum Thema,

– so z. B. Überlegungen zur optimalen Qualifikationsstruktur der Gesellschaft, weil der Anteil der weiblichen Kader am Gesamtkaderbestand der DDR noch »Rückstände« aufwies. Beispielsweise betrug der Frauenanteil in der Industrie nur 11 Prozent, in der Volksbildung aber 65 Prozent (ebenda: 50, 51).

– so z. B. Überlegungen zu perspektivischen Grundfragen der Frauenqualifizierung in Berufen der sozialistischen Produktion. Hier werden Grund- und Ausbildungsberufe vorgestellt, die dem wissenschaftlich-technischen Fortschritt entsprächen. »In enger Verbindung mit der Erforschung neuer Anlagen und Verfahren, bei der Entwicklung technischer und technologischer Systemlösungen sind gleichzeitig die erforderlichen Bildungskonsequenzen zu ermitteln und die konkreten Einsatzgebiete für Frauen auszuweisen.« (ebenda: 83).

– so z. B. Überlegungen zur Gewinnung von Mädchen für technische Berufe. Hier wurde eine Befragung interpretiert, die ergeben hatte, dass »nur« jedes 5. Mädchen einen technischen Beruf erlernen wollte, relativ unabhängig davon, ob es in der 7., 8., 9. oder 10. Klasse danach gefragt wurde. Sowohl der polytechnische Unterricht als auch die Eltern erhielten deshalb Kritik. Und »man schlussfolgerte, dass die Mädchen durch ihre Mütter stärker beeinflusst werden als durch ihre Väter, dass aber der Einfluss der Eltern insgesamt nicht den volkswirtschaftlichen Erfordernissen entspricht« (ebenda: 98).

– so z.B. Überlegungen zur Aus- und Weiterbildung von Schichtarbeiterinnen (Drei-Schicht-System) mit dem Fazit, dass die Lösung dieser Aufgabe nicht dem betrieblichen Frauenausschuss oder gar den Frauen selbst überlassen bleiben darf (ebenda: 114).

– so z. B. Überlegungen zur Entwicklung von Frauen für Führungsaufgaben und im Frauensonderstudium. Auch hier mündeten die Forschungen in der Erkenntnis, dass die Ausbildung der weiblichen Führungskader zur Angelegenheit des gesamten Leitungskollektivs werden müsse. »Nur bei guter Zusammenarbeit der Verantwortlichen und Vermittlung der neuesten wissenschaftlichen Erkenntnisse in der Ausbildung sowie Beachtung der Belange der berufstätigen Frau wird diese neue Ausbildungsform zum Erfolg führen« (ebenda:127).

Das in den meisten Beiträgen geforderte »prognostische Denken und Arbeiten« (ebenda: 54) entsprach ganz der Aufforderung des VII. SED-Parteitages zum System-Denken und spielte nach dem VIII. SED-Parteitag kaum noch eine Rolle.

Sowjetische Forschungen dieser Zeit zu den Motiven weiblicher Berufstätigkeit kommen zu dem Ergebnis, dass das Geldverdienen für Frauen immer unwichtiger würde. »Nachdem die Frauen gleichberechtigte Teilnehmer der Produktion wurden, kamen neue Motive zu den ursprünglichen Anreizen für die Berufstätigkeit hinzu: ein gutes Arbeitskollektiv, der Wunsch für die Gesellschaft nützlich zu sein, vorteilhafte Arbeitszeit usw. Das Motiv »Notwendigkeit des zusätzlichen Verdienstes für die Familie« tritt in den Hintergrund« (SID 3/70: 9). So explizit (und ideologiekonform) wurde das so genannte Verdienstmotiv in der DDR-Arbeitssoziologie nach unseren Kenntnissen weder in diesen Jahren noch später »nach hinten« gestellt (vgl. vorausschauend SID 3/80).

Im Unterschied zu solchen und ähnlichen Forschungen, die die Auswirkungen der Privatfrau auf die Berufsfrau untersuchten, wurde auf dem VII. Weltkongress für Soziologie in Varna im September 1970 ein DDR-Beitrag vorgestellt, der auch eine umgedrehte Sichtweise ermöglichte. Die Ausgangsthesen dieses Beitrages lauteten: Erstens. In der DDR ist das »Frauenproblem« nie als ein »Problem des Geschlechts« betrachtet worden. Die Befreiung der Frau sei eine Sache der gesamten Gesellschaft (nicht nur der Arbeiterklasse!). Zweitens. Die Nachwirkungen des Mangels an Rechten der Frau aus vorsozialistischen Zeiten sind möglicherweise noch zu spüren. Drittens. Frauen haben im Prozess der Reproduktion besondere Aufgaben zu erfüllen. Viertens. Entscheidend ist, Bedingungen zu organisieren, die die Vereinbarkeit von beruflicher Arbeit und Aufstieg mit Familienpflichten erlauben. Anhand von Zahlen wird bewiesen, dass genau das in der DDR im wesentlichen geleistet ist. 78 Prozent aller Frauen im berufstätigen Alter waren 1969 berufstätig; 24 Prozent aller Kinder zwischen 0 und 3 Jahren in Krippen, 61 Prozent der Kinder zwischen 3 und 6 Jahren in Kindergärten, 46 Prozent der Kinder der Klassen 1 bis 4 in Schulhorts untergebracht. Und alle diese Institutionen wurden aus dem Staatshaushalt finanziert. Aus heutiger Sicht erscheint uns eine der Schlussfolgerung aus dieser Analyse besonders hervorhebenswert: Die Gleichberechtigung der Frau im Berufsleben erfordere und ermögliche die gleiche Verantwortung von Mann und Frau in der Familie. Aber, und hier setzt unsere nachträgliche Kritik an: »Die Gestaltung der neuen Beziehungen in der Familie ist ein konfliktreicher Prozess. Die Wirkung äußerer Faktoren auf die Stabilität der Ehe und Familie verliert immer mehr an Bedeutung.« (SID 2/70:6). Wir verstehen diese Botschaft heute so, dass die Frauenproblematik als politische Aufgabe im wesentlichen als gelöst betrachtet und die weiteren Konflikte dem »subjektiven Faktor« zugehörig definiert wurden.

Interessanterweise führt die im gleichen Zeitraum (SID 1/70) verstärkt einsetzende Zeitbudget-Forschung – 1966/67 war schrittweise die 5-Tage-Arbeitswoche eingeführt worden – dazu, dass die Unterschiede in den Freizeitfonds von Frauen und Männern auffallen. Sie waren so signifikant, dass in allen Untersuchungen, die das Zeitproblem tangierten, die Geschlechterzugehörigkeit fortan zu einem unübersehbaren Indikator wurde.

Auch wenn in den Forschungen mehrheitlich das Öffentliche, das Berufliche die Zielvariable war, gab es auch Untersuchungen zum Einfluss der Berufstätigkeit auf die Familie. »Im Sozialismus nimmt die relative Abgeschlossenheit der Familie gegenüber den Produktionsverhältnisse ab. Die volle Integration der Familienmitglieder und der Familie in das System der Gesellschaft wird hier erstmalig möglich, ohne den intimen Lebensbereich aufzulösen« (GH 1/71: 41). Solche Auffassungen rufen (bis heute) nach tiefergehender Forschung zum Verhältnis oder auch zur Abgrenzung zwischen Öffentlichem und Privatem und standen damals wie heute im Widerspruch zu linksradikalen, auch zu früheren sowjetischen (Kollontai) Haltungen zur Familie. Die Hoffnungen allerdings, die sich für die DDR-Gesellschaft aus der »vollen Integration der Familienmitglieder in die Gesellschaft« ergaben, muten aus heutiger Sicht wieder sehr patriarchal-einseitig an. So sei weibliche Berufstätigkeit – verkürzt ausgedrückt – verbunden mit besserer Kindererziehung, mit einem solidarischeren Verhalten zum Ehepartner und mit rationellerer Bewältigung der Hausarbeit, weshalb »die Berufstätigkeit der Frau (als) ... ein elementarer Wachstumsfaktor für die Herausbildung sozialistischer Ehe- und Familienbeziehungen« (GH 1/71: 62) galt. Heute wissen wir: Eine berufstätige Frau kann zweifellos die Fragen ihrer Kinder besser beantworten als eine nicht-berufstätige, hat besser gelernt, mit ihren Fähigkeiten und ihren Grenzen und folglich auch mit Konflikten umzugehen, ist mehr gezwungen, Wesentliches von Unwesentlichem im Haushalt zu trennen. Heute wissen wir aber auch, das alles führt nicht nur zu einem solidarischeren Verhalten, sondern auch zu einem kritischeren gegenüber den anderen Familienmitgliedern. Das alles schafft nicht nur Harmonie, sondern auch Konflikte neuer Art (sozialistischer Art?), auf die viele Männer und Frauen nicht eingestellt waren und die ganz offensichtlich auch von den WissenschaftlerInnen als Zukunftschance nicht wahrgenommen wurden. Rückblickend bleibt wiederum die Enttäuschung über eine nicht stattgefundene Debatte zum Verhältnis zwischen öffentlichem und privatem Leben im Sozialismus. Es bleibt auch die vage Vermutung, dass »die Erzieher« eine solche Debatte nicht für nötig hielten, weil das Verhältnis zwischen Öffentlichem und Privatem geklärt schien. Der Fortschritt, das Erstrebenswerte wurde eindeutig der öffentlichen Sphäre zugeordnet. (GH 2/70: 66).

Defizite beim Thema häusliche Arbeitsteilung zeigten sich auch in den Lesebüchern der Klassen 1 bis 4. Nach einer Recherche, die in den späteren Jahren fortgesetzt wurde, träte dort, wo häusliche Situationen dargestellt werden, »vorwiegend die Mutter oder auch noch die Großmutter in Erscheinung, während die Väter kaum genannt werden« (GH 1/70: 41). In diesem Zusammenhang fand auch das damals bekannte und »gut gemeinte« Gedicht von Heinz Kahlau »Meine Mutti ist Abteilungsleiter« eine kritische Reflexion[24]. Überhaupt schien es so, als seien die Bemühungen um Gleichberechtigung der Geschlechter in der Familie zwar »gut gemeint«, aber dennoch erfolglos gewesen. So wurde beispielsweise die Entwicklung hauswirtschaftlicher Dienstleistungen immer wieder unter dem Blickpunkt der Entlastung ausschließlich der Frauen (GH 2/70: 44) diskutiert und kritisiert.

Eingegrenzt auf das bäuerliche Leben war der Zusammenhang zwischen Schule und Elternhaus bzw. Schule, Elternhaus und LPG[25] ein Forschungsthema jener Zeit. Die landwirtschaftlichen Produktionsgenossenschaften bestanden damals schon etliche Jahre und galten als stabile Strukturen. Ebenso stabil wurde von »der Priorität der Schule bei der sozialistischen Bildung und Erziehung der Kinder und Jugendlichen« (gegenüber dem Elternhaus) ausgegangen (GH 2/71: 5), wobei die WissenschaftlerInnen andeuteten, dass nicht alle Genossenschaftsbäuerinnen und -bauern das so sahen. Die Pädagogen hätten – hier im Zusammenspiel mit der LPG-Führung – die Erziehungsrichtung anzugeben, allerdings ohne das Familienklima vorzuschreiben und ohne die Eltern einzuengen. Die zwischen den Zeilen mitschwingende Problematik

---

24 Meine Mutti ist Abteilungsleiter
Alle Tage, alle Tage steht sie ihren Mann.
Nur zu Hause kommt sie gar nicht weiter,
packe ich im Haushalt nicht mit an.
Kommt sie müde vom Betrieb nach Hause,
und ich habe, und ich habe nichts für sie gemacht,
hat sie nicht die allerkleinste Pause,
und sie plagt sich weiter bis zur Nacht....
Lauf ich aber selber einzukaufen,
und der Abwasch, und der Abwasch türmt sich nicht mehr so,
braucht die Mutti nicht herumzulaufen,
und sie ist am Abend richtig froh.
Deshalb mach ich ihr die Arbeit leichter,
und ich spiele erst, ich spiele erst, wenn alles blitzt,
denn dann hab ich mehr von meiner Mutti,
und ich habe ihr und mir genützt.
(Kahlau, 1959: 126).
25 Landwirtschaftliche Produktionsgenossenschaft.

dieser Untersuchung wurde – ziemlich unvermittelt und nur begrenzt glaubwürdig – doch noch zum positiven Ende geführt: »Der Wunsch der Eltern, ihre Kinder zu guten Staatsbürgern zu erziehen, und die Verantwortung der Brigademitglieder gegenüber dieser gesellschaftspolitischen Aufgabe... treffen sich und sind wesentliche Ansatzpunkte und Potenzen für die Entwicklung positiver Einstellungen« (GH 2/71: 10).

Das Verhältnis zwischen Arbeitszeit und Freizeit der Frauen wurde ebenfalls im bäuerlichen Milieu untersucht. Dabei ergab sich kein Zusammenhang zwischen Freizeit und Länge der bezahlten Arbeit, wohl aber ein direkter Einfluss der familiären und Haushaltverpflichtungen auf den Freizeitfonds. »Die größte Reserve für die Frau, mehr Freizeit zu realisieren, besteht gegenwärtig in der Reduzierung der Zeit für familiäre und Haushaltverpflichtungen, unter anderem auch durch eine stärkere Beteiligung der Ehepartner an der Hausarbeit. Im Vergleich zu den Männern aus Arbeiter-, Angestellten-, Intelligenz- und Selbständigenhaushalten unterstützen die Genossenschaftsbauern ihre Frauen am wenigsten in der Hausarbeit« (GH 3/71: 73). Auch hier fällt uns heute zweierlei auf. Zum ersten, dass sich die Auffassungen der betroffenen Frauen durchaus von denen der ForscherInnen unterschieden, denn 65 Prozent der befragten Bäuerinnen hielten die »männlichen Hilfen« für ausreichend und 10 Prozent hätten eine Unterstützung des Ehepartners im Haushalt sogar abgelehnt (GH 3/71: 73). Zum zweiten, dass von Unterstützung, also von Hilfe im Haushalt (der Frauen) die Rede ist und nicht, wie vom Familiengesetz vorgeschrieben, von gleichrangiger Verantwortlichkeit für die Hausarbeit.

Unverkennbar patriarchale Verhaltensmuster zeigten sich auch bei der Analyse von Ursachen und Folgen von Eheverfahren, exemplarisch im Stadtbezirksgericht Berlin-Köpenick untersucht. Als Ausgangspunkt der theoretischen Reflexionen diente die These (Hypothese?), dass eine erfolgreiche berufliche Entwicklung beider Eheleute »die Ehe bereichert und deren Festigkeit erhöht« (GH 4/71: 53). Gleichzeitig schienen sich bei »Untreue-Fällen« und ehelichen Neuorientierungen die traditionellen Geschlechterarrangements verstärkt zu reproduzieren. Denn außereheliche weibliche Personen waren meist jünger und hatten einen niedrigeren Sozialstatus als der untreue Ehemann und außereheliche männliche Personen waren meist älter und hatten einen höheren Status als die untreue Ehefrau. »Der Mann versucht häufig, eine frühere Vormachtstellung zurückzugewinnen« (GH 4/71: 56). Was die Frau versuchte, wird nicht explizit genannt. Aber die Frage muss erlaubt sein: Versuchte die Frau, wenigstens im zweiten Anlauf einen Mann zu finden, zu dem sie »aufblicken« kann? Waren die DDR-Menschen mit der »neuen Qualität des Familienlebens«, ohnehin nur partiell realisiert, überfordert? Es gibt hier sicherlich keine einfache Antwort. Wir müssen jedoch zur Kenntnis nehmen, dass auch spätere Untersuchungen zur Partnerwahl zu ähnlichen Ergebnissen führten.[26]

Unmittelbar nach dem VIII. SED-Parteitag (Juni 1971) verstärkten sich die Forschungen zur »Fruchtbarkeit« der DDR-Bevölkerung, die die Frauen- und Familienforschung bis zum DDR-Ende immer mehr prägen sollten. Statistischer Ausgangspunkt war der Geburtenrückgang etwa seit Mitte der 60er Jahre, der mit einer »starken Verminderung der Bereitschaft zum 2. und 3. Kind« (GH 6/71: 46) zusammenhing. Das Phänomen der sogenannten »gewollten Kinderlosigkeit«, das seit dieser Zeit in den westlichen Gesellschaften beklagt wird, gab es in der DDR allerdings nie.

1972, 1973: Die Publikation »Berufstätige Frau und Familie« (Chartschew u.a., 1972) enthält Forschungsergebnisse der sowjetischen und polnischen Familiensoziologie und soll hier nicht im Einzelnen referiert werden. Sie geht mit Blick auf die DDR davon aus, »dass die Probleme und auch die zu lösenden Aufgaben in ihren Grundzügen ... übereinstimmen« (ebenda: 187). Diese postulierte Gleichheit/Ähnlichkeit lässt sich zumindest für die Zielstellung und für die Einordnung in den »Hauptwiderspruch« belegen. »Es ist unbestreitbar, dass die Berufstätigkeit, der Umgang mit Menschen außerhalb der Familie und noch mehr die Teilnahme an der sozialpolitischen Bewegung und dem Klassenkampf den Gesichtskreis der Frau erweitern, ihre intellektuelle und emotionale Welt bereichern, und dadurch wird es möglich, die Fähigkeiten der Mütter als Erzieherin bedeutend zu erhöhen« (ebenda: 27). (Be)Merkenswert – aber leider nicht weiter ausgeführt – auch einer der letzten Gedanken dieser Publikation: »Das Problem der arbeitenden Frau, der arbeitenden Mutter ist eine Folge nicht der Berufstätigkeit der Frau an sich, sondern der Schwierigkeiten, diese Tätigkeit einerseits mit der traditionell-sozialen, andererseits mit der traditionellen Arbeitsteilung innerhalb der Familie zu vereinen. Dass es überhaupt ein Problem der Berufstätigkeit der Frau gibt, ist ein Zeichen vorhandener Überreste von Nichtgleichberechtigung – es gibt kein Problem des arbeitenden Mannes und Vaters!« (ebenda: 184).

Auf dem VIII. Parteitag der SED 1971 war bekanntlich die Verwirklichung der Gleichberechtigung der Frau »nach dem Gesetz und auch im Leben« verkündet worden. HistorikerInnen und TransformationsforscherInnen der letzten Jahre sehen deshalb den Beginn der 70er Jahre als entscheidende Zäsur in der DDR-Frauenpolitik und damit auch in der Forschung. Von da an habe Frauenpolitik im eigentlichen Sinn in der DDR nicht mehr stattgefunden, stattdessen Bevölkerungspolitik, Mutti-Politik, Familienpolitik, Vereinbarkeitspolitik o. ä. Die von uns recherchierten Dokumente bestätigen im Großen und Ganzen diesen Wandel.

---

26 So ergab eine Recherche von Heiratsannoncen, die junge Lehrerinnen aufgegeben hatten: »Die Mehrzahl der Wünsche hinsichtlich des Alters zielt auf einen Altersvorsprung von etwa 5 Jahren zugunsten des Mannes... Die Mehrzahl wünscht beim Partner eine höhere Ausbildungsqualifikation« (GH 5/73: 80).

In SID 1/72 wird über eine Sitzung des Wissenschaftlichen Rates berichtet, auf der die »Tagungen der Gesellschaftswissenschaftler« in Moskau und Berlin ausgewertet wurden, die sich ihrerseits auf den XXIV. Parteitag der KPdSU bzw. den VIII. Parteitag der SED bezogen hatten. Als zentrale Orientierung für alle Forschungsthemen wird »die Entwicklung der Arbeiterklasse und der sozialistischen Persönlichkeit« genannt. Die Aufgabe sei, zu erforschen, wie die Arbeiterklasse die von der Partei gestellten Aufgaben erfüllt. Anschaulicher konnte sich das hierarchische Denken betreffs der zukünftigen gesellschaftlichen Entwicklung und deren sozialwissenschaftlicher Erforschung kaum darstellen.

Die Sozialstrukturforschung wich zwar das starre Klassenkonzept immer mehr auf, machte aber nach wie vor – zumindest begrifflich und hinsichtlich der Forschungsschwerpunkte – einen Bogen um das Geschlechterverhältnis. Sie orientierte auf »die allmähliche Überwindung einer Vielzahl anderer sozialer Unterschiede, die sowohl über die Klassen und Schichten hinweg gehen als auch die Klassen und Schichten selbst durchdringen und mit deren innerer Struktur verbunden sind. Das betrifft beispielsweise Unterschiede zwischen Stadt und Land, zwischen geistiger und körperlicher Arbeit, in der Qualifikation und Bildung und im allgemeinen Kulturniveau« (SID 1/73: 15). Soziale Unterschiede, die sich aus der Geschlechterzugehörigkeit ergeben, interessierten demnach hinsichtlich ihrer »allmählichen Überwindung« genauso wenig wie Generationsunterschiede. Das blieb – wie wir heute wissen – bis zum DDR-Ende so. Gleichzeitig scheint es fast so, als hätten Frauen immer dann soziologische Aufmerksamkeit genossen, wenn sie Probleme bereiteten, wenn sie sich anders als Männer verhielten. So wurde in dieser Zeit relativ oft die Teilnahme der Frauen an betrieblichen demokratischen Strukturen angemahnt: »Die umfangreiche Untersuchung der Teilnahme der Frauen und Mädchen an der sozialistischen Demokratie im Konfektionsbetrieb VEB (B) Herdas Greiz, einem Grossbetrieb der Leichtindustrie, zeigt aber noch bestehende Mängel auf, wie z. B. Informationsfluss und -streuung unter Beachtung des notwendigen Informationsbedarfs und die leitungsmäßige Handhabung der Kommunikationsformen« (SID 2/72: 10).

Untersuchungen zur Qualifizierungsbereitschaft der Frauen belegten, dass hinsichtlich der »neuen Qualität des Familienlebens« wenig Fortschritte erzielt wurden, denn die Ehemänner begleiteten die Weiterbildungsbedürfnisse ihrer Frauen eher hemmend als fördernd. Vermutlich, weil sie »befürchten, ihre eigene Qualifizierung sei gefährdet bzw. ihre häusliche Bequemlichkeit würde eingeschränkt. Auch hier muss ein entsprechender Wandel eintreten« (GH 1/72: 54). Auch nach anderen Forschungen hing die weibliche Qualifizierungsbereitschaft nicht – wie vermutet wurde – von der Anzahl der Kinder ab, wohl aber von der Arbeitsteilung in der Familie und damit vor allem vom Verhalten des Partners (GH 3/73: 26). Eine These mit analogen Aussagen war bereits 1967 für das generelle Verhältnis der Frauen zur Berufsarbeit aufgestellt worden (vgl. rückblickend SID 4/67). An dem dominierenden Einfluss des Mannes auf die berufliche Entwicklung der Frau hatte sich offenbar in den letzten 60er Jahren nichts geändert.

Folgerichtig ließen sich auch wenig Fortschritte bei Zeitbudgetforschungen für Hausarbeit und bei der geschlechtsspezifischen Verantwortung für die Erziehung der Kinder nachweisen. Eine neue Untersuchung in 1900 DDR-Haushalten belegte, dass wie gehabt ca. 80 Prozent der Hausarbeit von den Frauen erledigt wurde und dass das wöchentliche Arbeitsvolumen insgesamt etwa 47 Stunden betrug (GH 4/72: 3). Obwohl sich das Angebot an Haushaltmaschinen und öffentlichen Dienstleistungen deutlich erhöht hatte, war die Struktur der Hausarbeit im Vergleich zu den ersten 60er Jahren fast unverändert geblieben. Gleichzeitig vermittelte ein internationaler Vergleich über geschlechtsspezifische Arbeitsteilung im Haushalt sowohl mit sozialistischen[27] als auch mit kapitalistischen[28] Ländern eher Ratlosigkeit (GH 4/72: 6,7). Aus der Sowjetunion kam in diesem Zusammenhang der kritische Hinweis, dass das revolutionäre und von Lenin vorgegebene Ziel nicht die gleichmäßige Verteilung der Hausarbeit sei, sondern ihre Abschaffung, denn »die Pflichten der Hausarbeit widersprechen in gleichem Maße den gesellschaftlichen Rollen sowohl der Frau als auch des Mannes... Die kommunistische Lebensweise setzt nicht die gleichmäßige Verteilung ›sklavischer‹ Funktionen, sondern die Vernichtung der ›Haushaltsklaverei‹ voraus« (GH 5/72: 46). Eine Auffassung, die so absolut wohl nie in der DDR-Soziologie vertreten wurde.

Auf einem Seminar der Internationalen Soziologischen Gesellschaft (ISA) in Moskau zu Familienproblemen »in der Welt von heute« wurde hervorgehoben, dass es immer noch Männer gäbe, »die sich gegen die Berufstätigkeit von Frauen wenden. Aber erstens bleibt ihre Haltung ohne Einfluss auf die Arbeit ihrer Frauen, und zweitens würden nur wenige von ihnen vorbehaltlos dem Entschluss ihrer Frauen zustimmen, die Arbeit aufzugeben« (GH 2/73: 11). Auch hier eher Ratlosigkeit und Stagnation oder Ratlosigkeit wegen Stagnation. Im Rückblick ist unzweifelhaft, dass das real existierende sozialistische Konzept die anstehenden Fragen zur Entwicklung des Privatlebens nicht beantworten konnte, dass spätestens seit dieser Zeit die Chance auf eine »sozialistische Moderne« vertan war. Als Fußnote sei angemerkt, dass Anfang der 70er Jahre in den westlichen Ländern Feministinnen die These verbreiteten: Die Arbeit am erwachsenen Mann ist einzustellen! Frauen der DDR hätten damals eine solche These niemals mitgetragen, hatten aber auch keine eigene.

Auch hinsichtlich des elterlichen Erziehungsstils belegten neue Untersuchungen die alten Probleme: »Die Väter haben konkretere Vorstellungen über

---

27 Bulgarien 68%, Ungarn 74%, CSSR 72%, UdSSR 75%, seit 1917 kaum geändert.
28 BRD 81%, USA 81%, Frankreich 78%, Belgien 87%.

das sozialistische Menschenbild und von den an zu erziehenden Persönlichkeitseigenschaften als die Mütter. Die vorhandenen Potenzen werden jedoch insgesamt noch zu wenig erziehungswirksam, weil die Väter für die Erziehung in der Familie zu wenig Verantwortung tragen und am Erziehungsprozess unzureichend beteiligt sind... Der Erziehungstätigkeit der Mütter ... liegen allgemeinere, weniger am sozialistischen Erziehungsziel orientierte Vorstellungen zugrunde; sie bestreiten aber den Hauptteil der täglichen Erziehungsarbeit« (GH 4/73: 3, 64). Mit anderen Worten: Die Väter könnten es besser, tun es aber nicht. Die Mütter tun es, können es aber nicht gut genug.

Anfang der 70er Jahre setzte sich die Auffassung durch, dass die weibliche Berufstätigkeit an sich keinen Einfluss auf das Verhalten und die Leistungen der Kinder ausübt. »Die Bedingung Berufstätigkeit der Mutter wird nur mittelbar wirksam, indem sie die sozialen Beziehungen in der Familie beeinflusst« (GH 2/73: 90). Allerdings sei für die kindliche Entwicklung wichtig, warum die Berufstätigkeit aufgenommen wurde und unter welchen häuslichen Bedingungen sie sich realisiert (ebenda: 91). Im gleichen Zeitraum wurde (geschlechtsneutral) nachgewiesen, dass sozialistische Arbeitseinstellungen (gemessen an Neuerervorschlägen, Auszeichnungen, gesellschaftlichen Funktionen usw.) ihr Pendant in den Einstellungen zur sozialistischen Erziehung der Kinder hatten. Kurz: Wer im Betrieb gut arbeitet, erzieht auch die Kinder gut und kümmert sich um die Erziehungsprobleme der anderen. »Wir fanden, dass 68 Prozent der Probanden mit einem hohen Einstellungsniveau von allen oder von den meisten Kolleginnen/Kollegen die Freuden und Sorgen kennen, die diese in der Erziehung ihrer Kinder haben« (GH 1/73: 73). Dieses Phänomen der gegenseitigen Informiertheit über private Probleme wurde Anfang der 90er Jahre heftig und widersprüchlich diskutiert. Einerseits als Beleg einer vertrauensvollen Gesellschaft, die den regelmäßigen Gang seiner Menschen zum Psychiater nicht nötig hatte, andererseits als Beleg einer uneffektiven/unmodernen Gesellschaft, deren Menschen wertvolle Arbeitszeit für Privatprobleme »vergeudeten«. Nach unserer Wahrnehmung sind es bis heute vor allem die Gespräche mit den Kollegen und Kolleginnen (die »soziale Wärme«), die ostdeutschen Frauen als DDR-typisch in Erinnerung geblieben sind.

Forschungen zur »Fruchtbarkeit« der DDR-Bevölkerung betonten, dass das, was für die Familien ein Element der kulturell-ideellen Bedürfnisse darstellt, für die Gesellschaft ein ökonomisch notwendiger Faktor ist, weil es das zukünftige Arbeitskräftepotenzial bestimmt (GH 4/73: 19). Aber die so definierte objektive Interessenübereinstimmung zwischen Familien und Gesellschaft wurde subjektiv bekanntlich nicht aufgenommen, funktionierte also nicht. Unverblümt wurde deshalb von den WissenschaftlerInnen befürchtet, dass sich die DDR-Familien an das derzeitige niedrige Fertilitätsniveau gewöhnen könnten, dass das demografische Verhalten der berufstätigen Frauen auf die nicht-berufstätigen ausstrahlen könnte, dass sich die demografisch aktiveren Nordbezirke die Südbezirke oder dass sich die Landbevölkerung die Stadtbevölkerung zum Vorbild nehmen könnte (GH 4/73: 22). Die demografische Forschung berechnete, dass die Bevölkerung konstant bleibt, wenn 1000 Frauen 2150 Kinder gebären. Später stellte sich heraus, dass 1971 das letzte Jahr war, in dem in der DDR diese einfache Reproduktion der Bevölkerung, also der Ersatz der Elterngeneration, erreicht wurde. Von der ursprünglich angestrebten erweiterten Reproduktion (ca. 2700 Kinder) war danach immer weniger die Rede.

Im Rahmen dieser Debatte wurde »Studium und Mutterschaft« zunehmend ein soziologisches Thema, das weniger an die Studierenden selbst, mehr an die Hochschulpolitik gerichtet war. Die DDR-Gesetzgebung schuf mit ihrer »Anordnung vom 10. März 1972 zur Förderung von Studentinnen mit Kind und werdenden Müttern, die sich im Studium befinden, an den Hoch- und Fachschulen« (in Gesetzblatt II, Nr. 27) die Grundlage dafür, dass eine Schwangerschaft während des Studiums geradezu erstrebenswert wurde. Im Rückblick verdient nicht nur das Datum der Anordnung Beachtung – ein Tag zuvor war § 218 ersatzlos gestrichen worden – es verdienen auch die gynäkologischen Erwägungen in der zugehörigen soziologischen Literatur Aufmerksamkeit: Die Studienzeit sei eine »Phase optimaler Gebärtüchtigkeit« (GH 6/74: 3). Diese These galt in den 90er Jahren – vor allem unter dem Eindruck des »anderen« Gebärverhaltens in westlich modernen Gesellschaften – als biologistisches und längst überholtes Argument.

Innerhalb der gesellschaftlichen Bedingungen, die sich auf das demografische Verhalten auswirken, spielten in der DDR (und spielen auch heute) die öffentlichen Kindereinrichtungen eine zentrale Rolle. Während Kindergartenplätze Anfang der 70er Jahre kaum noch einen Engpass darstellten und auch als angemessene Betreuungsart akzeptiert waren, wurde über Kinderkrippen für bis 3Jährige immer wieder diskutiert, was sich erfreulicherweise auch in der Forschung widerspiegelte. 1971 waren 25,6 Prozent der betreffenden DDR-Kinder in einer Krippe untergebracht, mehrheitlich in einer Tageskrippe, weil »sich die günstigste körperliche, geistige und gesundheitliche Entwicklung der Kinder dort vollzieht, wo ein tägliches Zusammenspiel zwischen kollektiver und Familienerziehung vorhanden ist« (GH 4/73: 48).

In den Untersuchungen der späteren Jahre wurde die Entstehungsgeschichte von DDR-Kinderkrippen rückblickend reflektiert (vgl. dazu GH 3/76: 31, 32): In den 50er Jahren waren Kinderkrippen Neuland für alle Betroffene. Zunächst wurden sie in Anlehnung an klinische Erfahrungen mit kranken Kindern und in Ermanglung besserer Erfahrungen gestaltet, d.h. es erfolgte keine bewusste Erziehung. Entsprechend groß waren die Vorbehalte, gesunde Kinder auf diese Weise zu betreuen. Mitte der 50er Jahre zeigte sich, dass Krippenkinder in jeder Hinsicht mit Familienkindern nicht Schritt halten können.

Die daraufhin eingeleiteten Forschungen und Maßnahmen führten dazu, dass seit 1961 eine spezielle Berufsausbildung für Krippenerzieherinnen angeboten wurde, dass Erziehungsprogramme erarbeitet wurden und dass neben der pädagogischen Betreuung eine kontinuierliche ärztliche Betreuung in den Krippen stattfand.

Heute stellt sich die Frage, ob der sogenannte PISA-Schock in Deutschland so dramatisch ausgefallen wäre, wenn die DDR-Erfahrungen bezüglich einer flächendeckenden öffentlichen Kinderbetreuung nicht nur diffamiert (Stichwort: Aufbewahranstalten), sondern politisch verarbeitet worden wären. Heute ist auch berechnet worden, dass sich für Deutschland ein flächendeckendes Netz mit öffentlichen Ganztagseinrichtungen für Kinder bis zu 12 Jahren auch im kapitalistischen Sinn »rechnen« würde, denn eine solche Versorgung würde – lt. Deutsches Institut für Wirtschaftsforschung – jährlich 19 Milliarden Euro kosten, aber dem Staat gleichzeitig durch zusätzliche Steuereinnahmen (der dann erwerbstätigen Mütter) und Einsparungen von Sozialleistungen 22 Milliarden Euro einbringen (Two 2003: 91). Solche Berechnungen sind nach unserer Erinnerung Anfang der 70er Jahre in der DDR nicht durchgeführt (zumindest nicht publiziert?) worden, weil Frauenberufstätigkeit als gesellschaftliches und nicht nur als ökonomisches Gebot betrachtet wurde.

Es ist zu vermuten, dass das auffällige Forschungsinteresse an Sexualerziehung, an Familienplanung, an der diesbezüglichen Vorbereitung der jungen Generation auf Ehe und Familie auch mit dem Zeitgeist der 70er Jahre, also mit demografischen Erfordernissen der Gesellschaft in Zusammenhang stand. Zumindest wurde bei solchen Forschungen kein Zweifel daran zugelassen, dass Kinder in der DDR-Gesellschaft das Ziel jeder harmonischen Ehe seien. Deshalb sollten SoziologInnen nicht die Frage stellen, ob Kinder kommen sollen, sondern wann sie kommen sollen (GH 5/73: 42, 43). Ohne die Kinderfreundlichkeit des DDR-Staates nachträglich in Abrede stellen zu wollen, meinen wir heute, dass ein solches Herangehen in fataler Weise an eine gesellschaftliche Nötigung erinnert.

Eine Dissertationsschrift (B) aus dem Jahr 1972 beschäftigte sich explizit mit der »weiteren Entwicklung der gesellschaftlichen Stellung der Frau in der DDR". Sie wurde an der Humboldt-Universität zu Berlin verteidigt und gehörte nicht zum Archivbestand des Wissenschaftlichen Rates für soziologische Forschung[29]. Der Autor war zu diesem Zeitpunkt bereits zwei Jahre lang Sekretär des wissenschaftlichen Beirates »Die Frau in der sozialistischen Gesellschaft«. Erwartungsgemäß geht er in der etwa 350 Seiten starken Schrift von einer These aus, die wir heute in dieser Absolutheit infrage stellen. »Die Gleichberechtigung von Frau und Mann (ist) keine Geschlechterfrage, son-

---

29 Dass wir dennoch auf diese Schrift aufmerksam wurden, verdanken wir Hinweisen von Prof. Herta Kuhrig.

dern eine Klassenfrage ... Die Klassenzugehörigkeit bestimmt also die gesellschaftliche Stellung« (Speigner, 1972: 5, 6). Weil die Berufstätigkeit der Frau als »erste Voraussetzung ihrer Gleichberechtigung« (ebenda: 16) galt, seien die gesellschaftlichen Bemühungen um weibliche Berufstätigkeit in erster Linie auf die Frauen selbst gerichtet, auf ihre Persönlichkeitsentwicklung. »Erst in zweiter Linie geht es um die Erhöhung des gesellschaftlichen Arbeitsvermögens durch die Berufstätigkeit der Frauen« (ebenda: 17). Diese Zielstellung wurde in den ersten 90er Jahren bei der Be- bzw. Verurteilung der DDR-Frauenpolitik weitgehend ignoriert. Das heißt, die fast hundertprozentige weibliche Berufstätigkeit wurde – wird mitunter bis heute – vor allem mit dem Arbeitskräftebedarf der DDR-Gesellschaft in Zusammenhang gebracht. Wir halten heute sowohl die Speignersche These von der vorrangigen Orientierung auf die weibliche Persönlichkeitsentwicklung als auch die Nachwendethese von der vorrangigen Orientierung auf gesellschaftliche Erfordernisse für fragwürdig. Vermutlich ist jede Prioritätensetzung falsch. Dabei liefert uns die Dissertation (bzw. Habilitation) selbst die stärksten Argumente für die Zweifel. Denn die hier genannten und belegbaren Probleme wie die sich verringernde Familienstabilität, die sinkende Geburtenfreudigkeit, das wachsende Ausmaß der Teilzeitarbeit oder auch die längeren Unterbrechungen in der beruflichen Laufbahn wurden ausschließlich kritisch, das heißt, ausschließlich gesellschaftszentriert bewertet. Auch bei den Ausführungen um die Erhöhung des Frauenanteils in Leitungsfunktionen, seit dem »Frauenkommuniqué« 1961 eine permanente politische Aufgabe, spielt die Persönlichkeitsentwicklung der Frau kaum eine Rolle. »Die einzige Bedingung, die die Arbeit von Frauen in Leitungsfunktionen erheblich behindert, ist, dass sie in der Regel mehr Aufgaben, die aus dem Leben ihrer Familie entstehen, übernehmen als die Männer. Voraussetzungen für die erfolgreiche Arbeit von Frauen in Leitungsfunktionen sind daher insbesondere:

– die Verbesserung des Arbeitsstils der Leitungskader durch die Anwendung von Prinzipien der sozialistischen Leitungswissenschaft,
– die Veränderung der Einstellung eines Teils der Leitungskader zu den Problemen, die Frauen in Leitungsfunktionen in der Regel zu lösen haben,
– die konsequente Einbeziehung weiblicher Leitungskader in das System der medizinischen Tauglichkeits- und Überwachungsuntersuchungen und in die Dispensairebetreuung« (ebenda, Thesen: 12)

»Erfolgreiche Arbeit« hieß in diesem Zusammenhang offensichtlich, dass sich Frauen wie Männer durchsetzen können, dass sie »ihre behindernden Bedingungen« kompensieren können und dass sie gesundheitlich durchhalten. Und für diese vorgesehene Annäherung an Männerniveau mussten auch keine neuen Vorbereitungsmethoden erfunden werden, denn »die Methoden, die sich in der Einsatzvorbereitung (auf Leitungsaufgaben) von Männern bewährt haben, sind auch für die Einsatzvorbereitung von Frauen geeignet« (ebenda,

Thesen: 11). Nein, am Glück der Frauen über ein ganzheitliches und erfülltes Leben wurde der Erfolg ganz sicher nicht gemessen. Ebenso wenig wurde daran gezweifelt, dass das Männerniveau erstrebenswert ist, oder wurde erwogen, dass bestimmte mit weiblicher Sozialisation verbundene Verhaltensweisen der Leitungstätigkeit in der DDR gut tun könnten. »Vom weiblichen und vom männlichen Leiter wird ... das gleiche an Fachwissen, das gleiche an politischer Befähigung und an Fähigkeiten zur Leitung von Kollektiven erwartet« (ebenda: 94).

Die Kehrseite weiblicher Berufstätigkeit – die männliche Hausarbeit – spielt in dieser Dissertation schon deshalb nur eine untergeordnete Rolle, weil es dem Thema nach um Frauen gehen sollte. Dennoch sind die damit verbundenen Probleme unterschwellig immer vorhanden. »Noch stärker als bisher muss es Bestandteil des gesellschaftlichen Bewusstseins werden, dass Frauen und Männer gleichberechtigt und gleichverpflichtet an der Erfüllung der Aufgaben in *allen* Lebensbereichen der Gesellschaft teilnehmen müssen. Aus dieser Einstellung müssen noch konsequenter als bisher die entsprechenden Verhaltensweisen entstehen« (ebenda: 24). Gleichzeitig gab es offensichtlich damals DDR-Männer, die sich von der Gesellschaft ungerecht oder unangemessen behandelt fühlten. Denn der Autor hält für notwendig hinzuzufügen, dass es »natürlich ... keine Entwicklung der gesellschaftlichen Stellung der Frauen auf Kosten der Männer« gibt (ebenda: 26).

1974, 1975: Die Materialien des 2. Soziologiekongresses vom Mai 1974 – diesmal mit einem speziellen Beitrag zur gesellschaftlichen Stellung der Frau – wurden in der S-Reihe publiziert (Wissenschaftlicher..., 1975). Der Beitrag nimmt in der Publikation 10 Seiten ein und beginnt mit dem berühmten Marx-Zitat über das schöne Geschlecht (allerdings ohne die Ergänzung über die Hässlichen). Nach Hinweisen auf die unverminderte Frauendiskriminierung in kapitalistischen Staaten und auf die »neue Frauenbewegung«, die nicht zu den »wahren sozialen Ursachen« vordringen könne, wird mit Bezug auf die Vorsitzende des Komitees der Sowjetfrauen auf Zusammenhänge verwiesen, die die Frauenfrage zum Bestandteil der sozialen Frage machen würde:

»– die massenweise Einbeziehung der Frauen in die gesellschaftliche Produktion,
– das Wachstum der politischen Bewusstheit und der gesellschaftlichen Aktivität der Frauen,
– ihre breite Teilnahme an der Leitung des Staates und des gesellschaftlichen Lebens« (ebenda: 129).

Neben unvermeidlichen und vielfach auch sachgemäßen Erfolgsberichterstattungen finden sich Aussagen zur Konflikthaftigkeit des Entwicklungsprozesses in der DDR. Anders als in vielen anderen wissenschaftlichen und politischen Dokumenten wird der konflikthafte Prozess hier nicht nur auf die

Jahrhunderte lange Unterdrückung der Frau zurückgeführt (Diskussion um »Muttermale«), sondern auch auf die »neuen Widersprüche, die nur entsprechend den volkswirtschaftlichen Möglichkeiten und dem wachsenden sozialistischen Bewusstsein der Bürger gelöst werden können... (Denn) wir können nicht erwarten, dass der Stand der gesellschaftlichen Stellung der Frau höher entwickelt ist als die sozialistische Gesellschaft als Ganzes« (ebenda: 131, 135). Beispielhaft für die Probleme, die noch zu lösen sind, wird der Zeitaufwand für die Hausarbeit (47,1 Stunde pro Woche) und die geschlechtsspezifische Verantwortung dafür (78,7 Prozent Frauen) genannt sowie der vergleichsweise geringe Frauenanteil an Leitungsfunktionen. In Übereinstimmung mit der gesellschaftlichen Strategie seit Anfang der 70er Jahre – vor allem aber in Übereinstimmung mit der Realität bis zum DDR-Ende – steht der Hinweis darauf, dass »Verzicht auf das Glück der Mutterschaft« bzw. »Gleichberechtigung der Frau auf Kosten der Mutterschaft« keine Konfliktlösungsmöglichkeiten im Sozialismus darstellen.

Im Unterschied zu diesem »Grundsatz-Artikel« im Rahmen der Kongressmaterialien muss man das Konfliktpotenzial, das es bezüglich der Geschlechterproblematik zweifellos gab, in den anderen Artikeln eher zwischen den Zeilen suchen. Wenn beispielsweise im Zusammenhang mit der sozialistischen Landwirtschaft von der »weiteren Verringerung der einfachen manuellen Arbeiten« oder von der »Schaffung eines optimalen Arbeitszeit- und Pausenregimes« (ebenda: 249, 250) die Rede ist, kann daraus geschlossen werden, dass es noch erhebliche Probleme mit bäuerlichen Arbeitsinhalten und Arbeitszeiten gab.

Ganz offensichtlich wurde aber die »Geschlechterlücke« (die bis heute in den Sozialwissenschaften existiert, nur eben gender gap heißt) und vor allem das Fehlen der privaten Seite der Probandinnen und Probanden auf diesem 2. Soziologiekongress bewusst. Denn in Auswertung des Kongresses wird festgestellt: »Die jetzt fast ausschließliche Orientierung der Erforschung der sozialen und ideologischen Probleme der Klassen- und Persönlichkeitsentwicklung im Prozess der Arbeit muss ... ergänzt bzw. angereichert werden durch die soziologische Erforschung der sozialen Beziehungen zwischen Betrieb und Territorium, im Wohngebiet, in den Familien usw.« (SID 2/74: 8). Ähnliche Hinweise finden sich bei der Zusammenfassung der Arbeitsgruppen-Ergebnisse: »Zugleich wurde die Notwendigkeit betont, bisher in der Forschung weniger beachtete Vermittlungen wie Familie... stärker zu berücksichtigen« (SID 2/74: 12). Mitte der 70er Jahre schien sich demnach in Richtung Ganzheitlichkeit des Individuums etwas zu bewegen. 1975 war bekanntlich auch das Internationale Jahr der Frau, in dem vor allem von Seiten der UNO auf die weltweite Diskriminierung von Frauen aufmerksam gemacht wurde. Ob die in der DDR beabsichtigte genauere Erforschung des Wohngebietes, der Familie (als Vermittlung?), des Territoriums usw. allerdings geschlechtsspezifisch gedacht war, ob den Verantwortlichen also tatsächlich die Geschlechter-Lücke und nicht nur die Privatheit-Lücke in der DDR-Wissenschaft bewusst wurde, ist den von uns recherchierten Dokumenten nicht zuverlässig zu entnehmen. Die etwas später vorgestellten Ergebnisse einer Wohngebietsforschung erwähnen den Geschlechterunterschied, den es bei diesem Thema ganz sicher gab, jedenfalls nicht. Die kleinsten Untersuchungseinheiten waren Familien (mit berufstätigen Ehepartnern und oft mit 2 oder 3 Kindern) bzw. Haushalte. Als empirische Basis dienten Befragungen mit 5000 Werktätigen, die damals in Leipzig, Dresden, Erfurt, Rostock, Cottbus, Riesa, Eisenhüttenstadt, Neubrandenburg, Wolfen und Zschopau wohnten. Als »generelle Tendenz« wird festgehalten, dass »die kontaktvermeidenden Verhaltensweisen ... in unseren Wohngebieten zurück(gehen)... Die Untersuchung erbrachte auch die Einsicht, dass etwa zwei Drittel aller Haushalte ein- oder mehrmals im Monat Gäste in ihrer Wohnung empfangen... Besonders zwei Prozesse sind es, die sich wechselseitig beeinflussen und im Wohnen kulminieren:

a) das Anwachsen der bewusstseinsbildenden und persönlichkeitsbedeutsamen Kontaktbeziehungen mit Freunden..., Verwandten usw.

b) die Verringerung der Haushalts-Arbeitszeit...« (SID 2/75: 9,10, 12).

Im Spiegel jüngster Erfahrungen sind solche Forschungsergebnisse vor allem deshalb interessant, weil inzwischen wieder »kontaktvermeidende Verhaltensweisen« zur generellen Tendenz gehören. Nach kinder- und familiensoziologischen Forschungen ist in ostdeutschen Familien eine »neue Verschwiegenheit« feststellbar (Kirchhöfer, 2000: 295), ein Festlegen von Tabu-Themen gegenüber Gästen, eine Aufforderung an die eigenen Kinder, über Krankheiten, finanzielle Sorgen u.ä. nicht zu sprechen. Insofern charakterisieren Passagen, die ehemals an die Adresse »bürgerlicher Stadtsoziologen« gerichtet waren, heute die eigene Situation zutreffend: »Die Reduzierung der menschlichen Beziehungen auf das Ware-Geld-Verhältnis ist die eigentliche Ursache, dass die Konkurrenz die Gemeinschaftsbeziehungen zersetzt und das Desinteresse am anderen Menschen zur Dominante der zwischenmenschlichen Beziehungen werden lässt« (SID 2/75: 21).

Auch in diesem Zeitraum wurde die familiäre Erziehung der jungen Generation, die noch besser »im Betrieb als gesellschaftliche Leistung anerkannt werden« (GH 6/75: 27) müsse, wissenschaftlich begleitet. Wiederum mit dem Ergebnis, dass Vater und Mutter sehr Unterschiedliches beisteuern, die Väter eher Kenntnisse über Politik und Produktion, die Mütter eher Kenntnisse über Alltagsfragen (GH 2/74: 45). Spätere Untersuchungen relativierten dieses Ergebnis in dem Sinn, dass vermutlich »der stärker in die Pflichten des Alltags integrierte Vater auch mit seinen Kindern über Alltagsfragen spricht« (GH 6/75: 20). Nach wiederum anderen Ergebnissen seien die Kinder sehr viel häufiger über die Berufstätigkeit ihrer Mutter informiert gewesen als über Beruf und Qualifizierung des Vaters (GH 5/74: 21).

Wie dem auch sei, das schon vorher kritisierte Maß an Intuition und Spontanität bei der elterlichen Erziehung war offensichtlich noch groß, denn in den Aussagen der Eltern über ihre Erziehungsziele kämen die gesellschaftlichen Zielpositionen nur unterschiedlich stark zum Ausdruck (GH 2/74: 42). Hinzugefügt wurde, dass die Eltern ihre Erziehungsziele mit eigenen und nicht aus offiziellen Dokumenten übernommenen Worten formulierten und bei solchen Befragungen oft erst nach langem Nachdenken antworten könnten. Offen blieb, ob den Eltern »die eigenen Worte« positiv oder negativ angerechnet wurden. Dagegen war die Wertung eindeutig, wenn sich herausstellte, dass die Eltern »eigene Erziehungsziele« verfolgten: »Mit der Auffassung, dass die Kinder vor allem lernen sollen, übersehen nicht wenige Eltern, dass die Erziehung zur Arbeit und zur selbständigen Bewältigung der Alltagsaufgaben zu den wichtigsten Aufgaben der Familienerziehung gehört... Für die Vorbereitung der heranwachsenden Generation auf ihr späteres Familienleben ist die Einbeziehung von Jungen und Mädchen in die Erledigung häuslicher Pflichten bedeutungsvoll. Hier zeichnen sich Fortschritte im Denken und Handeln der Eltern ab, aber noch werden die Mädchen stärker herangezogen, besonders gilt das für die Betreuung kleinerer Geschwister« (GH 2/74: 42, 43, 44). Ähnliche Probleme wurden auf der Grundlage anderer Forschungen deutlich. So ergab die Auswertung von Tagesablaufprotokollen (4 Wochen) von mehr als 500 Schülerinnen und Schülern der Klassen 6 bis 9, dass Mädchen etwa doppelt so häufig im Haushalt tätig waren wie Jungen. Sie wurden (von den Müttern) vor allem für Küchenarbeiten, für die Wohnraumpflege und für die Betreuung der Geschwister gebraucht, während Jungen – wenn überhaupt – für Gartenarbeit und die Pflege von Tieren eingesetzt wurden (GH 2/74: 50). Wiederum andere Untersuchungen stellten fest, »dass Mädchen sehr viel früher in die Arbeit einbezogen werden, während man die Jungen ihren Beschäftigungen nachgehen lässt. Mädchen sind zwar häufiger mit körperlich leichteren Arbeiten betraut, sie sind aber längere Zeit beansprucht« (GH 5/74: 21). Alles in allem vermitteln solche Ergebnisse eher Zweifel an den »Fortschritten im Denken und Handeln der Eltern«.

Gleichzeitig wurde Mitte der 70er Jahre vorsichtig darauf verwiesen, dass es nicht nur die Eltern sind, die Mädchen und Jungen unterschiedlich erziehen, dass das Problem möglicherweise nicht nur in der privaten Sphäre angesiedelt ist. Obwohl nicht – wie in westlichen Ländern – vom »heimlichen Lehrplan« gesprochen wurde, seien auch Lehrer und Lehrerinnen gefordert, die »uneinheitlichen Anforderungen an Mädchen und Jungen« zu überwinden, immer mit dem Hinweis, dass es sich hier nicht um ein aktuelles Thema des Sozialismus, sondern um die Nachwirkungen jahrhundertealter Traditionen handle (GH 2/74: 77). Ausgangspunkt für solche Forschungsergebnisse waren die immer wieder auffälligen Geschlechterunterschiede in den schulischen Leistungen und im schulischen Verhalten, bestätigt durch Analysen in Erziehungsberatungsstellen, in denen es zu etwa 75 Prozent um Erziehungsschwierigkeiten mit Jungen ging (GH 2/74: 75).

Wohl nicht nur, aber vor allem im Interesse der demografischen Stabilität des DDR-Staates wurden die Forschungen zur besseren Vorbereitung der jungen Leute auf Ehe und Familie verstärkt. Umfangreiche Befragungen (3200 Jugendliche, 16 bis 20 Jahre) bestätigten, dass die Mehrheit (87 Prozent der jungen Frauen, 84 Prozent der Männer) »in der Ehe die geeignete Form des Zusammenlebens von Männern und Frauen« sieht (GH 5/74: 70), eine Meinung, die schon wenige Jahre später im Widerspruch zur Realität stand. Die jungen Leute bestätigten auch zu 98 Prozent, dass sie einmal Kinder haben möchten. Dennoch registrierten die ForscherInnen »eine gewisse Leichtfertigkeit zu der mit der Ehe eingegangenen Verantwortung gegenüber dem Partner und den in der Regel vorhandenen Kindern« (GH 5/74: 73), weil nicht alle, vor allem nicht alle Frauen (nur 75 Prozent) die Auffassung vertraten, dass die Ehe eine für das ganze Leben geschlossene Gemeinschaft darstellt. Gesellschaftliches Unbehagen vermittelten die Forschungsergebnisse offensichtlich auch hinsichtlich der Klassenstruktur, denn die Jugendlichen der Arbeiterklasse, vor allem die männlichen, hatten zur Berufstätigkeit der Ehefrau am wenigsten »fortschrittliche Auffassungen« (GH 5/74: 76). All das verweist nach unserer heutigen Sicht auf notwendig gewesene Debatten und Definitionsüberlegungen, so zur »führenden Rolle der Arbeiterklasse« und zu neuen, dem Sozialismus gemäßen Familienformen. Sie fanden zumindest in der Öffentlichkeit nicht statt.

Auch die Ganztagsbetreuung der Krippenkinder war Mitte der 70er Jahre wieder ein Forschungsthema. Inzwischen waren es 37 Prozent der Kinder zwischen 0 und 3 Jahren, die auf diese Weise familienergänzend betreut wurden und deren vergleichsweise hoher Krankenstand gesellschaftliche Aufmerksamkeit erregte. »Dabei machen die Erkrankungen des Atmungssystems und des Ohres zwei Drittel der Fälle aus« (GH 2/74: 57). Für Kleinstkinder mit Behinderungen und deren Tagesbetreuung wurde dringender Forschungsbedarf signalisiert. Umfangreiche Untersuchungen (ca. 7000 Kinder in 70 Krippen aus 13 Bezirken) belegten, »dass die noch 1960 vorhandenen deutlichen Rückstände der Kinder aus Tages- und Wochenkrippen im Vergleich zu den ausschließlich zuhause betreuten inzwischen weitgehend aufgeholt wurden. Bei den Kindern aus Tageskrippen im Vergleich zu den zuhause aufwachsenden fand ... (man) sogar die Tendenz einer günstigeren körperlichen Entwicklung« (GH 2/75: 8). Bezüglich Selbstbedienung, Spieltätigkeit, Sprache, musischer Tätigkeit und sozialem Verhalten wurden signifikante Unterschiede zwischen Jungen und Mädchen festgestellt, genauer ein deutlicher Vorsprung der Mädchen gegenüber den Jungen. Erwartungsgemäß erwies sich der Bildungsgrad der Eltern, insbesondere der der Mutter, als einflussreiche Bedingung für die Entwicklung der Kinder (ebenda: 11-14). Für uns ergeben sich daraus heute interessante Feststellungen, zum einen dass die Unterschiede zwischen den Müttern offensichtlich über die Unterschiede zwischen den Kindern entdeckt wurden; zum anderen dass die aktuelle Diskussion um »gleiche Behandlung ungleicher Individuen« und um die damit verbundene Ungerechtigkeit sehr gut in die DDR der 70er Jahre gepasst hätte. Möglicherweise haben die Krippenmitarbeiterinnen (Mitarbeiter gab es nicht) auch in dieser Richtung auf die Forschungsergebnisse reagiert. Sie wurden jedenfalls – den Dokumenten nach – aufgefordert, in den nächsten Jahren ihre Zusammenarbeit mit den Familien zu verstärken, vor allem in dem Sinn, dass sie die Eltern bei der Erziehung der Säuglinge und Kleinkinder umfassend beraten (ebenda: 24).

Schichtarbeit beider Eltern wirkte sich offenbar nicht günstig auf die kindliche Entwicklung aus, denn für Kinder von Schichtarbeiterinnen und -arbeitern wurden sowohl schlechtere Verhaltensnoten als auch schlechtere Leistungsnoten gegenüber anderen ermittelt (GH 2/75: 45,46). Empfohlen wurde deshalb, dass möglichst nur ein Elternteil in Schichten arbeiten sollte. Dieses heikle Thema, bei dem sich ökonomische und familiäre Erfordernisse kaum vereinbaren ließen, wurde später noch gründlicher beforscht (vgl. Abschnitt 1978).

Die seit Anfang der 70er Jahre in Gang gesetzten »sozialpolitischen Maßnahmen« zielten nicht vordergründig auf die Bereitschaft zum 2. und 3. Kind, sondern auf Kinder- und Familienfreundlichkeit im weiteren Sinn – ein gesellschaftliches Anliegen, dessen Bedeutung erst nach 1990 im Osten Deutschlands angemessen gewürdigt wurde. Die Maßnahmen waren im Zusammenhang zu sehen mit der seit 1972 offiziell erlaubten »vorzeitigen Schwangerschaftsbeendigung", die nach ersten soziologischen Recherchen überdurchschnittlich von Älteren (> 28 J.), überdurchschnittlich von weniger Qualifizierten und überdurchschnittlich von Frauen, die im Haushalt wenig Unterstützung erfuhren, genutzt wurde (GH 3/75: 30, 33). Im einzelnen ging es bei den »sozialpolitischen Maßnahmen« um die

Förderung junger Ehen
Förderung der Familien mit mehreren Kindern
Vergrößerung der sozialen Sicherheit für allein Erziehende
Befähigung zur selbständigen Gestaltung von Ehe- und Familienbeziehungen
Wohnungsfrage als soziales Problem (GH 2/74: 10,11).

Diese Maßnahmen wurden (abgesehen von den organisierten Huldigungen) von den jungen DDR-BürgerInnen nicht nur mit Begeisterung und Dankbarkeit aufgenommen, sondern standen – insbesondere bei kritischen jungen Frauen – von Anfang an im Verdacht, die Gleichberechtigung der Geschlechter mehr zu behindern als zu befördern. Sollten sie doch vor allem dazu führen, dass den Frauen – und nicht allgemein den Familien – mehr Zeit für Haushalt und Privates eingeräumt wird.

Begleitet wurden diese Maßnahmen durch Befragungen (z. B. von miteinander verheirateten Personen) zur Wirksamkeit der entsprechenden Rechtsvorschriften. Die Befragungen förderten wie eh und je eine ungleiche Verteilung der Hausarbeit in den Familien, auch in den kinderlosen Familien, zutage. Gleichzeitig belegten sie ein ungleiches Problembewusstsein, denn »die Frage, ob in der Ehe Gleichberechtigung existiert, bejahen signifikant mehr Männer als Frauen« (GH 2/74: 17). Insgesamt bestünde die »Tendenz einer Einschränkung der gleichberechtigten Entwicklung der Frau«... (weshalb) es durchaus notwendig und richtig (sei), dass auch heute noch die meisten staatlichen Maßnahmen zur Förderung und Unterstützung der Familie über die Förderung und Unterstützung der Frau realisiert werden« (GH 2/74: 26). Genau diese Folgerung, die in den 80er Jahren relativiert wurde (Stichwort: Haushalttag für Männer) stand oft im Widerspruch zu weiblichen Alltagserfahrungen. Sie stand gleichfalls im Widerspruch zu früheren konzeptionellen Überlegungen zur DDR-Frauenpolitik, nach denen der Schwerpunkt der gesellschaftlichen Unterstützung immer mehr auf die Förderung beider Geschlechter bzw. der ganzen Familie zu verlagern sei (vgl. Abschnitt 1965).

1976, 1977: Beim Thema Familienförderung versus Frauenförderung ging es um eine Grundsatzfrage, die damals innerhalb der Wissenschaft, vielleicht auch eher zwischen Wissenschaft und Politik umstritten war, die aber nicht öffentlich und unvoreingenommen debattiert wurde. Aus unserer heutigen Sicht handelte es sich um eine der Fragen, die zur Patriarchatskritik oder wenigstens zum Patriarchatsbewusstsein in der DDR hätte führen können. Wird Gleichrangigkeit der Geschlechter lediglich mit Frauenförderung angestrebt, dann bleibt das Männerleben das Maß der Dinge, dann werden männliche Verhaltensweisen – wie auch immer begründet – nicht zum Gegenstand der Debatte. Heute wissen wir, dass diese Auslegung der Grundsatzfrage bis Ende der 80er Jahre dominierte. Es wurde aber in den 70er Jahren auch – ausgehend von der juristischen Lage – darauf verwiesen, dass es sich bei der Förderung der Familie und der Förderung der Frau um zwei gleichwertige und zwei gleichzeitig zu verfolgende Aufgaben handele und dass die »sozialpolitischen Maßnahmen« der Förderung der Familie dienten und deshalb wahlweise von Vater oder Mutter nutzbar sein müssten (GH 2/76: 14, 19) »Der Gedanke der Arbeitsteilung in der Familie, vor allem bei der Erziehung der Kinder – vom Familiengesetz zur Pflicht gemacht – sollte allgemein in der Gesellschaft, und zwar in der Haltung gegenüber dem Vater, mehr ernst genommen werden« (GH 2/76: 17). Eine deutliche Botschaft, die aber bis zum DDR-Ende das Machtzentrum nicht erreichte.

Grundsätzliche Überlegungen fanden in dieser Zeit offensichtlich auch zur angestrebten »neuen Qualität des Familienlebens« statt. Zumindest wurden 1976 »Aspekte eines Leitbildes der sozialistischen Familie« veröffentlicht.

Folgende Merkmale gehörten dazu:
1. neue Art der partnerschaftlichen Beziehungen, Liebe, Achtung, Gleichberechtigung
2. Erziehung der Kinder im Geiste des Sozialismus/Kommunismus
3. sozialistische Lebensweise, Dauerhaftigkeit der Ehe
4. verantwortungsvolle Familienplanung, die den sozialökonomischen, bevölkerungspolitischen und pädagogischen Erfordernissen entspricht bzw. nahe kommt, das bedeutet in der Konsequent die Orientierung auf 3 Kinder
5. Wahrnehmung der gesellschaftlich gegebenen Entwicklungsmöglichkeiten durch beide Ehepartner (GH 5/76: 43, 44)

Hinsichtlich der häuslichen Arbeitsteilung wurden aber immer noch und immer wieder gravierende Defizite, bezogen auf das Leitbild, festgestellt. »Die Hauptlast der Hausarbeit wird auch in den meisten jungen Ehen von der Frau, die überwiegend voll berufstätig ist, bewältigt« (GH 6/76: 37). Und so würden nach wie vor auch die Kinder erzogen. Selbst dort, wo auch Jungen an der Hausarbeit beteiligt waren, wurden geschlechtsspezifische elterliche Reaktionen festgestellt. »Was aus der Sicht der Eltern bei den Söhnen ein belohnenswertes Verhalten ist, scheint bei den Töchtern mehr zu den Selbstverständlichkeiten zu gehören« (GH 6/76: 44). Dabei rechneten die WissenschaftlerInnen bei diesem Thema noch mit methodischen Defekten zugunsten der Männer, denn die Frauen würden bei Befragungen zur Hausarbeit die Situation positiver einschätzen als sie ist, die Daten gewissermaßen in Richtung Gleichberechtigung schönen (GH 4/76: 65).

Hinsichtlich der Lösung des Problems wurden Ratlosigkeit und Unsicherheit immer deutlicher. Auf einen komplexen Einsatz modernster Technik sei weniger als früher zu hoffen, erstens weil nach neuesten Erkenntnissen auf diese Weise bestenfalls ein Drittel der Zeit eingespart werden könnte, zweitens weil weder die Familien noch die Volkswirtschaft noch die Energiebasis dem materiellen Anspruch gewachsen seien (GH 6/77: 27). Um Veränderung der innerfamiliären Arbeitsteilung führte wohl kein Weg herum. Dabei zeigte sich, dass wachsendes Bildungsniveau bei Männern in der Regel zur wachsenden Bereitschaft für Hausarbeit führte, während bei Frauen wachsendes Bildungsniveau mit dem Streben zur Reduzierung ihrer Hausarbeit verbunden war (GH 6/77: 29), mit anderen Worten: wachsendes Bildungsniveau wirkte fördernd auf die Annäherung der Geschlechter hinsichtlich der häuslichen Verantwortung.

Neben Analysen zur Hausarbeitszeit interessierten immer öfter auch die -inhalte, denn »häusliche Arbeit darf nicht undifferenziert betrachtet werden« (GH 6/77: 13). Mit Bezug auf sowjetische Autorinnen, die inzwischen wohl auch nicht mehr jede Arbeit im Privathaushalt als Sklaverei brandmarken, wurde bei Hausarbeit »unschöpferisch-routinemäßige« einerseits und »Tätigkeit mit schöpferisch-kooperativen Elementen« andererseits unterschieden. In diese Richtung waren auch Überlegungen skandinavischer SoziologInnen aus früheren Jahren gegangen, die herausgefunden hatten, dass für vollbeschäftigte Frauen und Männer die Hausarbeit auch Hobbycharakter annehmen könne, dass diese Arbeit folglich der Entspannung dienen könne und deshalb nicht unbedingt mechanisiert oder ausgelagert werden müsse (vgl. rückblickend GH 3/74: 86). Aktuell und bezogen auf die DDR galt als unschöpferisch: Wohnung reinigen, Kochen, Wäsche waschen; und als schöpferisch: Kinder erziehen und Erholung organisieren (GH 6/77: 26) – eine Einteilung, die für uns zumindest bezüglich des Kochens unerwartet ist.

Weitere Untersuchungen zu den schulischen Leistungen von Kindern in Abhängigkeit von der mütterlichen Berufstätigkeit brachten – wie schon früher – gravierende Geschlechterunterschiede, auch deutliche Unterschiede in bezug auf das mütterliche Bildungsniveau, aber kaum Unterschiede bezüglich Berufstätigkeit an sich und Nichtberufstätigkeit, die zu diesem Zeitpunkt schon die Ausnahme war (GH 3/76: 42). Obwohl sehr plausibel erschien, dass sich die mütterliche Berufstätigkeit auf Erziehungserfolge auswirken müsste, korrelierte – konkret untersucht – die »bessere Erziehungsarbeit« weniger eng mit Berufstätigkeit an sich, dafür eng mit dem Bildungsniveau und dem Bildungsstreben der Mütter (GH 4/76: 60). Dennoch »kann geschlossen werden, dass durch die Berufstätigkeit der Frau die Entwicklung der Aktivität und der Selbständigkeit des Kindes ganz entscheidend gefördert wird, und zwar in der Hinsicht, dass das Kind frühzeitig in die Erledigung der für das Familienleben notwendigen Pflichten einbezogen und durch die Übertragung von Aufgaben in seinem Verantwortungsbewusstsein gefördert wird. Zum anderen ist zu berücksichtigen, dass sich die Persönlichkeit der Frau im Beruf sehr viel umfassender entfaltet als außerhalb, und damit dürfte die berufstätige Frau im Durchschnitt über bessere Voraussetzungen für die Erziehungsarbeit verfügen als die nicht berufstätige Frau« (GH 3/76: 44). Mit den Erfahrungen der Nachwendezeit ausgerüstet, haben wir keinen Zweifel daran, dass »eine berufstätige Frau die bessere Mutter« ist. Entsprechend der repräsentativen Allbus-Befragung teilen wir diese Auffassung gegenwärtig mit 75 Prozent aller Ost-Frauen, mit 68 Prozent aller Ost-Männer, mit 52 Prozent aller Westfrauen und mit 33 Prozent aller West-Männer (Allbus 2000).

Einige SID-Hefte der beiden Jahre enthalten ausschließlich agrarsoziologische Themen und in diesem Zusammenhang auch das Thema »Frau in der sozialistischen Landwirtschaft«. Hier wurden sowohl Veränderungen im öffentlichen als auch im privaten Leben reflektiert. »Es gibt eine Vielzahl von Faktoren, die in den letzten Jahren das Leben in den bäuerlichen Familien verändert hat. Die Genossenschaftsbäuerin wurde wie der Mann Eigentümer an Produktionsmitteln. Die Frau hat das Bildungsniveau des Mannes erreicht. Mann und Frau haben heute weitaus mehr Zeit, sich der Betreuung und Erziehung der Kinder zu widmen als in früheren Zeiten u.a.m.« (SID 1/76: 25). Vor allem die Erhöhung des beruflichen Bildungsniveaus sorgte für Veränderungen des »ganzen bäuerlichen Lebens«. Hatten 1960 in der DDR-Landwirtschaft nur 3 Prozent der Frauen eine abgeschlossene Berufsausbildung, so waren es 1974 71 Prozent. 1974 wurde auch das sogenannte LPG[30]-Gesetz verabschiedet, das die LPG-Vorstände verpflichtete, »für die Entwicklung der Fähigkeiten aller Mitglieder, insbesondere der Frauen und Jugendlichen« zu sorgen. Mitte der 70er Jahre verfügten, um ein Beispiel zu nennen, etwa 15 Prozent aller in der Landwirtschaft arbeitenden Frauen über die Fahrerlaubnis für LKW und Traktoren und über Bedienungsberechtigungen für Großmaschinen und Melkanlagen (SID-Sonderheft 3/76). Auch wenn dieser Aufwärtstrend für Bäuerinnen nicht ungebrochen anhielt (vgl. vorausschauend SID 3/88 und 1/89), gehören die Veränderungen des »ganzen bäuerlichen Lebens«, die zweifellos mit den spezifischen Potenzen des genossenschaftlichen Eigentums zusammen hingen, zum Merkens- und Aufhebenswerten der DDR-Frauenpolitik.

Die Publikation »Arbeiterklasse und Persönlichkeit im Sozialismus« im Rahmen der S-Reihe reflektiert über 14 Seiten hinweg das Geschlecht als eines der »personalen Merkmale des Individuums« und untersucht seine Wirkungen auf die Persönlichkeitsentwicklung. Als unstrittig wird davon ausgegangen, dass der Charakter der Gesellschaftsordnung und die Klassenzugehörigkeit darüber entscheiden, »welche Rechte und Pflichten die beiden Geschlechter in der Gesellschaft haben, wie sich ihre Beziehungen zueinander gestalten, welche Möglichkeiten sich für ihre Persönlichkeitsentwicklung bieten« (Adler u.a., 1977: 191). Erwartungsgemäß wird das Geschlecht nicht als personales Merkmal aller Individuen, sondern als personales Merkmal der Frauen betrachtet. Wie männliche Verhaltensweisen und Wertorientierungen auf die Persönlichkeitsentwicklung wirkten, wird in diesem Zusammenhang nicht erfragt. Daraus kann geschlossen werden, dass patriarchale Strukturen, die den Mann zur Norm und die Frau zum »Anderen« erklären, nicht mit zum Charakter der Gesellschaftsordnung gezählt wurden.

»Innerhalb der grundlegenden ... sozialen Gleichheit« (ebenda: 195) werden Unterschiede in der Persönlichkeitsentwicklung von Mann und Frau identifiziert, die auf die traditionellen Geschlechterrollen zurückzuführen seien und hier insbesondere auf die traditionelle Arbeitsteilung im Haushalt und in der Familie. Die immer noch sehr umfangreiche Hausarbeit würde Frauen nicht nur daran hindern, anderes zu tun, sich zu erholen, sich weiterzubilden usw. Bedeutsamer sei, dass Hausarbeit die Lebensgeister kaum anrege und die erweiterte Reproduktion der Persönlichkeit nur wenig stimuliere (ebenda: 196).

Getreu der Leninschen These von der »Umgestaltung der Haushalte zur sozialistischen Großwirtschaft« setzen die Autoren weniger auf männliche Beteiligung an der Hausarbeit, sondern mehr darauf, »den Umfang der Hausar-

---

30 Landwirtschaftliche Produktionsgenossenschaft.

beit entscheidend zu verringern« (ebenda: 197). Auch bezogen auf die überdurchschnittliche Beteiligung der Frauen an der Kinderbetreuung und Kindererziehung und auf die damit verbundenen Belastungen sehen die Autoren keinen männlichen Handlungsbedarf. Weil mit traditionellen Vorstellungen und Leitbildern in Zusammenhang gebracht, werden vor allem Frauen (bzw. die »ideologische Arbeit«) aufgefordert, sich von überlebten Auffassungen zu lösen und die Teilnahme der Männer an der Erziehungsarbeit nicht länger zu behindern (ebenda: 198, 199). In diesem Zusammenhang ist nicht nur von weiblicher Zeitnot, sondern auch von Gereiztheit, Nervosität und anderen psychischen Zuständen die Rede, »die nicht nur das Arbeitsvermögen, sondern auch das Zusammenleben in der Familie, das Verhältnis zum Partner und zu den Kindern negativ beeinflussen« (ebenda: 199). Vorsichtiger kann man nicht ausdrücken, dass DDR-Frauen als Partnerinnen gelegentlich »genervt« haben. Mit ähnlicher Vorsicht und mit viel männlichem Verständnis wird den DDR-Frauen bescheinigt, dass sie die »Norm« noch nicht erfüllen. Bei der Wahl ihrer beruflichen Tätigkeit orientierten sie sich beispielsweise eher an »peripheren Momenten« (Unterbringungsmöglichkeiten für Kinder, Arbeitsweg usw.), bei den gesellschaftlichen Aktivitäten eher an Formen, die mit der Erziehung der Kinder verbunden sind (ebenda: 200, 201).

Solche Forschungsergebnisse wirken heute auf uns beschämend, weil sie nicht das patriarchale Gesellschaftskonzept, die hierarchische Sicht auf gesellschaftlich notwendige Arbeit, die ignorierte Verbindung zwischen Beruf und Vaterschaft usw. thematisieren, sondern die Unfähigkeit der einzelnen Frauen, sich dagegen zu wehren. Die Suche der Frauen nach Lösungsmöglichkeiten für »ihr« Vereinbarkeitsproblem wurde als Defizit (ohne den Begriff zu verwenden) wahrgenommen, das durch die Anstrengungen der sozialistischen Gesellschaft überwunden werden sollte. Dabei zählten zu den Anstrengungen die »sozialpolitischen Maßnahmen«, die wissenschaftlich-technische Revolution und die weitere Ausprägung des sozialistischen Charakters der Arbeit. Möglicherweise deutet der letzte Gedanke des letzten Abschnittes auf einen kritischen/selbstkritischen Hoffnungsschimmer hin, denn hier ist von der »Propagierung neuer Leitbilder« (ebenda: 203) die Rede.

Als beschämend empfinden wir im Rückblick auch, dass die zeitgleich ermittelten Forschungsergebnisse des Beirates »Die Frau in der sozialistischen Gesellschaft« ganz offensichtlich im soziologischen »Hauptstrom« nicht zur Kenntnis genommen wurden. Denn in den »grünen Heften« war – wie oben erwähnt – in dieser Zeit schon von schöpferischen und weniger schöpferischen Hausarbeiten die Rede, wurde die Leninsche These von der vollständigen Vergesellschaftung der Hausarbeit schon kritisch gesehen.

Die immer wieder durchgeführten Zeitbudget-Forschungen, überhaupt das Phänomen Zeit – Arbeitszeit, arbeitsfreie Zeit, Freizeit – spielte in den SID-Heften dieser beiden Jahre sowohl aus methodischer als auch aus inhaltlicher

Sicht eine Rolle, immer mit Bezug auf die seit dem 2. Soziologiekongress proklamierte Absicht, nicht nur den »Menschen und seine Arbeit« (Jadow), sondern auch den »Menschen nach seiner Arbeit« (Gordon, Klopow) soziologisch zu analysieren.

Hinsichtlich unseres Themas sind die Untersuchungen zur Teilzeitbeschäftigung von Frauen von besonderem und nicht nur von historischem Interesse. Teilzeitbeschäftigung war in der DDR politisch nicht erwünscht, und das ausdrücklich nicht nur aus ökonomischen Gründen, sondern weil sie »die Herausbildung der sozialistischen Frauenpersönlichkeit und auch die Entwicklung« einer neuen, sozialistischen Lebensweise in der Familie hemmt« (Lange, 1987: 81). Deshalb sollte nicht zugelassen werden, dass »Tausende von Frauen, die bislang voll arbeiteten, ohne besondere Gründe zu einer verkürzten Arbeit übergehen« (ebenda). Bereits in den 60er Jahren war festgestellt worden, dass Teilzeitarbeit zwar helfen würde, das völlige Ausscheiden der Frauen aus dem Arbeitsprozess zu verringern, dass aber »das individuelle Bestreben nach Teilzeitbeschäftigung aus Bequemlichkeitsgründen konsequent verhindert werden (müsse). In beharrlicher Aufklärungs- und Überzeugungsarbeit muss den Werktätigen, insbesondere den berufstätigen Frauen, die Bedeutung der Vollbeschäftigung für ihre persönliche Entwicklung, für die volle Durchsetzung der Gleichberechtigung der Frau sowie die Erreichung einer höchstmöglichen Effektivität klar gemacht werden« (rückblickend GH 6/69: 13). Insofern muss eine neutrale oder gar positive Interpretation von Forschungsergebnissen zur weiblichen Teilzeitarbeit schon auffallen. Es gibt einerseits Untersuchungen, die belegen, dass sich durch weibliche Teilzeitbeschäftigung die geschlechtsspezifische Arbeitsteilung in der Familie verfestigt und vererbt und dass vor allem die betrieblich Verantwortlichen Nachteile sahen (SID 5/77: 55). Andere Untersuchungen kamen zu dem Ergebnis, dass sich die Teilzeitbeschäftigung der Frau erstens positiv auf die Freizeitgestaltung der ganzen Familie, beispielsweise auf die Hobbies, und auch auf die demografische Entwicklung (mehr Kinder) auswirkt und dass sie zweitens keine negativen Auswirkungen auf die Persönlichkeitsentwicklung der Frau und auf die sozialistischen Familienbeziehungen hat (SID 3/76: 47). Bemerkenswert ist der aus letztgenannten Forschungen gezogene Schluss: Am besten sei Verkürzung der Arbeitszeit für beide Geschlechter (ebenda).

Die sogenannten sozialpolitischen Maßnahmen der 70er und 80er Jahre ignorierten bekanntlich diese Empfehlung weitgehend. In dem Zusammenhang hätte auch das folgende Ergebnis der Teilzeitbeschäftigungsforschung mehr öffentliche und kritische Reflexion verdient, zumal es im Kontext mit den späteren sozialpolitischen Maßnahmen durch den familiären Alltag bestätigt wurde. »Das Freizeitbudget der Voll- und Teilzeitbeschäftigten ist fast kongruent. Der Effekt der Teilzeitbeschäftigung besteht also nicht hauptsächlich in der Freisetzung von Zeit, sondern im Abbau der Arbeitsintensität und der physischen Belastung von Frauen« (SID 3/76: 37). Im Klartext: Teilzeitbeschäftigte (und später sozialpolitisch beschenkte) Frauen haben nicht mehr Freizeit, können sich aber mehr Zeit für die Hausarbeit nehmen, können stressärmer leben.

Das SID-Heft 3/77 gibt einen Überblick über die bildungssoziologische Forschung mit der Kernaussage: »Eine klassenlose Jugend gibt es nicht« (SID 3/77: 14). Dass es auch keine geschlechtslose Jugend gab, wurde zwar nicht auf einer so hohen theoretischen Ebene behandelt, ließ sich aber empirisch nicht leugnen. Forschungen zum Berufsprestige, zur Rolle der Allgemeinbildung, zu bevorzugten Bildungsinhalten u.a.m. belegten signifikante Geschlechterunterschiede (SID 3/77: 43, 44, 49, 53). Rückblickend muss die Frage erlaubt sein: Zu welchen Ergebnissen hätte die DDR-Wissenschaft kommen können, wenn die Jugend nicht nur als »Rekrutierungsreservoir für den Nachwuchs... dieser sich verändernden Klassen und Schichten« (SID 3/77: 14) analysiert worden wäre, sondern auch als Reservoir für sich verändernde, dem Sozialismus gemäße Männlichkeit und Weiblichkeit? Zumindest hätten sich heutige Forschungen zur neuen Männlichkeit in Deutschland nicht nur auf alt-bundesrepublikanische Untersuchungen beziehen müssen. Und das aus Westsicht so erstaunliche Phänomen »Ost-Mann« wäre dann weniger erstaunlich (vgl. Zulehner, 1999).

Einen nach unserer Wahrnehmung wenig diskutierten Aspekt des Begriffes Arbeit haben wir im SID 4/77 gefunden: »Außer individuellen Konsumtionsmitteln kann er (der Mensch im Sozialismus, U.S.) nichts erwerben und außer seiner Arbeit kann er der Gesellschaft nichts geben. Ein historisches Verdienst des Sozialismus besteht somit darin, zum ersten Mal einen einheitlichen Maßstab an alle Mitglieder der Gesellschaft anzulegen: ihre Arbeitsleistung« (SID 4/77: 5). Diese These ruft geradezu nach weiterem Nachdenken sowohl unter den vergangenen Bedingungen als auch unter den gegenwärtigen und zukünftigen. Auch unter DDR-Bedingungen gab es Menschen, die nicht zu Arbeitsleistungen fähig waren (Kleinkinder, Kranke, Alte...), selbst wenn Arbeit breitestmöglich definiert worden wäre. Welcher Maßstab wurde für sie angewandt? Wozu wird das »historische Verdienst«, der einheitliche Maßstab für alle Gesellschaftsmitglieder gebraucht? Welchem Pendant entspricht dieser Maßstab im Kapitalismus?

1978, 1979: Im Jahr 1978 erschienen in der S-Reihe zwei Publikationen, in denen Geschlechtsprobleme eine Rolle spielten. Zum einen ein Sammelband zu Familienfragen von ausschließlich sowjetischen Autorinnen und Autoren mit dem Titel »Familie in Geschichte und Gegenwart«, der hier nicht referiert werden soll, zum anderen eine Publikation zu »Schichtarbeit und Lebensweise«, die über 40 Seiten hinweg das DDR-Familienleben der in Schicht Arbeitenden reflektiert, im einzelnen die ehelichen Beziehungen, die Kindererziehung und die Haushaltführung. Ausgangspunkt der Forschungen und Überlegungen ist die »prinzipielle Gleichgerichtetheit der Interessen von Familie und Gesellschaft« (Jugel u.a., 1978: 34). Die dennoch auftretenden Probleme würden einerseits aus den »schwer überwindbaren Traditionen und Einflüssen bürgerlicher Moralanschauungen«, andererseits aus dem »Entwicklungsprozess der sozialistischen Gesellschaft« selbst resultieren (ebenda: 35).

Im Unterschied zum realen DDR-Leben der letzten 70er Jahre wird prinzipiell davon ausgegangen, dass die Ehe das Familienleben begründet. Weiterhin wird – aus unserer Sicht zu Recht – unterstellt, dass es enge Zusammenhänge zwischen der Qualität der ehelichen Beziehungen und der gemeinsam zur Verfügung stehenden Zeit gibt. So gesehen sei gleicher Schichtrhythmus beider Ehepartner die beste Variante für die Gestaltung des Ehelebens unter den Bedingungen von Schichtarbeit (ebenda: 38). Wenn sich dennoch relativ viele Schichtarbeit-Ehepaare für ungleiche Schichtrhythmen entscheiden, dann wegen der zu betreuenden Kinder. Als gesichert galt, »dass die Schichtarbeit den Fonds an gemeinsam verfügbarer Zeit in Ehen von Schichtarbeitern reduziert«, weshalb die Betroffenen aufgefordert wurden, eine prinzipiell positive Einstellung zur Schichtarbeit, zu ihrer ökonomischen und gesellschaftspolitischen Bedeutung zu entwickeln (ebenda: 42, 43).

Der Versuch, Schwierigkeiten zunächst auf ideologischer Ebene zu umgehen, war ebenso üblich wie aussichtslos. Dass Schichtarbeiter und -arbeiterinnen mit der Betreuung und Erziehung ihrer Kinder spezifische Probleme hatten, wird aber in Übereinstimmung mit vorausgegangenen Forschungen nicht geleugnet. Sie gaben in Befragungen seltener als andere Eltern an, dass sie genügend Zeit für ihre Kinder haben oder dass sie oft über schulische Probleme sprechen können, sie besuchten seltener als andere die Elternabende in der Schule und arbeiteten seltener in ehrenamtlichen Beiräten mit (ebenda: 52 - 56). Auch die Durchschnittsnoten der Kinder von Schichtarbeit-Eltern waren deutlich schlechter als die Noten der Kinder von Nicht-Schicht-Arbeitenden (ebenda: 60). Mit nicht zu übersehender Unsicherheit wird auf die Notwendigkeit von Wochenbetreuung für Schichtarbeiterkinder eingegangen. Denn gleichzeitig ist vom erforderlichen täglichen Kontakt mit den Kindern die Rede oder von der erforderlichen Regelmäßigkeit im kindlichen Tagesablauf (ebenda: 63-66). Offensichtlich pendelten die Autorinnen und der Autor hier zwischen kritischen familiensoziologischen Forschungsergebnissen einerseits und politischer Disziplin andererseits. Gegen Schichtarbeit konnte aus ökonomischen Gründen nicht generell polemisiert werden. Deshalb wurde resümiert, »dass die Schichtarbeit im Hinblick auf die familiale Kindererziehung erhöhte Anforderungen an die Eltern stellt, an ihr Organisationstalent, ihr erzieherisches Geschick« (ebenda: 59).

Es fällt auf, dass die Forschungsergebnisse zur Kinderbetreuung weitgehend geschlechtsneutral (d.h. meist männlich) formuliert sind, während beim

Thema Haushaltführung überwiegend die Schichtarbeiterinnen zitiert werden. »Ungefähr ein Viertel der Schichtarbeiterinnen sieht in der Schichtarbeit vorwiegend Vorteile, während bei den Schichtarbeitern nur ungefähr ein Zehntel die gleiche Ansicht vertritt« (ebenda: 69). Dieser Unterschied hätte mit dem weiblichen Blick auf Familie und Haushalt zu tun. Weil Schichtarbeit mitunter günstigere Bedingungen für die Erledigung der Hausarbeit bietet (vorausgesetzt, die Verkürzung der Schlafdauer kann kompensiert werden), wird sie von Frauen positiver beurteilt als von Männern. Darüber hinaus wird auf der Grundlage der Forschungen für möglich gehalten, dass Schichtarbeit beider Ehepartner eine gerechtere Arbeitsteilung zwischen Mann und Frau im Haushalt befördert (ebenda: 72).

Seit Ende der 70er Jahr häuften sich Forschungen zur sozialistischen Lebensweise, unter anderem verstanden als Absicht, die wissenschaftlichen Fragestellungen über den beruflichen Arbeitsbereich hinaus zu erweitern, sich nicht nur für ökonomische, sondern auch für soziale Effektivität zu interessieren. (SID 2/78). Dieser breite Blick auf Lebensweise führte beispielsweise in der Stadtsoziologie erneut zu aufschlussreichen Forschungsergebnissen über die sogenannten »kontaktvermeidenden Verhaltensweisen«. »Das zeitweilige ›Zurückziehen auf die Wohnung‹ in der Freizeit ist nicht gleichzusetzen mit ›sozialer Resignation‹ und ›Abschirmung‹ gegenüber der Gesellschaft. Im Gegenteil! Die Möglichkeit und der Vollzug zeitweiliger Separierung ist geradezu eine Bedingung für die Weiterentwicklung der sozialistischen Lebensweise« (SID 2/78: 14). Die Verfasserinnen und Verfasser der Enquêtekommissionen der 90er Jahre wussten das offenbar besser, denn sie interpretierten die DDR-Wohnungen in genau gegenteiliger Weise, nämlich als lebensnotwendige Nische der Familien, um den »Widerspruch zwischen offizieller Ideologie und erlebter Wirklichkeit ... ohne psychischen Schaden überstehen zu können« (Bericht..., 1994: 66).

Ende der 70er Jahre spiegelt sich in der recherchierten Literatur auch das hohe Interesse an demografischer Forschung (statt Frauenforschung?) und gleichzeitig eine vorsichtige Kritik an den so genannten sozialpolitischen Maßnahmen wider. »Wir wissen noch nicht annähernd, was es bedeutet, das Reproduktionsverhalten der Individuen/Familien bewusst zu gestalten« (SID 5/79: 38). Forschungsziel müsse sein, eine durchschnittliche optimale Familiengröße – gemessen an der Persönlichkeitsentwicklung der Kinder und ihrer Eltern – zu ermitteln. Die an der einfachen Reproduktion der Bevölkerung gemessene Familiengröße (2 bis 3 Kinder) sei durchaus fragwürdig. Dem Sozialismus sei nur eine einzige Art der Geburtenregelung adäquat, die »Entwicklung von Bewusstheit bei der Masse der Bevölkerung über die gesamtgesellschaftlichen Zusammenhänge und Wirkungen ihres Geburtenverhaltens« (SID 5/79: 37, vgl. auch vorausschauend SID 4/85).

Gleichzeitig werden zum Thema »Fruchtbarkeit« neue Forschungsergebnisse vorgestellt. Aus einer Befragung von 950 Jugendlichen (14 bis 17 J.) ging

– übereinstimmend mit vorangegangen Untersuchungen – hervor, dass fast alle Befragten Kinder haben möchten (99 Prozent). Der durchschnittliche Kinderwunsch betrug 2,04, wobei junge Frauen sich mehr Kinder wünschten als junge Männer (GH 3/79: 41) und wobei von den Forschenden die Auffassung vertreten wurde, dass sich mit den Mitteln von Bildung und Erziehung die Meinung »in Richtung Mehrkindfamilie« ändern ließe (GH 3/79: 45) bzw. dass sich durch sozialpolitische Maßnahmen die Situation schon geändert hätte (GH 4/78: 11). Eine andere Untersuchung verwies auf sozialstrukturelle Unterschiede im reproduktiven Verhalten und ließ keinen Zweifel daran, dass »das Bedürfnis, Kinder zu haben, als soziales Grundbedürfnis der entwickelten Persönlichkeit zu verstehen ist« (GH 5/79: 33). Erwartungsgemäß war die Geburtenrate bei Genossenschaftsbäuerinnen (2,39) höher als bei Arbeiterinnen und Angestellten (1,57). Dass die Rate bei Hochschulabsolventinnen (1,62) höher war als bei Facharbeiterinnen (1,53) entsprach weniger der Erwartung und ist nach unserer Wahrnehmung bis heute unerklärt.

Auch in diesem Zeitraum wird einerseits viel Wert darauf gelegt, mütterliche Berufstätigkeit mit einer positiven kindlichen Entwicklung in Zusammenhang zu bringen, werden andererseits die mehrheitlich berufstätigen Eltern immer wieder wegen ihrer Erziehungsfehler kritisiert. Um erneut das elterliche Erziehungsverhalten zu untersuchen, wurden Gespräche in 70 Familien mit 2 oder 3 Kindern (5. bis 7. Klasse) geführt, und »aus den Gesprächen mit den Eltern wurde deutlich, dass regelmäßige feste Pflichten der Kinder noch nicht in genügendem Maße eine Rolle spielen« (GH 3/79: 33). Dass die Forschenden über das »genügende Maß« urteilen können, stand demnach außer Zweifel.

1980, 1981: Vom 25. bis 27. März 1980 fand der 3. Soziologiekongress statt mit dem Thema: Sozialstruktur und Lebensweise bei der Gestaltung der entwickelten sozialistischen Gesellschaft in der DDR. Im Unterschied zu den vorausgegangenen Kongressen gab es diesmal einen Plenumsbeitrag zum Thema Familie und eine Arbeitsgruppe, die sich mit »Familie, berufstätiger Frau und sozialistischer Lebensweise« beschäftigte und in der u. a. über die veränderten Beziehungen zwischen den Ehepartnern und zwischen Eltern und Kindern gesprochen wurde (vgl. programmatisch SID 2/79, 3/79).

Im Rahmen sozialstruktureller Überlegungen wurde auf dem Kongress resümiert, dass ein quantitatives Wachstum der Arbeiterklasse durch Zuführung nicht berufstätiger Frauen nicht mehr möglich ist. »Die Grundaufgabe besteht hier weiterhin darin, jene Bedingungen zu erforschen, wie die Berufstätigkeit und die Pflichten der Frau in Familie und Haushalt auch in Zukunft unter den neuen Bedingungen noch besser in Einklang gebracht werden können« (SID 3/81: 11). Obwohl in dieser Zeit auffällig viel von Mängeln und Lücken in der disziplinären Entwicklung der marxistisch-leninistischen Soziologie und von Theorie-Defiziten die Rede ist (SID 4/81), wird in den zentralen Beiträgen die Geschlechter-Lücke nicht wahrgenommen (in den nicht zentralen schon). Damit ist verbunden, dass auch noch Anfang der 80er Jahre die Bedingungen, unter denen Berufstätigkeit und die Pflichten des Mannes in Familie und Haushalt in Einklang gebracht werden können, als soziologisches Thema nicht interessierten.

Aus langjährigen arbeitssoziologischen Forschungen ließen sich nun zuverlässig vier Motive für berufliche Arbeit identifizieren, »die sich als besonders wirksam für die Beschleunigung des wissenschaftlich-technischen Fortschritts erweisen« (SID 3/80: 19):
– das gesellschaftliche Motiv (Stärkung des Sozialismus),
– das Leistungsmotiv (durch produktive Betätigung Selbstbestätigung finden),
– das Kontaktmotiv (von den Kollegen anerkannt werden),
– das Verdienstmotiv (das Streben nach materieller Sicherheit).

Was in diesem Zusammenhang nicht dokumentiert wurde, aber nach unserer Erinnerung ebenfalls zu den arbeitssoziologischen Gewissheiten gehörte und auf dem Kongress diskutiert wurde, waren die geschlechtsspezifischen Präferenzen zu diesen Motiven: Bei DDR-Frauen dominierten über Jahre hinweg und – wie wir heute wissen – bis zum DDR-Ende das Kontaktmotiv zusammen mit dem Verdienstmotiv, bei DDR-Männern das Leistungsmotiv zusammen mit dem Verdienstmotiv. Solche Forschungsergebnisse, für die es nach unserer Kenntnis keine Analogien für die Ex-Bundesrepublik gibt, liefern immer wieder Argumente in den aktuellen Debatten um die »ungebrochene Erwerbsneigung ostdeutscher Frauen« und um die Zukunft bzw. das proklamierte Ende der Arbeitsgesellschaft.

Auf dem Kongress wurde die Notwendigkeit hervorgehoben, soziale Gruppen wie das Arbeitskollektiv oder die Familie als Determinanten des sozialen Verhaltens genauer zu analysieren. Dabei galten diese Determinanten »als soziale Einheiten innerhalb von Klassen und Schichten. Wie das Arbeitskollektiv gewinnt auch die Familie als Determinante und Subjekt sozialistischer Lebensweise zunehmend an Bedeutung« (GH 2/80: 33). Und die »einheitlichen Wesensmerkmale des sozialistischen Familientyps« wurden »aus der Verwirklichung der Gleichberechtigung von Mann und Frau in der Gesellschaft« erklärt (GH 2/80: 36). Insofern war folgerichtig, dass entsprechend den Kongressmaterialien zwar das Verhältnis zwischen Stadt und Land oder das zwischen geistiger und körperlicher Arbeit in den Forschungsmittelpunkt gerückt werden sollte (GH 1/80: 5), aber nicht das zwischen Frau und Mann. Gleichzeitig wurde nicht verschwiegen, dass sich »Veränderungen der Stellung der Frau im gesellschaftlichen Leben... wesentlich schneller vollzogen haben als Veränderungen der Stellung des Mannes in der Familie« (GH 1/80:18).

Aber in den Kongress-Dokumenten finden sich auch neue Töne, finden sich Passagen, die an der »Verwirklichung der Gleichberechtigung« zweifeln lassen. So steht geschrieben, die DDR-Soziologie
– verfügt zwar über relativ umfangreiche Kenntnisse zur Rolle der Familie für die Entwicklung der Kinder, weiß aber »weitaus weniger konkret« Bescheid über die Rolle der Familie für die Persönlichkeitsentwicklung des Mannes und der Frau. (GH 1/80: 20),
– negiert die geschlechtsspezifischen Unterschiede, wenn sie mehrheitlich von »den Werktätigen« spricht (GH 1/80: 37),
– untersucht bestimmte Forschungsgegenstände, die für Männer und Frauen relevant sind, oft nur für Frauen, hält also den männlichen Part für die Normalität, den weiblichen für das Erklärungsbedürftige. »Die Ergebnisse werden geschlechtsspezifisch interpretiert, ohne dass überhaupt ein Vergleich mit Männern möglich ist« (GH 1/80: 37). »Von Geschlechtsbesonderheiten wird ... nur im Zusammenhang mit der Frau gesprochen, was stillschweigend impliziert, dass die Frau das Besondere, das Andere sei, d.h. der Mann das Eigentliche, das Kriterium« (GH 2/80: 23).

Weil das Geschlechterverhältnis an sich nicht oder nur in Ausnahmefällen zum Thema gemacht wurde, blieb es auch nach dem 3. Soziologiekongress beim patriarchalen Grundmuster. Ein Beispiel für die Ausnahme fand sich ein Jahr nach dem Soziologiekongress zumindest als Fragensammlung: »Es gibt nicht wenig Unsicherheit in der Frage, worauf wir uns... bei der Erziehung der Geschlechter orientieren wollen. Auch unter marxistischen Wissenschaftlern bestehen hier Meinungsverschiedenheiten. Relativ einig ist man sich zumeist, dass diese geschlechtstypischen Besonderheiten vor allem ein Produkt historischer Entwicklung sind (aber ob nicht auch ›ein ganz klein wenig‹ biologische Voraussetzungen eine Rolle spielen?). Wie soll man sich aber zu diesen Besonderheiten verhalten? Soll man sie berücksichtigen, aber nicht abbauen? Oder soll man sie berücksichtigen, um sie ... auf lange Sicht abzubauen? ... Wo soll der ›Zug‹ hingehen?« (GH 5/81: 53). Rückblickend bleibt festzuhalten, dass solche Fragen und Kritiken zwar immer mal wieder aufgegriffen wurden, aber letztlich wirkungslos blieben. Sie hätten ohnehin nicht nur die sozialwissenschaftliche Forschung, sondern die gesamte DDR-Politik, das gesamt Konzept des DDR-Sozialismus treffen müssen.

Materialien des 3. Soziologiekongresses sind auch in der S-Reihen unter dem Titel »Lebensweise und Sozialstruktur« veröffentlicht worden (Wissenschaftlicher ..., 1981). Das Geschlechterthema ist hier sowohl mit einem Plenumsbeitrag (5 Seiten) als auch mit einem Arbeitsgruppen-Bericht (9 Seiten) vertreten. Im Plenumsbeitrag mit dem Titel »Familie und Entwicklung der sozialistischen Lebensweise« wird zunächst auf den »verleumderischen Vorwurf der Familienfeindlichkeit« (ebenda: 148) verwiesen, mit dem sich die Kommunisten von Anfang an hätten auseinandersetzen müssen. Tatsächlich sei es schwierig, die »Familienfreundlichkeit als eine spezifische Erscheinungsform der Menschenfreundlichkeit des Sozialismus« darzustellen, zumal »die progressive Gesamttendenz mitunter mit widersprüchlichen Erscheinungsformen verbunden ist« (ebenda: 149).

Aus heutiger Sicht ist bemerkenswert, dass Anfang der 80er Jahre auf die Gefahr aufmerksam gemacht wurde, das familienfreundliche Klima der Gesellschaft für so selbstverständlich zu halten, »dass ihr wirklicher Wert für das Glück der Familien nicht mehr voll erkannt wird« (ebenda: 149). Ebenso fällt der Hinweis auf, dass bei beruflichen Entscheidungen der DDR-Männer familiäre Belange so gut wie keine Rolle spielen würden. Er fällt deshalb auf, weil die Ignoranz familiärer Belange hier nicht wie in anderen Publikationen als erstrebenswerte Normalität interpretiert wurde (deren Berücksichtigung also als weibliches Defizit), sondern eher männerkritisch als Beleg »für das Niveau der Arbeitsteilung in der Familie« (ebenda: 151). Am Ende des Plenumsbeitrages wurde – sehr verhalten – ein Forschungsdefizit angesprochen, das zehn Jahre später zur Kritik des sozialistischen Patriarchates gehörte: »Weitaus weniger konkret ist der Stellenwert bekannt, der der Familie in den verschiedenen Zyklen ihrer Existenz für die Persönlichkeitsentwicklung des Mannes und der Frau zukommt« (ebenda: 152). Schon der Hinweis, dass die Familie unterschiedliche Zyklen durchläuft, dass sie nicht nur der Kindererziehung dient und dass sie mit der Persönlichkeitsentwicklung beider Geschlechter verbunden ist, passte Anfang der 80er Jahre noch nicht (bzw. nicht mehr) in die sozialwissenschaftliche Landschaft und wurde vermutlich auch von den auf dem Kongress anwesenden politischen Entscheidungsträgern nicht verstanden.

Der Arbeitsgruppenbericht mit dem Titel »Familie, berufstätige Frau und sozialistische Lebensweise« erscheint im Vergleich dazu (heute) phrasenhaft und insofern uninteressant. »Im Mittelpunkt der sich anschließenden Diskussion standen Probleme der Wirksamkeit der Förderung der Frau, stand das Ziel, das erreichte Niveau der gesellschaftlichen Stellung der Frau noch stärker als Triebkraft des ökonomischen und sozialen Fortschritts wirksam werden zu lassen« (ebenda: 270).

Ebenfalls in der S-Reihe erschien 1981 die Publikation »Jugend und Betriebsverbundenheit« mit einem 9 Seiten langen Abschnitt über »Das Geschlecht« (Gerth, 1981). Auch hier wurde nach dem Verweis auf die grundlegend gleichen Entwicklungsmöglichkeiten für Männer und Frauen zunächst auf die zählebigen Denkgewohnheiten aus der Vergangenheit hingewiesen, dann aber auch auf Aktuelles. »Zum anderen führen oft die realen Möglichkeiten der Lebensgestaltung, vor allem bei Frauen, zu teilweise anderen Denk- und Verhaltensweisen, Motiven, Bedürfnissen, die ... der sozialen Gleichstellung von Mann und Frau nicht immer gerecht werden...« (ebenda: 76). Und diese »teilweise anderen Denk- und Verhaltensweisen« der Frauen, beispielsweise die auf Familie und nicht auf berufliche Weiterentwicklung orientierten

Motive für Betriebswechsel galten als Problem. »Das zwingt zu der Feststellung, dass sich im Bereich der Arbeitskräftebewegung nach wie vor die Tatsache widerspiegelt, dass die an ein Arbeitsrechtsverhältnis gebundene Tätigkeit bei beiden Geschlechtern noch einen unterschiedlichen Stellenwert besitzt« (ebenda: 80). Es wurde kein Zweifel daran gelassen, dass die von Männern bevorzugte Motivation zum Betriebswechsel (wichtigerer Betrieb, höhere Kenntnisse notwendig usw.) die gesellschaftlich wünschenswerte ist, dass am Privatleben orientierte Fluktuationsgründe »überwunden« werden sollten.

Zur Demografie: Eine weitere umfangreiche Befragung von 16.000 DDR-Familien zum Kinderwunsch belegte, dass sich etwa 80 Prozent zwei Kinder, etwa 10 Prozent ein Kind und »nur« etwa 10 Prozent drei oder mehr Kinder wünschten. Die Familien, die sich keine Kinder wünschten, sind aus statistischer Sicht zu vernachlässigen (GH 3/80: 51), weshalb die These vom sozialen Grundbedürfnis »Kind« nicht infrage gestellt werden musste. Zahlreiche andere Forschungen beschäftigten sich mit speziellen sozialen Gruppen und deren Heirats- und Reproduktionsverhalten, immer mit der Zielstellung, auf eine Erhöhung der Geburtenzahlen zu orientieren. So wurde erneut festgestellt, dass der gesamte Hochschulbetrieb zu wenig auf studentische Familiengründungen eingestellt sei (GH 3/80: 40) oder – mit Bezug auf eine umfangreiche Wöchnerinnenbefragung – dass »sozialpolitische Maßnahmen allein nicht ausreichen, um den Kinderwunsch entsprechend den gesellschaftlichen Erfordernissen zu stimulieren« (GH 4/80: 11).

Die verstärkte Orientierung auf Familienforschung spiegelte sich nicht nur in den Beiträgen zum demografischen Verhalten wider, sondern auch in den theoretischen Debatten um den sozialistischen Familientyp. So wurde bei 60 bis 70 Prozent der DDR-Familien soziale Homogenität hinsichtlich Klassenzugehörigkeit, Bildungsabschluss und beruflichem Qualifikationsniveau festgestellt (GH 3/80: 45-47). Und es wurde auf die Doppelfunktion der Familie verwiesen, einmal auf ihre Aufgabe für die Gesellschaft, für deren Bestand, deren Entwicklung, zum anderen auf ihre Aufgabe für das Individuum. »Die Familie kann ... für die Gesellschaft nur in dem Maße wirksam werden, wie sie für das Individuum funktioniert« (GH 2/80: 44). Eine Auseinandersetzung mit Auffassungen von Alexandra Kollontai – Weggefährtin und Kritikerin Lenins –, die in der Familie vor allem eine Fessel für Frauen sah und die für den Sozialismus das Ende der Familie prophezeite, war unvermeidlich. »Kollontai übersah, dass die Familie wesentlich mehr als eine Institution zur Unterdrückung der Frau ist, nämlich ein spezifisches gesellschaftliches Verhältnis... Familie ist nach wie vor die Stätte, in der sowohl die personale, die psychische und die physische Reproduktion allseitig vollzogen werden kann« (GH 2/80: 57, 60). In diesem Punkt und auch zu der Auffassung, dass Männer und Frauen sich in sehr unterschiedlichem Maße für die Familie engagierten (GH 2/80: 63), gab es offenbar einheitliche Meinungen. Strittig war die Frage, ob die Familie einen Wert an sich darstellt – ohne Berücksichtigung ihrer spezifischen Funktionen. »Familie ist kein Wert an sich, sondern hat Wert, weil sie als Element der gesellschaftlichen Reproduktion funktioniert« (GH 2/80: 43) versus »Familie hat aus ihr selbst zu erklärenden Wert, über die Funktionen hinaus. Dem Menschen wird der andere Mensch als Mensch zum Bedürfnis« (GH 2/80: 61). Nach unserer Kenntnis ist die Frage bis heute nicht beantwortet. Schlimmer noch, sie wird nicht mehr gestellt. Inzwischen untersteht – staatsbürokratisch betrachtet– die Familie einem speziell dafür zuständigen Ministerium, inzwischen gibt es regelmäßig erscheinende Sozialberichte zum Thema Familie. Ist es unter diesen neuen Bedingungen nicht noch viel wichtiger zu wissen, ob Familie Mittel oder Ziel ist? Oder soll der im Familienatlas 2005 (Bundesministerium..., 2005: 4) propagierte Grundsatz – Familienfreundlichkeit als einer der wichtigsten Standortfaktoren der wirtschaftlichen Entwicklung – das letzte Wort der Geschichte sein?

Wie in den Jahren zuvor wurde auch Anfang der 80er Jahre das Erziehungsverhalten der Eltern analysiert und partiell kritisiert. Zwar konnte ein Abrücken vom »autoritären Erziehungsstil« früherer Generationen konstatiert werden. Die »despotische Macht des Vaters« sei überwunden. Zwar würden sich die Erziehungsziele der Gesellschaft und die der Eltern immer mehr annähern, was beispielsweise in der hohen Beteiligung (80 Prozent) der Eltern an den Wahlen zu den schulischen Elternvertretungen zum Ausdruck käme. Zwar würden im Sozialismus auch Einzelkinder zur Kollektivität erzogen (GH 3/80: 30-35). Aber »diese insgesamt positive Einschätzung darf ... nicht dazu verleiten, Mängel zu übersehen... So können wir mit der Übertragung häuslicher Pflichten an die Kinder und Jugendlichen, vor allem an die Jungen und männlichen Jugendlichen noch nicht zufrieden sein. Nur etwa 50 Prozent der Heranwachsenden haben verantwortliche, Selbständigkeit verlangende Pflichten in der Familie. Auf ihre Erledigung achten – entsprechend der Verteilung der Hausarbeit in der Familie– vorwiegend die Mütter« (GH 3/80: 18). Es waren zwei Kritikpunkte, die sich immer wieder zeigten und die offensichtlich von den DDR-Eltern nicht angenommen wurden (werden konnten?): Erstens, die Kinder erhalten zu wenig häusliche Pflichten. Zweitens, die Kinder erhalten die Pflichten nur von den Müttern. Dabei galt als erwiesen, »dass sich die gemeinsame Erziehung durch Mutter und Vater ... günstig auf die Entwicklung des Kindes auswirkt. So kommen die leistungsbesten, diszipliniertesten und sozial aktivsten Schüler wesentlich häufiger aus Familien, in denen Mutter und Vater gemeinsam die Erziehungsaufgaben wahrnehmen« (GH 3/80: 19). Dass auch die Autorin dieses Beitrages vom Schüler spricht und die

---

31 Erwartungsgemäß waren auf der unteren Ebene (Klassenelternaktiv) überdurchschnittlich mehr Mütter, auf der oberen Ebene (Elternbeirat) überdurchschnittlich mehr Väter aktiv. 1980 waren auf Klassenebene 35 Prozent und auf Schulebene 56 Prozent Väter gewählt worden, vgl. GH 3/80: 20

Schülerin mit meinte, belegt die Schwierigkeit (Aussichtslosigkeit?), der DDR-Wissenschaft ein feministisches Gespür einhauchen zu wollen. Bemerkenswert ist in diesem Zusammenhang, dass andere Untersuchungen zum elterlichen Erziehungsverhalten nicht nur von »noch zu wenig Pflichten« sprachen, sondern »im Vergleich zu früheren Untersuchungen... einen erheblichen zahlenmäßigen Rückgang der Kinder, die Tätigkeiten in der Hauswirtschaft zu verrichten haben« (GH 6/80: 68), feststellten. Mit anderen Worten: Die Kinder arbeiteten, gemessen am gesellschaftlichen Ziel, nicht nur zu wenig im elterlichen Haushalt, sondern sogar immer weniger. Dass sich hier ein Konflikt zwischen den alternden gesellschaftlichen Machthabern[32] und der herangewachsenen jungen DDR-Generation zeigen könnte, wurde zumindest für möglich gehalten: »Inwieweit es sich hier um Auswirkungen einer neuen Einstellung der jungen Elterngeneration zu den Pflichten im Haushalt handelt, muss weiteren Untersuchungen vorbehalten bleiben« (GH 6/80: 68).

Weibliche Teilzeitbeschäftigung galt nach wie vor als politisch »heißes Eisen« und stand im Ruf, die »familiäre Bequemlichkeit« zu unterstützen (vgl. rückblickend GH 6/69). War sie doch mit geringerer Integrierung in betriebliche Aufgaben, mit geringerer Qualifizierungsbereitschaft, mit geringerer Beteiligung an Leitungsarbeit usw. verbunden. Im wissenschaftlichen Bereich wurde aber offenbar immer mehr akzeptiert, dass Frauen den Widerspruch zwischen privaten und beruflichen/öffentlichen Anforderungen mit dem Übergang zur Teilzeitarbeit lösen wollten. Dabei zeigten die Analysen durchaus unterschiedliche Auswirkungen auf das Privatleben. Und das hing oft mit unterschiedlichen Sichten auf die Hausarbeit zusammen. Letztlich ging es um die alte, auf Adam Smith zurückgehende Frage, ob Hausarbeit produktiv sein kann. »Zugleich stabilisiert die Teilzeitarbeit die überkommene Arbeitsteilung und Statusbildung in den Familien... (Aber) auch hier gibt es mancherlei Widersprüche. Wenn Marx sagt, dass sich der Mensch als Persönlichkeit nur in der produktiven Arbeit entwickelt, ist das nicht gleichbedeutend nur mit produktiver Berufsarbeit. Die meisten im Haushalt anfallenden Arbeiten sind auch heute noch unschöpferisch, abstumpfend, zermürbend, wie es schon Lenin sagte. Aber es gibt auch schöpferische Elemente in der Hauswirtschaft: das Leiten, Planen und Wirtschaften mit allen seinen Entscheidungsfindungen, alle produktive Hausarbeit wie das Anfertigen von Kleidungsstücken, das Herstellen von Gerichten und selbstverständlich auch alle Formen des Aufziehens und Erziehens von Kindern« (GH 1/80: 59, 61, 62). So gesehen verlor Hausarbeit ganz offensichtlich partiell ihren Sklavenarbeit-Ruf und hätte auch für Männer schmackhaft gemacht werden können. Aber wie in den kapitalistischen Ländern auch stand Teilzeitarbeit für Männer in der DDR nie ernsthaft zur Debatte. Ob sie sich positiv oder negativ auf die schulischen Leistun-

---

32 Die Machthaberinnen können hier mit gutem Gewissen ignoriert werden.

gen der Kinder auswirkte, war folglich immer eine Frage, die nur an Frauen gestellt wurde. »Während in den 50er Jahren mehrfach festgestellt wurde, dass Mütter von leistungsbesten Schülern häufiger teilzeitbeschäftigt waren als Mütter leistungsschwacher Schüler, zeigt sich heute ein verändertes Bild« (GH 6/80: 62). Entsprechend der hier reflektierten Forschung (300 Familien mit Kindern der 2. und 3. Klasse) korrelierte Vollbeschäftigung – und nicht Teilzeitbeschäftigung – der Mutter mit guten schulischen Leistungen und gutem Verhalten der Kinder. War die teilzeitbeschäftigte Frau also doch auf Bequemlichkeit orientiert, auch auf Bequemlichkeit in der Kindererziehung?

1982, 1983: Die klassischen Fragen der Frauenemanzipation (gleicher Lohn für gleiche Arbeit...) galten in der DDR als gelöst und waren es auch, wenn man die Ziele der deutschen Arbeiterbewegung als »klassischen« Maßstab anlegt. Seit dem Sieg der sozialistischen Produktionsverhältnisse 1960/61 sei »davon zu sprechen, dass die Frauenfrage ... als soziale Frage in der DDR gelöst ist« (GH 5/82: 44).

Wie in jeder patriarchalen Gesellschaft wurde aber die Arbeit im Privathaushalt nicht in gleichem Maße wie die öffentlich zu leistende in solche Überlegungen und Wertungen einbezogen. Denn auch neuerliche Untersuchungen zu Umfang und Charakter der Hausarbeit führten zu dem Ergebnis, dass Ausmaß und Geschlechtsspezifik der häuslichen Aufgaben unverändert konstant geblieben waren. Möglicherweise würde – so die Vermutung– der Zeitaufwand für Hausarbeit zukünftig sogar ansteigen (größere Wohnungen, höhere Ausstattung mit Konsumgütern). Mit dieser Aussicht wurde nun, zumindest in der sozialwissenschaftlichen Literatur, ganz deutlich empfohlen, die Hausarbeit anders zu bewerten, sie nicht nur als Übel und Hemmnis zu betrachten (GH 5/82: 52). »Es ist eine Tatsache, dass Hausarbeit unproduktiv im Sinne der Wertbildung ist. Dennoch ist Hausarbeit eine sehr notwendige und nützliche Arbeit, nicht nur für die einzelnen Familien. Hausarbeit ist auch gebrauchswerterhaltend, -verbessernd und -schaffend« (GH 5/82: 55).

Eine genauere Sicht auf die einzelnen Hausarbeitsinhalte brachte das Ergebnis, dass sich DDR-Männer nicht jeder Hausarbeit gleichermaßen verschließen. Besser als bei der gerechten Verteilung der Hausarbeit im Sinne von Waschen, Säubern, Nahrung zubereiten usw. sei inzwischen die Situation bezüglich der »Hinwendung des Mannes zum Kind bzw. dessen Erziehung« (GH 3/83: 38). Hier hatten es die »sozialistischen Normen« leichter, sich durchzusetzen. Solche Forschungsergebnisse – heute gelesen – erinnern in auffälliger Weise an die Charakterisierung moderner westlicher Familien, nach denen die Väter durchaus bestimmte häusliche Aufgaben, ihren Vorlieben entsprechend, erledigen, während die Mütter, völlig unabhängig von ihrem eigenen Profil und ihren eigenen Vorlieben, immer für den Rest verantwortlich zeichnen. Ein Sachverhalt, der in der Literatur mit »Ausgleichsfunktion moderner Mütter« (Mierendorff) umschrieben wird. So gesehen war die DDR offensichtlich eine sehr moderne Gesellschaft, die eine »nachholende Modernisierung«, wie Anfang der 90er Jahre anempfohlen, nicht nötig hatte.

Der Eindruck einer modernen Gesellschaft, relativ unabhängig von den konkreten Eigentumsverhältnissen, verstärkt sich, wenn Forschungsergebnisse zur Rolle der Familie bei der »Betreuung älterer Bürger« (GH 4/83: 42 ff), womit vermutlich vor allem Bürgerinnen gemeint waren, betrachtet werden. Hier wurde ein Entwicklungstrend zur »Nähe auf Distanz« konstatiert, der sich vom westlichen Trend nur in der Ausdrucksweise (apart and together) unterscheidet. Notwendig sei es, »den alten Menschen neben der Fürsorge der Gesellschaft die Wärme und emotionale Geborgenheit der Familie spüren und erleben zu lassen und damit sozialistische Familienbeziehungen auch im intergenerativen Kontakt zu entwickeln« (GH 4/83: 50).

Der intergenerative Kontakt, in früheren Jahren kein Forschungsthema, wurde nun auch bezüglich der Vorbereitung junger Menschen auf die Ehe analysiert. »Unter der Voraussetzung guter Beziehungen zu den Eltern wirkt die Gestaltung der elterlichen Ehe offenbar orientierend auf das Verhalten des jungen Mannes oder der jungen Frau und trägt somit zur harmonischen Ehegestaltung der Jungverheirateten bei« (GH 3/83: 21). Ehegestaltung, Geburtenentwicklung und ähnliche demografische Fragen standen weiterhin im Mittelpunkt des Forschungsinteresses. Dabei wurde inzwischen eingeräumt, dass sich der Kinderwunsch in den 70er Jahren trotz sozialpolitischer Maßnahmen nicht geändert hatte (1,8 bis 2,0 Kinder, GH 2/83: 28). Da dieser Wunsch – ganz im Unterschied zur Realität in den westlichen modernen Gesellschaften – in der DDR mit der realen Geburtenzahl am Ende der fertilen Phase weitgehend übereinstimmte, musste also das gesellschaftliche Ziel darin bestehen, den Wunsch zu erhöhen.

Die Bedürfnisforschung verwies in diesem Zusammenhang auf den Zeitmangel vieler DDR-Familien, der gravierender sei als der Geldmangel. Und sie verwies auf die Gleichrangigkeit folgender sozialer Grundbedürfnisse:
das Bedürfnis, Kinder zu haben,
das Bedürfnis nach Teilnahme am gesellschaftlichen Arbeitsprozess,
das Bedürfnis nach Selbstbestätigung in der Arbeitstätigkeit,
das Bedürfnis nach Realisierung eines hohen Lebensniveaus,
das Bedürfnis nach harmonischem Leben in der Familie (GH 2/83: 27, 44).
Dabei schien die Familie auch in der DDR und im Widerspruch zum Buchstaben des Familiengesetzes von 1965 immer weniger an die Ehe gebunden zu sein. 1979 waren es 19,6 Prozent, 1980 22,8 Prozent und 1981 25,6 Prozent der Gebärenden, die nicht verheiratet waren (GH 6/83).

In einem Rückblick auf das mittlerweile 10 Jahre alte Gesetz über den erlaubten Schwangerschaftsabbruch hieß es, dass die Frage der Freigabe des Schwangerschaftsabbruches in der internationalen Auseinandersetzung eine große Rolle gespielt habe, dass aber gleichzeitig gesagt werden müsse: »1971 wurde letztmalig jener Wert erreicht, der die einfache Reproduktion der Bevölkerung, d. h. den Ersatz der Elterngeneration, noch sicherte« (GH 2/83: 50). Mit anderen Worten, politisch hat die DDR durch das Gesetz gewonnen, demografisch hat sie verloren. Was das Gesetz für das Selbstbestimmungsrecht der DDR-Frau bedeutete bzw. ob es in dieser Hinsicht überhaupt eine Wahrnehmung gab, wurde offensichtlich nicht analysiert und in dem Rückblick nicht erwähnt.

Dass der Kinderwunsch und die Kinderanzahl mit dem Qualifikationsniveau der jungen Frauen zusammenhing, konnte erneut bestätigt werden, und wiederum war der Zusammenhang kein eindeutiger Trend. Vielmehr waren es sowohl die ungelernten Frauen als auch die Hochschulabsolventinnen, also die Extreme in der Qualifikationsskala, die einen höheren Kinderwunsch und zum Befragungszeitpunkt auch real mehr Kinder hatten als die mittleren Qualifikationsgruppen. Ein Phänomen, das nicht erklärt wurde (werden konnte?). Bezüglich des Wunsches lagen die Hochschulabsolventinnen (2,29) über den Ungelernten (2,19), bezüglich der Realität zum Befragungszeitpunkt – also nicht am Ende der fertilen Phase – war die Reihenfolge umgedreht (1,65 zu 1,91, GH 6/83: 24 - 26).

Eine weitere Analyse der (in der DDR einheitlichen) Lesebücher für die Klassen 1 bis 4 brachte ans Tageslicht, dass »der gegenwärtigen Realität in der Gestaltung des Familienlebens... nicht genügend Rechnung getragen« wird (GH 4/82: 64). Dabei wurde offensichtlich unterstellt, dass die gegenwärtige Realität durch eine aktive Beteiligung des Mannes an der Haushaltführung charakterisiert ist, dass der juristische Auftrag mit der Wirklichkeit übereinstimmt. Denn das Fehlen genau dieser Beteiligung in den Lesetexten wurde bemängelt. »Ungünstig ist auch die Begriffswahl. Mehrfach wird ausgedrückt, dass man der *Mutter* (Hervorhebung im Original) im Haushalt hilft. Es ist jedoch von der gemeinsamen Verantwortung beider Ehepartner für die Haushaltführung auszugehen, so wie das auch im Familiengesetzbuch der DDR ausgedrückt wird« (GH 4/82: 69). Im Unterschied dazu würde in den recherchierten Lesebüchern die Frau im Berufsleben angemessen dargestellt. Hier sei von engagierten Müttern die Rede, die den Beruf nicht nur als Quelle des Gelderwerbes betrachten würden (GH 4/82: 64).

Untersuchungen dieser Jahre zur »sozialen Aktivität«, worunter oft ehrenamtliche Arbeit und gesellschaftlich relevante Freizeitbeschäftigungen verstanden wurden, kamen zu dem Ergebnis, dass Familien mit Kindern sozial aktiver sind als Familien ohne Kinder. Vor allem aber konnten solche Forschungen die These belegen: Berufstätigkeit stimuliert soziale Aktivität (SID 1/82: 34). Oder umgedreht: Beruflich wenig engagierte Menschen gehören auch in anderen Lebensbereichen nicht zu den aktivsten und nicht zu den anspruchsvollsten. Mit solchen Ergebnissen wurden Hoffnungen der früheren

Jahre korrigiert, nach denen vergleichsweise anspruchslose tägliche Arbeitsinhalte durch kulturell anspruchsvolle Freizeitinhalte (Theaterbesuche) ausgeglichen werden sollten. Aus heutiger Sicht ist zu ergänzen: Eine solche »Ausgleichs-These« funktionierte damals, als das Ziel die allseitig entwickelte Persönlichkeit war, ebenso wenig wie heute, wo »bürgerschaftliches Engagement« oder »Bürgerarbeit« als individueller Ausgleich für fehlende Erwerbsarbeitsplätze dienen sollen. Auch heute lässt sich nachweisen, dass Erwerbsarbeitslosigkeit mit Verlust sozialer Aktivität, wie auch immer definiert, verbunden ist.

Mit Bezug auf die Arbeit des Problemrates »Bürgerliche Soziologie« werden theoretische Ergebnisse des westdeutschen Feminismus reflektiert und wird die Publikation von Christel Eckert »Frauenarbeit in Familie und Fabrik« aus dem Jahr 1979 gewertet. »Die Frankfurter Forscherinnen sähen keine positiven Ansätze dafür, dass sich die Frauen von den persönlichkeitsunterdrückenden Zwängen der kapitalistischen Lohnarbeit zu befreien suchten, dass konkurrierendes in solidarisches Verhalten umschlagen könnte«. (SID 5/82: 52). Aber, so das Urteil der DDR-Rezension, die Bemühungen um Realismus und Gesellschaftskritik seien unverkennbar. Ob solche Urteile die betroffenen Wissenschaftlerinnen erreicht und interessiert haben, ist uns nicht bekannt. Dass die Forschungsergebnisse die kapitalistische Realität widerspiegeln, ist für uns aber inzwischen gut nachvollziehbar.

1984, 1985: Vom 26. - 28. 03. 1985 fand der 4. Soziologiekongress der DDR statt. Er stand unter dem Motto ›Soziale Triebkräfte ökonomischen Wachstums‹ und ordnete sich damit in die Debatte um den ökonomischen Wettbewerb der Systeme ein. Die Materialien dieses Kongresses sind 1986 in der S-Reihe publiziert worden (Soziale...,1986). Die strikte Orientierung auf ökonomisches Wachstum ließ offensichtlich keinen Plenumsbeitrag zum Geschlechterthema zu. Aber es gab ein Rundtischgespräch unter der Überschrift »Berufstätige Frau – wissenschaftlich-technischer Fortschritt«, das auf 5 Seiten dokumentiert ist und in dem eingangs erwähnt wurde, dass der Geschlechtsspezifik in allen Kongressbeiträgen die erforderliche Aufmerksamkeit beigemessen wird (ebenda: 353) – also wieder gender mainstreaming wie beim 1. Soziologiekongress?. Der Artikel vermittelt insgesamt Stagnation, Müdigkeit und den Eindruck, als sei man (nicht nur frau) es leid, immer wieder auf die gleichen Schwachstellen der gesellschaftlichen Entwicklung aufmerksam machen zu müssen. Für die Zukunft wird in »weitaus« höherem Maße sowohl frauenspezifische Forschungsarbeit als auch geschlechtsspezifische Fragestellungen in allen Forschungen gefordert. Mit Blick auf die »außerordentlich eingeschränkten traditionellen Berufswahl- und Tätigkeitsfelder der Frauen« (ebenda: 356) bliebe auch die Forderung, Mädchen für technische Berufe zu gewinnen, aktuell. Aber was ein technischer Beruf ist, sei neu zu durchdenken. Unzufriedenheit wird auch über die Leitungstätigkeit und insofern über die Ausbildung der Leitungskader geäußert. »Die Anerkennung der Mutterschaft als soziale Funktion der Frau verlangt von jedem Leiter ideologische Klarheit über den sozialen und humanistischen Inhalt dieser Aufgabe« (ebenda: 356). Dieser Satz löst – heute gelesen – widersprüchliche Empfindungen aus. Einerseits könnte hinter der These von der sozialen Funktion ein Umdenken über gesellschaftlich notwendige Arbeit stecken, eine Aufwertung der Arbeit im Privaten, eine ganzheitliche Zielvorstellung. Andererseits fehlt der Hinweis auf die Anerkennung der Vaterschaft als soziale Funktion, ganz abgesehen davon, dass die Botschaft an den falschen Empfänger gerichtet ist. Der konkrete Leiter (im Ausnahmefall auch die Leiterin) im Betrieb wurde zuerst und vor allem an der ökonomischen Planerfüllung in seinem Bereich gemessen und wurde insofern geradezu gezwungen, andere störende Funktionen seiner Mitarbeiterinnen zu ignorieren. Das gesamte gesellschaftliche Konzept dieser Zeit stand wie der Soziologiekongress auch unter der Überschrift: ökonomisches Wachstum. Wie hätten dann die viel gescholtenen Leiter in den Betrieben anders reagieren können? Die explizite und unverblümte Orientierung auf das Ökonomische erscheint im Nachhinein wie eine makabre Vorbereitung auf den ökonomischen Niedergang der DDR bzw. auf den Übergang zur kapitalistischen Lebensweise. Auf jeden Fall ist diese Orientierung ein Beleg für das heute klar erkennbare Utopiedefizit (vgl. Kirchhöfer u.a., 2003) des Sozialismus.

Gleichzeitig, gewissermaßen im Widerspruch zur vorgegebenen Marschrichtung auf ökonomisches Wachstum, belegen Untersuchungen der ersten 80er Jahre zu Wertorientierungen der DDR-Menschen durchgängig den hohen Rang von Familienbeziehungen. Nach der individuellen Rangfolge von Wertvorstellungen gefragt, ergab sich Mitte der 80er Jahre folgendes, leider nur geschlechtsneutral dokumentiertes Bild:

1. Familiäre Harmonie,
2. berufliche Tätigkeit,
3. Wohnen,
4. hohes Einkommen,
5. Qualifikation,
6. Freunde, Nachbarn,
7. Freizeit,
8. Wohnort,
9. sozialer Status (SID 1/85: 15).

Die geringe Bedeutung, die DDR-Bürgerinnen und -Bürger dem sozialen Status beimaßen und in diesem Sinne dem äußeren Schein ihrer Person, ist bis heute als ostdeutsche Besonderheit nachweisbar (vgl. Gensicke, 1998) und ganz sicher den vergleichsweise geringen sozialen Unterschieden in der DDR geschuldet. Es muss befürchtet werden, dass diese Besonderheit bald verblasst, dass auch die Ostdeutschen die Funktionsprinzipien der freien

Marktwirtschaft bald so verinnerlicht haben, dass sie sich selbst als Ware betrachten, die so günstig wie möglich verkauft werden muss.

Bei der im Mittelfeld befindlichen Wertorientierung »Qualifikation«, schon damals nicht nur als berufliche Grundausbildung verstanden, wurden aufschlussreiche Geschlechterunterschiede festgestellt. »Es lässt sich auf Grund unserer Forschungsergebnisse sagen, dass die Einstellung zum lebenslangen Lernen allgemein angemessen ausgeprägt ist... Jungen orientieren sich bei ihren künftigen Weiterbildungsinteressen in stärkerem Masse auf berufsbezogene Inhalte. Für Mädchen sind dagegen auch andere Bereiche – unter anderem gesellschaftspolitische, vor allem aber kulturell allgemeinbildende – von Interesse. Nach Marx' Aussagen über allseitige Persönlichkeitsentwicklung ist die Haltung der Mädchen die progressivere« (Sonderheft SID 2/85: 67). Ob die über das enge berufliche Ressort hinausgehende Sicht – die Mädchensicht – positiv oder negativ zu werten war, konnte offensichtlich nicht eindeutig beurteilt werden. Hier galt als progressiv, allerdings nur mit Bezug auf die »sichere Bank« Karl Marx, was in anderer Literatur kritisiert wurde.

Geschlechtsspezifische Unterschiede wurden wiederum bei der Berufswahl festgestellt, jetzt allerdings nicht nur als weibliches Defizit interpretiert: »Es gibt seit langem einen deutlichen Trend des Eindringens von Mädchen und Frauen in technische Berufe; aber wenig ausgeprägt ist die umgekehrte Tendenz der Übernahme traditioneller Frauenberufe durch Männer« (Sonderheft SID 2/85: 49). Bei solchen Einschätzungen werden Ostdeutsche sofort an die zahlreichen, meisten jungen Männer erinnert, die seit Anfang der 90er Jahre sehr schnell das Bild in Sparkassen, Banken oder Versicherungsbüros bestimmten und die damit bewiesen, dass unter anderen gesellschaftlichen Bedingungen bei Männern durchaus die »Tendenz zur Übernahme traditioneller Frauenberufe« ausgeprägt ist.

Die Territorialforschung der DDR konnte eine hohe Wohnortbindung (2 Umzüge pro 1000 EinwohnerInnen und Jahr im Vergleich zu 6 Umzügen in der Alt-BRD) und demzufolge eine vergleichsweise hohe soziale Stabilität der Siedlungsstrukturen feststellen. Gleichzeitig machte sie auf die Kehrseite des weiblichen Qualifikationspotenzials aufmerksam, ohne das Problem so zu nennen. Bei der »gesellschaftlich gewollten Wanderung« würde immer noch mindestens eine Arbeitskraft mitwandern, die möglicherweise am »Quellort« von der Gesellschaft dringender gebraucht würde. »Angesichts der Tatsache, dass das festgestellte Qualifikationsniveau der Migranten überdurchschnittlich hoch ist und sich der Anteil sowie die Zahl von sozialstrukturell homogenen Ehen vergrößern, ist das besonders schwerwiegend« (SID 5/85: 9,10). Im Klartext: Solange Frauen deutlich niedriger qualifiziert waren als ihre Männer, konnten die Familien problemloser an neue Einsatzorte des Mannes geschickt werden – ein Thema, das in den letzten DDR-Jahren insbesondere in der Militärsoziologie diskutiert wurde. Die Territorialforschung machte auch auf neue Wohnbedürfnisse »junger unverheirateter Erwachsener« – vor allem nach Wohngemeinschaften – aufmerksam, Bedürfnisse, die offenbar vor allem moralisch-fürsorgliche Bedenken auslösten. »Nicht geklärt ist jedoch die Frage, ob die Tendenz der frühen räumlichen Separierung der erwachsenen Kinder von der Elterngeneration mehr positive Folgen für die Persönlichkeitsentwicklung der jungen Generation oder eher negative Auswirkungen haben könnte« (SID 5/85: 29). Unter ökonomischem Aspekt wurden Wohngemeinschaften jedoch – zumindest in Groß-Städten und für bestimmte Bevölkerungsgruppen – als optimale Wohnform bezeichnet, die die DDR-Wohnungspolitik noch zu wenig berücksichtigen würde (SID 5/85: 30). Heute wissen wir: Die gesellschaftlichen Umbrüche, die fünf Jahre später stattfanden, deuteten sich auch in der »frühen Separierung der jungen Leute« an, in den Bedürfnissen der Jungen, sich von den Alten zu emanzipieren, eigene Lebensformen auszuprobieren.

Die genannten Untersuchungen zu Wertorientierungen standen im theoretischen Zusammenhang zur Bedürfnisforschung bzw. Lebensstandardforschung. In SID 1/84 wurden die sogenannten Bedürfniskomplexe der 80er Jahre und ihre Rangfolge mit denen der 60er Jahre verglichen – leider nur geschlechtsneutral dokumentiert.

»1967 Ernährung – Kleidung – Wohnung – Körper- und Gesundheitspflege – Arbeit (Arbeitsbedingungen) – Bildung, Erziehung – Kultur – Verkehr

1983 Arbeitsbedingungen – Ernähren – Bekleiden – Wohnen – Gesunderhaltung – Bildung – Kultur – Ortsveränderung« (SID 1/84: 46)

Es fällt auf, dass nur das Bedürfnis nach Arbeit (gemeint ist Berufsarbeit) bzw. nach angemessenen Arbeitsbedingungen in der Werteskala deutlich nach oben gestiegen ist. Dahinter kann sich sehr Unterschiedliches verbergen: Von der Kritik an schlechten Arbeitsbedingungen bis hin zum Nach-dem-Mund-reden, denn Arbeit sollte bekanntlich zum erstes Lebensbedürfnis werden. Alle anderen Bedürfniskomplexe haben über knapp 20 Jahre hinweg ihren Rangplatz erhalten. Allerdings gehörte das Thema »Kinder und Familie« offenbar in so hohem Maße zu den DDR-Selbstverständlichkeiten, dass es unter den hier dokumentierten forschungswürdigen Bedürfniskomplexen nicht vorkam. Anders konzipierte Forschungen aus der gleichen Zeit allerdings nennen das weibliche (nur das weibliche?) Bedürfnis, Kinder zu haben, ein »soziales Grundbedürfnis«, das Teil einer reichen vielfältigen Bedürfnisstruktur sei (Speigner, 1982: 1482).

Vor allem in den SID-Heften 1985 spielt die Orientierung auf Kinder und Familie – in Übereinstimmung mit der politisch gewollten Bevölkerungspolitik statt Frauenpolitik– eine große Rolle. Zwar blieb die Suche nach einem theoretisch gesicherten »demografischen Optimum« für die DDR-Gesellschaft erfolglos. »So ist es gegenwärtig nicht möglich zu beschreiben, welche Kinderzahl unter gegebenen Bedingungen für die Persönlichkeitsentwicklung der

Eltern und Kinder am günstigsten ist« (SID 4/85:34, vgl. auch SID 5/79). Dennoch lieferte die »späte« DDR-Forschung zum reproduktiven Verhalten, definiert als Zeugen, Gebären und Zusammenleben mit Kindern (SID 4/85: 23), genügend Ergebnisse, um die »Instrumentalisierungsthese« der Nachwendezeit zu widerlegen. Bekanntlich halten westliche – sicherlich nicht alle – SozialwissenschaftlerInnen die vergleichsweise niedrigen Geburtenziffern in der Alt-BRD und die vergleichsweise späte Elternschaft für die Normalität, die nicht interpretiert werden muss, und können sich die DDR-Daten nur so erklären, dass der DDR-Staat wirksame Instrumente (Ehekredit, Wohnung, Babyjahr) eingesetzt hätte, um die Frauen zum frühzeitigen Gebären zu verführen. »Verhaltenssteuerung auf diesem Wege mag effizienter gewesen sein als die alleinige Anwendung von Repressionen und Gewalt...« (Mayer u.a., 1996: 13). Weniger auf der wissenschaftlichen, mehr auf der politischen Bühne wurde in dem Zusammenhang der unerträgliche Begriff »Abkindern« geprägt bzw. angeblich dem DDR-Volksmund abgelauscht (Friedrich-..., 1987: 41). Der Blick in die DDR-Statistik zeigt aber, dass seit 1971 die einfache Reproduktion der Bevölkerung (Ersatz der Elterngeneration) – auch in der DDR und trotz der sozialpolitischen Maßnahmen – nicht mehr gewährleistet war, weil die Interessenübereinstimmung zwischen Gesellschaft und Individuum, die als generelle Triebkraft des Sozialismus gesehen wurde, hier nicht funktionierte. »Damit entspricht das familiale Interesse nicht von vornherein dem gesellschaftlichen« (SID 4/85: 25). Oder anders ausgedrückt: Damit haben die eingesetzten »Instrumente« versagt, damit hat das »Abkindern« nicht funktioniert. Allerdings wird das Versagen DDR-typisch umschrieben mit »noch nicht ausreichend entwickelt«: »Für einen Teil der jungen Familien sind beispielsweise die Wohnverhältnisse, die Möglichkeiten, Mutterschaft und Berufstätigkeit miteinander zu vereinbaren sowie weitere Faktoren noch nicht immer ausreichend und territorial gleich gut entwickelt und werden auch so empfunden« (SID 4/85: 37). In diesem Zusammenhang muss ergänzt werden, dass die angebliche Instrumentalisierung junger DDR-Menschen einem gerade aus heutiger Sicht erstrebenswerten Ziel galt, nämlich einer Bevölkerungsentwicklung, die auch für Alte soziale Sicherheit garantierte.

Auf theoretischer Ebene spielte »das demografische Klima« eine zunehmende Rolle. »Der Begriff wird verwendet, um die in einer Gesellschaft herrschende soziale Atmosphäre zur Zeugung und Geburt von Kindern sowie dem Zusammenleben mit ihnen in der Familie zu charakterisieren« (GH 5/84: 58). Die sozialpolitischen Maßnahmen wirkten – das galt inzwischen als bewiesen – nicht als unmittelbarer Handlungsantrieb für die Geburtenentwicklung, sondern würden über das demografische Klima (Kinderfreundlichkeit) vermittelt. Dabei würde dieses Klima beim ersten Kind eine geringere Rolle spielen als beim zweiten und dritten, was schon damals und auch heute noch den Gedanken provoziert, dass das demografische Klima in der späten DDR nicht gut genug gewesen sein muss, denn die zweiten und dritten Kinder blieben immer häufiger aus. Insgesamt zeigte sich bei diesem Thema eine erhebliche theoretische und politische Unsicherheit, die partiell auch zugegeben wurde. So wurde die 1984 publizierte Auffassung, dass die gewollte Beschränkung auf nur ein Kind in der DDR Ausdruck einer kleinbürgerlichen Haltung sei, mit der Frage nach dem »Pflichtkind« kommentiert (Henning, 1984). »Wunschkind oder Pflichtkind – das ist die Frage für die Perspektive. Hier zeigt sich aber auch die Unsicherheit, die gegenwärtig noch bei der Bewertung demografischer Prozesse besteht« (GH 1/85: 71).

Zur Arbeitsteilung im Privathaushalt: Weil sich hier auch in den letzten DDR-Jahren an der Geschlechtsspezifik nicht viel änderte, wird diese Arbeitsteilung nun nicht mehr (nur) als Hemmnis für die weitere Entwicklung betrachtet, sondern sogar als zeitweilige Triebkraft entdeckt. Allerdings haben wir in der von uns recherchierten Literatur keine plausible Erklärung für die Triebkraftfunktion gefunden. »Bei neuer Technologie (auch im häuslichen und Freizeitbereich) sind kurz- und mittelfristig die ökonomischen Effekte der geschlechtsspezifischen Arbeitsteilung zu nutzen« (Sonderheft SID 2/85: 48). Uns scheint, es gab viel Unsicherheit im Umgang mit dem Thema und offensichtlich auch eine Scheu, die Ursachen der ungleichen Aufgabenverteilung klar beim Namen zu nennen. Stattdessen wird das Thema auf eine hohe theoretische Ebene gehoben und werden Definitionsangebote unterbreitet, die niemandem weh tun: »Geschlechtsspezifische Arbeitsteilung existiert insofern, als bestimmte Tätigkeiten, Berufe, Berufsgruppen, evtl. ganze Bereiche und Zweige der gesellschaftlichen Arbeit aus historischen, letztlich von den Produktivkräften und Produktionsverhältnissen bestimmten Ursachen vorwiegend (und langandauernd sich reproduzierend) an Männer und Frauen sozial gebunden sind« (Sonderheft SID 2/85: 48).

Zur familiären Freizeitgestaltung: »Besonders gefragt ist eine abwechslungsreiche ›kleine Feierabendgestaltung‹ im Wohngebiet, wo ohne größeren Aufwand in lockerer Form kommuniziert werden kann, wo Spielmöglichkeiten für die Kinder ebenso vorhanden sind wie eine kulturelle und gastronomische Betreuung« (SID 4/85: 13). Heute fällt uns bei solcher Lektüre auf, dass Untersuchungen zum Zeitbudget von der – damals unbestrittenen – Auffassung ausgingen, dass für DDR-Menschen im Berufstätigenalter, die fast immer Kinder zu versorgen hatten, eine im wesentlichen einheitliche Zeitstruktur angenommen werden konnte (SID 4/85: 37). Der Alltag hätte für alle aus Arbeitstag und Feierabend bestanden, die normale Woche aus Arbeitswoche und Wochenende. Ob diese einheitliche Zeitstruktur unter DDR-Bedingungen der 80er Jahre tatsächlich bestand – für Männer und Frauen gleichermaßen, für Jüngere und Ältere, für Gesunde und Kranke, für Normalschicht- und für Dreischichtarbeitende, für Deutsche und für vietnamesische VertragsarbeiterInnen usw. – halten wir heute für überprüfenswert. Unbestritten ist, dass das

Maß an diesbezüglicher Einheitlichkeit unter DDR-Bedingungen wesentlich höher war als in der heutigen ostdeutschen Gesellschaft. Und das wiederum wirkt sich gravierend auf Freizeitaktivitäten, politische Aktivitäten, soziale Kontakte usw. aus.

Unbestritten ist auch, dass sich der Freizeitfonds von Frauen und Männern deutlich unterschied und unterscheidet. Seit es Zeitbudgetforschungen in Europa gibt (20er Jahre des 20. Jahrhunderts), wurde festgestellt, dass Frauen weniger freie Zeit als Männern zur Verfügung steht. Auch in der DDR der 80er Jahre war das das zentrale Ergebnis der relevanten Untersuchungen. Trotz sozialpolitischer Maßnahmen hatte sich am Freizeitfonds der Frauen und an der weiblichen Unzufriedenheit über diesen Zustand wenig geändert (GH 4/85: 59).

Forschungen zum familiären DDR-Alltag waren selten. Und wo vom Alltag die Rede war, wurde die Kritik an der geschlechtsspezifischen Arbeitsteilung in der Familie oft bis zur Unkenntlichkeit verkleidet: »Gesellschaftliche Kinderbetreuung während der Arbeitszeit der Eltern stellt die wesentliche materielle Grundlage ... dar, obwohl sich die Bedingungen für die Vereinbarkeit nicht darin erschöpfen. Auslagerung, Vergesellschaftung und andere, die Hausarbeit verändernde Aspekte sind weitere wichtige Faktoren. Auch die gesellschaftliche Förderung der partnerschaftlichen Beziehungen ist in diesem Zusammenhang von Bedeutung« (SID 4/85: 44). Mit Blick auf unsere nachträglichen Forschungsfragen interessieren genau solche Passagen. Was aber sind »die Hausarbeit verändernde Aspekte«, und in welchem Zusammenhang stehen sie zu den partnerschaftlichen Beziehungen? Im gleichen SID-Heft steht dieses Thema im erwarteten gesellschaftlichen Kontext: »Dennoch gibt es beim gegenwärtigen Stand der gesellschaftlichen Entwicklung noch Unterschiede in der gesellschaftlichen Stellung der Geschlechter... Die grundsätzliche Veränderung der gesellschaftlichen Stellung der Frau steht in notwendigem Zusammenhang mit dem Charakter der Ehe. Eine gleichberechtigte Stellung der Frau in der Gesellschaft – vor allem durch ihren materiellen Kern, die ökonomische Unabhängigkeit – bedeutet prinzipiell das Ende patriarchalisch strukturierter, auf traditioneller Geschlechterrollenverteilung beruhender Ehe und steht in Wechselwirkung mit der Herausbildung partnerschaftlicher Ehe- und Familienbeziehungen« (SID 4/85: 46). Genau hier muss der »Aufschrei« erfolgen. Es ist eben nicht so, dass ökonomische Unabhängigkeit – so wichtig und unverzichtbar sie ist – prinzipiell das Ende der patriarchalen Strukturen im Privatleben bedeutet. Oder sozialstrukturell ausgedrückt: Es ist nicht so, dass die Überwindung des Widerspruchs zwischen Kapital und Arbeit prinzipiell die Überwindung des Geschlechterwiderspruchs nach sich zieht, wahrscheinlich deshalb, weil zwischen beiden gesellschaftlichen Widersprüchen kein hierarchischer, sondern ein gleichrangiger Zusammenhang besteht.

Partnerschaftliche Beziehungen wurden, wie die Zitate zeigen, auch noch Mitte der 80er Jahre überwiegend als eheliche Beziehungen gedacht und behandelt – was zur Realität in zunehmendem Widerspruch stand. Insofern erscheinen die Ausführungen im Lehrbuch »Familienrecht« (Berlin, 1981, S. 80) antiquiert, die im SID-Heft 4/85 zustimmend zitiert werden: Wir meinen, »dass eben nur die Ehe als spezifische Partnerbildung die Form des Zusammenlebens von Mann und Frau ist, die jeder anstreben sollte und die die Gesellschaft von jedem Bürger früher oder später erwartet«. Die DDR-Bürgerinnen und -Bürger erfüllten diese Erwartung immer seltener, vor allem immer seltener vor der Geburt des ersten Kindes. Zweifellos spielten hier nicht nur weltweite Modernisierungstendenzen eine Rolle, sondern auch die DDR-spezifischen Konditionen der Vergabe von Wohnungen und Krippenplätzen, die uneheliche Kinder bzw. allein Erziehende bevorzugten und damit einen Ausgleich für die zweifellos schwierigeren Lebensbedingungen gegenüber den »Traditionellen« schaffen wollten.

Zeitgleich mit dem Bekenntnis zur Ehe wurden aber auch andere (modernere?) Kriterien für das partnerschaftliche Zusammenleben akzeptiert.»Die ökonomische Selbständigkeit von Mann und Frau ermöglicht Freiheit und Freiwilligkeit in der Partnerwahl ... Das bezieht sich nicht nur auf die Partnerwahl und Eheschließung, sondern auch auf die Aufrechterhaltung und Lösung« (SID 4/85: 47). Die ökonomische Sicherheit und Möglichkeiten der Geburtenplanung »lockern auch von Seiten der Frau den Zusammenhang von Sexualität und Ehe« (SID 4/85: 48). Rückblickend fällt uns die Hilflosigkeit gegenüber der »Macht des Faktischen« und die Widersprüchlichkeit in der Zielstellung auf. Offensichtlich gab es kein Konzept zur Gestaltung partnerschaftlicher privater Beziehungen für den »entwickelten Sozialismus«, auch keine öffentlichen Diskussionen dazu. Den meisten DDR-Menschen fiel erst im Herbst 1989 auf, dass solche Beziehungen fast ausschließlich heterosexuell und damit diskriminierend für Homosexuelle gedacht wurden. Lesbische und schwule Partnerschaften wurden politisch nicht gewünscht (vgl. Schenk, 1992), hatte diese Bevölkerungsgruppe doch auf Grund ihrer persönlichen Erfahrungen, oft Diffamierungen, besonderen Anlass, den stabilen patriarchalen Charakter des DDR-Staates zu kritisieren.

In den grünen Heften kamen nun immer öfter Beiträge zur bzw. aus der westlichen Feminismusdebatte vor, meist über Rezensionen. Und unter dem Eindruck/Druck von Perestroika (Umbau) und Glasnost (Durchsichtigkeit) wurde nun auch über das Drogenproblem öffentlich nachgedacht, allerdings noch nicht über die Droge Alkohol und auch nicht über sogenannte harte Drogen, die es in der DDR offenbar wirklich kaum gab. Aber bezüglich Nikotin musste eingeschätzt werden, dass etwa 40 Prozent der erwachsenen DDR-Frauen rauchten. In Übereinstimmung mit der internationalen Tendenz sei diese Sucht bei Männern rückläufig, bei Frauen ansteigend (GH 5/85: 70).

Und erstmalig erschien auch ein Beitrag zur Homosexualität. Unter der Überschrift »Soziologische Aspekte der menschlichen Sexualität– unter besonderer Berücksichtigung des gleichgeschlechtlich ausgerichteten Empfindens und Verhaltens« wird erwähnt, dass es sich bei diesem Thema um etwa eine halbe Million der DDR-Menschen, also 3 bis 4 Prozent der Bevölkerung, handle (GH 4/85: 40).

Aus entwicklungssoziologischer Sicht wird – den SID-Heften zufolge – Mitte der 80er Jahre harte Kritik an der westlichen Modernisierungstheorie geübt, vor allem an ihrem »ahistorisch-schematischen Grundverständnis über Genese und gesellschaftliche Qualität der Unterentwicklung« (SID 5/84: 29). Mit Bezug auf die These von der »nachholenden Modernisierung im Osten Deutschlands«, sind solche Kritiken auch heute noch aktuell. Vor allem aus Frauensicht, die damals so viel bzw. so wenig interessierte wie heute, ist die Frage zu stellen, an welchen Kriterien Entwicklung bzw. nachholende Entwicklung gemessen wird, wer das erstrebenswerte Ziel des Modernisierungsprozesses definieren darf.

Ende 1985 wird in den SID-Heften die Arbeit einer britischen Germanistin rezensiert, die über das DDR-Frauenleben geforscht und geschrieben hat. »Gwyn Edwards kommt zu dem Ergebnis, dass es vier Hauptgebiete als Indizes für die Verbesserung der Stellung der Frau ... gäbe, nämlich die Frauengesetzgebung..., ihr Bildungsniveau, die Situation im Beschäftigtensystem und der allgemeine Beitrag der Frauen zur Politik. Viele Frauen ... kombinierten ganz erfolgreich drei dieser vier Aktivitätsfelder, während es offenbar noch zu viel für sie sei, in politische bzw. gesellschaftliche Spitzenpositionen zu gelangen« (SID 6/85: 76). Nachdem wir in frauenpolitischer Hinsicht auf das Niveau der britischen Beobachterin zurückgeworfen wurden, sollten wir uns mit ihr freuen, dass in der DDR wenigstens drei der vier genannten Hauptgebiete kombinierbar waren. Mit dem hohen Anspruch einer sozialistischen Utopie allerdings ist zu bemängeln, dass weder Gwyn Edwards noch die Rezensentin den Blick auf das Privatleben der DDR-Frauen richteten. Oder galt als bewiesen, dass das familiäre Leben kein »Indiz für die Verbesserung der Stellung der Frau« ist?

Ungefähr zeitgleich sah eine in den USA lebende Politikwissenschaftlerin, die sowohl ein sabbatical als auch einen Sommerkurs in der DDR absolvierte, bemerkenswerte Freiheiten der DDR-Frauen bezüglich Bildung und Berufsarbeit sowie Anzahl der Kinder und Familienstatus (Möglichkeiten des sich scheiden Lassens und des allein Lebens). Bereits Ende der 70er Jahre hatte sie aus dem Vergleich zwischen USA und. DDR geschlossen, dass die gesellschaftliche Unterstützung, die DDR-Frauen genießen, den Neid vieler Frauen in der nichtsozialistischen Welt hervorrufen würden. Mitte der 80er Jahre verwies sie auf den »Rest«, der noch zu tun ist: »Beim Vorhandensein all dessen verbleibt als eines der Haupthindernisse für die völlige Emanzipation der

Frau die mangelnde Bereitschaft der Männer, sich gleichermaßen an den Pflichten des Haushaltes und der Kindererziehung zu beteiligen. ... Es ist berechtigt zu sagen, dass sich die Rollen der Männer verändert haben, aber nicht so grundlegend wie die Rollen der Frauen ... Alle Männer, die ich befragte, akzeptieren ideologisch die Idee der Rollenverteilung mit der Frau sowohl bei der Haushaltführung als auch bei der Betreuung der Kinder. In fast allen Fällen gab es eine Kluft zwischen den ideologischen Bekenntnissen und der gelebten Praxis« (GH 3/84: 19, 32). Dass die DDR-Männer »nur noch« als Individuen ihre Bereitschaft zur Hausarbeit ändern müssten, begründete die Autorin mit gesellschaftlichen Bedingungen, die vermutlich aus Innensicht gar nicht mehr wahrgenommen wurden und tatsächlich erst nach 1990 wieder ins Bewusstsein drangen: »Die Rolle des Hauptenährers gibt es nicht mehr, nicht nur weil die Frau mit verdient, sondern weil der Staat viele Pflichten übernimmt (Kinderbetreuung, billige Mieten). Die unsichere Wirtschaft gibt es nicht mehr. Einige Aspekte des neuen Familiengesetzbuches tragen direkt zu dem Anliegen bei, die Rolle der Männer zu verändern« (GH 3/84: 21, 22). Die Autorin ging davon aus, dass die noch vorhandenen Probleme erkannt und die Diskussion dazu im Gang sei – ein Optimismus, der sich ganz sicher aus dem Vergleich zur US-Realität speiste. Im Rückblick ist hinzuzufügen, dass die Probleme auf den entscheidenden gesellschaftlichen Ebenen eben nicht erkannt, vielleicht auch nur nicht akzeptiert waren. Die Diskussion zum patriarchalen Charakter des DDR-Staates war und ist – sieht man von einigen Monaten im Wendeherbst 1989 ab – eben nicht im Gange.

Wer sich für Auffassungen zum Arbeitsbegriff interessierte, konnte in dieser Zeit feststellen, dass »Arbeit« in den unterschiedlichen Disziplinen offenbar unterschiedlich gefasst wurde, was nicht zuletzt auf das Fehlen einer entsprechenden Debatte hinweist. So liegt Ergebnissen von bildungssoziologischen Untersuchungen Anfang der 80er Jahre ein sehr breiter Arbeitsbegriff zu Grunde: »14-, 15jährige verfügen, wenn auch begrenzt, über erste Arbeitserfahrungen. Sie beziehen diese aus verschiedenen Quellen, wie der produktiven Arbeit im Unterricht, der Ferienarbeit, der gesellschaftlich nützlichen Tätigkeit, der häuslichen Arbeit und den vermittelten Arbeitserfahrungen der Eltern« (SID 5/84: 64). Etwa ein Jahr später werden »Reproduktionserfordernisse« definiert, ohne die Begriffe Arbeit, Produktion und Reproduktion in Beziehung zu setzen: »Sie lassen sich definieren als die Gesamtheit der Tätigkeiten, die der Mensch vollziehen muss, um sich als biologisches und soziales Wesen zu erhalten, sich als Persönlichkeit zu entwickeln und so seine Arbeitskraft wieder herzustellen sowie zu vergrößern« (SID 6/85: 39).

Die geschlechtsspezifische Analyse der Schulbücher für die unteren Klassen wurde in diesem Zeitraum fortgesetzt. Jetzt ging es nicht nur wie in den vergangenen Jahren um Lesebücher, sondern auch um Heimatkundebücher, Muttersprache und Grammatikbücher. Das Ergebnis bestätigte, ohne es so zu nennen, wiederum die Existenz des »heimlichen Lehrplanes«. Die Jungen hätten bei der Erlernung ihrer Geschlechterrolle wesentlich bessere Möglichkeiten, sich zu identifizieren bzw. sich zu distanzieren. »Zwei Drittel der Handlungsträger sind Männer und Jungen, was zeigt, dass das männliche Geschlecht sowohl in den Texten als auch in den Illustrationen noch in einem ungerechtfertigten Maße überrepräsentiert ist« (GH 4/85: 27). Auch die traditionellen Auffassungen von der Hausarbeit als Frauenarbeit würden durch die Darstellungen in den Schulbüchern unterstützt. Im Unterschied zu früheren Analysen wurde jetzt auch auf das Generationenverhältnis verwiesen bzw. auf die neue Rolle der meist noch jungen und berufstätigen Großeltern. Großväter kämen in den Schulbüchern so gut wie nicht vor, und Großmütter nur als »skurrile« Figuren. »In Bezug auf die Darstellung der Großeltern... ist eine stärkere Orientierung am realen Leben notwendig« (GH 4/85: 31).

Die Publikation »Kollektivbeziehungen und Lebensweise", die 1984 in der S-Reihe erschien, enthält über 22 Seiten hinweg Aussagen zum »Kollektiv« Familie (Kahl u.a., 1984). »Zweifellos kann man die Familienbeziehungen ähnlich hoch gewichten (wie die Beziehungen im Arbeitskollektiv, U.S.), auch wenn sie andere Formen und Inhalte haben: die Familie ist keine streng organisierte ... soziale Einheit; sie hat auch, formell gesehen, keine Probleme der Leitung« (ebenda: 83). Die DDR-Familie sei auf die Konsumtions- und Freizeitsphäre orientiert »sowie vor allem auf die Erziehung und Versorgung der Kinder« (ebenda: 83). Ihre Bedeutung würde in Zukunft wachsen, weil Freizeit, Bildung, kulturelles Anspruchsniveau und nicht zuletzt die Anforderungen an die kommunistische Erziehung wachsen. Heute gelesen drängen sich hier zumindest Fragen nach der Familiendefinition auf. Offensichtlich wurde in der Theorie auch der späten DDR nicht am traditionellen Familienbild mit verheirateten Eltern und Kindern gerüttelt. In der Praxis wurde Familie längst vielfältiger gelebt, wurde sich nicht nur häufig geschieden, sondern auch seltener geheiratet, wurde auch hier und da schon an der Norm der Heterosexualität gezweifelt.

Bei der Analyse der Bedeutung der Familienbeziehungen für das individuelle Verhalten gingen die Autorin und die Autoren von vier Phasen aus:
– von der Eheschließung bis zur Geburt des ersten Kindes,
– von der Geburt des ersten bis zur Geburt des letzten Kindes,
– von der Geburt des letzten Kindes bis zum Verlassen des Haushaltes durch das letzte Kind,
– vom Verlassen des Haushaltes durch das letzte Kind bis zum Ableben eines Ehepartners (ebenda: 88).

Die krassen Veränderungen zwischen damals und heute werden vor allem bei der Beschreibung der vierten, der »nachelterlichen Phase« deutlich. »Die Frau ist im Durchschnitt noch unter fünfzig Jahre..., der Mann im Durchschnitt knapp über fünfzig Jahre alt. Vor beiden stehen bis zum Eintritt ins Rentenalter etwa zwölf bis fünfzehn Jahre und bis zum Ende der Berufstätigkeit ein noch größerer Zeitraum... Das ältere Ehepaar ist jetzt in der Regel von den finanziellen Belastungen befreit, die mit den heranwachsenden Kindern verbunden waren...« (ebenda: 89). Jede der Aussagen – Durchschnittsalter, Dauer der Berufstätigkeit, finanzielle Entlastung – würde im gegenwärtigen Deutschland nur für eine Minderheit gelten, im Ostteil des Landes nur für Ausnahmefamilien.

Im Rückblick erscheinen auch die Aussagen zum Charakter der DDR-Familie aufschlussreich. Ihr Einfluss »auf die Lebensweise der kommenden Generationen sei nicht umwälzend, sondern eher bewahrend und konservierend (natürlich nicht konservativ im politischen Sinne) ... Manches ist in der Familie zählebiger, so zum Beispiel die in beträchtlichem Umfang noch weiterbestehende ungleiche Arbeitsteilung zwischen Mann und Frau in der Hausarbeit...« (ebenda: 91). Diese Bewahrungsfunktion, in der DDR kritisch gesehen, wirkte sich bekanntlich in den Umbruchjahren Anfang der 90er Jahre vor allem auf Kinder und Jugendliche positiv aus. In den öffentlichen Wirren und Unsicherheiten erschien die Familie mehrheitlich als zuverlässiger Hort und verhinderte Psycho-Krisen in größerem Maße.

Befragungen, die für die Publikation »Kollektivbeziehungen und Lebensweise« ausgewertet wurden, zu Lebenswerten, Lebenszielen, Leitbildern bestätigen hier wie in vorangegangenen Forschungen auch, dass familiäre Harmonie zu den wichtigsten Wertorientierungen zählte, und zwar in allen Altersgruppen. Auch hier nachweisbar: Der soziale Status, das öffentliche Ansehen galt unter DDR-Bedingungen als am wenigsten wichtig.

Die Autorin und die Autoren hatten im Lichte dieser hohen Wertschätzung für Familie Schwierigkeiten, den realen Rückgang der Geburtenzahlen und die wachsende Scheidungsrate zu interpretieren, vor allem deshalb, weil DDR-weit Scheidungen und wenig/keine Kinder haben als Widerspruch zur sozialistischen Familie gedeutet wurde. Weil von einem geringen Fruchtbarkeitsniveau eine »negative Leitbildentwicklung« ausgehen könne (ebenda: 96), gehörte die Zwei- bzw. Dreikindfamilie zu den gesellschaftlichen Zielen, stabile Ehen sowieso. »Nach wie vor (musste jedoch) ein gewisser Widerspruch zwischen den objektiven Interessen der Gesellschaft und individuellen Bedürfnissen in der Familie registriert werden« (ebenda: 97). Wir fragen uns heute, ob es außer dem Fruchtbarkeitsniveau noch ein anderes gesellschaftliches Phänomen in der DDR gab, in dem die Diskrepanz zwischen privaten und öffentlichen Interessen so unumwunden zugegeben wurden. Dennoch – die kostenlose »Pille« und das Gesetz zum Schwangerschaftsabbruch von 1972 wurden als wichtige Elemente der sozialistischen Lebensweise gewürdigt, die nicht hoch genug bewertet werden könnten. »Damit ist gewährleistet, dass im Idealfall nur Wunschkinder geboren werden« (ebenda: 98).

Im Zusammenhang mit Partnerschaftsbeziehungen, der Doppelbelastung der Frau und der »zurückhaltenden Beteiligung der Ehemänner an der Hausarbeit« (ebenda: 99) werden aktuelle Befragungsdaten referiert, die sich aber so wenig von den Daten der Vergangenheit unterscheiden, dass die Veränderungen auf einen »Jahrhundertprozess« hindeuten würden (ebenda: 101). Hoffnungsschimmer zeigten sich auch hier bei Hoch- und FachschulabsolventInnen der jüngeren Jahrgänge. Hier gäbe es ein stärkeres Engagement des Mannes im Haushalt.

In den etwa 25 Jahren, in denen DDR-Soziologie existierte, wurden zahlreiche Forschungsberichte zur Diskussion gestellt – in aller Regel Berichte über konkrete Befragungen oder Beobachtungen, die sich dann oft in Dissertationen oder Publikationen wiederfanden. Nur in Ausnahmefällen verweist der Titel des Berichtes auf das Geschlechterthema. Ein solcher Ausnahmefall erschien im Mai 1985. Im Rahmen der Jugendforschung wurden »Geschlechterposition und Wertorientierungen« analysiert – mit dem generellen Ergebnis, dass die Wertorientierungs-Unterschiede innerhalb eines Geschlechtes größer seien als zwischen den Geschlechtern (Förster, 1985: 8). Im Rahmen der untersuchten »Diskriminanztypen« zeigte sich, dass »die Mitgliedschaft in der SED weitaus stärker zwischen den Profilen differenziert als das Merkmal Geschlechtszugehörigkeit« (ebenda: 30). Dennoch konnte ermittelt werden, dass weibliche junge Berufstätige mehr als männliche in der FDJ[33] organisiert sind, sich an politischer Weiterbildung beteiligen und einen stärker ausgeprägten Klassenstandpunkt vertreten (ebenda: 33). Neuwert hätte die Erkenntnis, dass weibliche junge Berufstätige trotzdem politisch weniger aktiv sind als männliche. Mit anderen Worten: Frauen könnten es besser, tun es aber nicht. Hier drängt sich der Vergleich zur jahrelangen Kritik am elterlichen Erziehungsverhalten auf. Was Kindererziehung betraf, kam die Forschung auch zu dem Ergebnis: Männer könnten es besser, tun es aber nicht. Im Unterschied zur Erziehungsforschung gelingt es hier, die Ursachen klar beim Namen zu nennen: »Erst die Kopplung mit weiteren Merkmalen lässt erkennen, dass hier andere Faktoren im Spiel sind (insbesondere der Familienstand), die bei den weiblichen Jugendlichen anders wirken als bei den männlichen« (ebenda: 52). Wegen der Verpflichtungen im Privaten sind Frauen also politisch weniger aktiv als Männer. Der Schluss hätte nahe gelegen: Wegen der Verpflichtungen im Öffentlichen sind Männer erzieherisch weniger aktiv als Frauen. Der Schluss wurde nicht gezogen, weil die verschiedenen Forschungsergebnisse nicht aufeinander bezogen wurden, weil das Geschlechterproblem an sich kein Forschungsthema war.

Ebenfalls 1985 erschien die Publikation »Ganz in Familie«, die sich nicht als streng wissenschaftliche Abhandlung versteht, sondern als Versuch, »mit Mitteln des Essays, der Reportage, der wissenschaftlichen Betrachtung Gedanken zu einem Thema zu äußern, das bis heute von unserer Wissenschaft eher

---

33 Freie Deutsche Jugend.

stiefmütterlich behandelt worden ist« (Runge, 1985: 15). Diesem Anliegen entsprechend enthält die Publikation nicht nur Text, sondern auch Fotografien über das »alltägliche Familienleben in der DDR«. Überhaupt wird Familienleben als Alltagserfahrung gesehen, über das es mehr Austausch, mehr Öffentlichkeit geben sollte (ebenda: 16) und das sich sehr unterschiedlich darstellt – bei Schichtarbeitenden, bei Teilzeitbeschäftigten, bei Theaterleuten usw. (ebenda: 86, 87).

Bereits der erste Satz der Vorbemerkungen definiert Familie: sie ist entstanden, wenn ein verheiratetes Paar – manchmal auch ein nicht verheiratetes Paar – sein erstes Kind bekommen hat. (ebenda: 5). Folgerichtig gibt es auch familienlose Menschen (ebenda: 9). Diese enge Definition und damit Normsetzung wird von der Autorin zwar kritisch reflektiert, aber schließlich doch zur Grundlage genommen. In diesem Buche ginge es um Mutter – Vater – Kind. »Das Thema der ›Einelternteilfamilie‹ müsste gesondert behandelt werden« (ebenda: 13). Und andere Familienstrukturen standen offenbar Mitte der 80er Jahre in der DDR nicht zur Debatte. Nach lockeren Beschreibungen des familiären Alltags, der Wohnung, der Freizeitbeschäftigung usw. in Arbeiterfamilien, vergleichsweise auch in Familien anderer Klassen und Schichten, wird in der Publikation öffentlich über Liebe, Hochzeit und Ehebeginn nachgedacht. Auch dieses Thema stelle sich historisch betrachtet klassen- bzw. milieuspezifisch dar. Im Rückblick erscheint der Hinweis bemerkenswert, dass in der DDR an Traditionen angeknüpft, dass aber »faktisch kein neuer Brauch geschaffen« wurde (ebenda: 61), dass wir bezüglich Liebe und Ehe »zwischen den Zeiten« lebten (ebenda: 72). Auch mit Bezug auf die kühnen Ideen von Alexandra Kollontai, die von einer ganzen Skala verschiedener Formen der geschlechtlichen Liebesvereinigung geschrieben hatte, gibt es offensichtlich Unsicherheiten, was das spezifisch sozialistische am Lieben und Heiraten in der DDR ist. »Ist eine solche ›neue Moral‹ schon entstanden? Entspricht das entworfene Bild überhaupt heutigen Bedürfnissen? Müssen nicht vielleicht ganz ungeahnte Formen entstehen?« (ebenda: 47). Ein deutlicher Hinweis auf das schon erwähnte Utopiedefizit.

Die jungen Frauen, die vier Jahre später die »Muttipolitik« des DDR-Staates kritisierten, waren wohl eher der Auffassung, dass sich die DDR bezüglich Liebe und Ehe nicht zwischen den Zeiten, sondern in der alten Zeit befand. Heute – wiederum 15 Jahre später – ist das Bild von der hoffnungslos traditionalen DDR-Liebe und -Familie erneut infrage zu stellen. Liest man z.B. heute die Interviewtexte, die die Publikation« Ganz in Familie« abschließen, und vergleicht sie mit den Interviews, die Alice Schwarzer reichlich 10 Jahre früher in der Bundesrepublik gesammelt hatte (Schwarzer, 1981), dann zeigen sich zwei Welten, die unterschiedlicher nicht sein könnten, sowohl was die Fragen als auch was die Antworten betrifft.

Beide Autorinnen interviewten beispielsweise je eine junge Mutter mit fünf Kindern – in beiden Teilen Deutschlands Ausnahmefamilien. Die eine empfing die Interviewerin in der »guten Stube, für die noch 10 000 Mark Kredit abzustottern ist. (Sie) macht einen selbständigen Eindruck und kann sich auch sehr gut gegen die Kinder verteidigen, die ... in Abständen von einer Viertelstunde immer wieder auftauchen, Fragen haben und im Blick den Vorwurf, dass ihre Mutter so lange mit einer anderen Person ... beschäftigt ist« (Schwarzer, 1981: 28). Die andere empfing die Interviewerin in einer 6-Raum-Wohnung, »für die sie nicht 460 Mark, sondern die für Kinderreiche vorgesehenen 3 Prozent vom Familienbruttoeinkommen zahlen. Das sind gut 50 Mark monatlich ... Die Kinder kommen ins Zimmer, erzählen, fragen etwas, ein Nachbarskind kommt, ein Zwilling fühlt sich krank und will getröstet werden, woraufhin der andere auch krank zu werden droht ... Während Frau W. nebenher alle diese Fragen regelt, wird deutlich, dass der Alltag in einer kinderreichen Familie nicht sonstigem Familienalltag gleichzusetzen ist... Herr W. geht – es ist Freitagnachmittag – mit zwei Kindern einkaufen, ohne einen Zettel der Frau, denn er weiß wie sie, was fehlt« (Runge, 1985: 138, 139, 140). Die eine erzählt über sich: Früher »war ich so, wie man sich eine Frau vorstellt: So ein richtiges Hausmütterchen. Aber heute habe ich dazu gelernt ... Es ist doch so, ich darf arbeiten und anschaffen, aber ansonsten bin ich nichts wert, bin überhaupt kein gleichberechtigter Partner. Er kann nachmittags einfach einen Trinken gehen. Ich könnte das nie, schon wegen der Kinder. Mit der Zeit stinkt mich das an. Und wenn wir mal irgendwo hingehen, und ich sag' was, dann stößt er mich unter dem Tisch mit dem Fuß an, will mir verbieten zu sprechen. Früher hab ich dann den Mund gehalten, heute tu' ich das nicht mehr. Abends allein weggehen, ist nicht drin. Sogar beim Elternausschuss macht er Theater. Mit will er nicht, weil er's so langweilig findet, allein hingehen darf ich aber auch nicht« (Schwarzer, 1981: 27). Die andere erzählt über sich, dass sie jede Woche einen »familienfreien Tag« nimmt. Am Dienstag ginge sie nachmittags los, zu ihren Jugendhilfeeinsätzen, danach zu Freundinnen und Bekannten, ins Kino oder Theater. »Das ist, seitdem ich nicht mehr arbeite. Ich will den Anschluss nicht verlieren, ich brauche auch Abstand vom Alltag. Und ich muss mit Erwachsenen zu tun haben« (Runge, 1985: 140).

In Übereinstimmung mit sozialstrukturellen Ergebnissen wird auch in »Ganz in Familie« betont, dass die Familie in der DDR nicht mehr Instrument zur sozialen Mobilität ist. Weder Frauen noch Männer hätten es nötig, »nach oben« zu heiraten. Zunehmend erfolgt die Partnerwahl in gleichen sozialen Schichten (ebenda: 95). Zunehmend gibt es also die gleiche Stellung zum Eigentum. Wie in der Familiensoziologie allgemein wird das Funktionieren einer Familie an drei nur theoretisch trennbaren Funktionskomplexen gemessen, an den biologisch-sozialen Funktionen, an den ökonomischen Funktionen und an den geistig-kulturellen Funktionen, deren Bedeutsamkeit sich nach Lebensphasen unterscheidet (ebenda: 105). »Damit Familie ihre Aufgaben erfüllen kann, müssen die gesellschaftlichen Rahmenbedingungen ... so ausgebildet sein, dass ein relativ störungsarmer Ablauf gegeben ist« (ebenda: 106).

In diesem Zusammenhang wird in der Publikation »auf das soziale Grundbedürfnis, Kinder zu haben« und auf das unterstützende sozialpolitische Programm eingegangen. Hier fällt auf, dass die in der weiblichen Bevölkerung immer lauter werdende Kritik an diesem Programm nicht verschwiegen, aber auch nicht unterstützt wird.»Die Tatsache, dass ein großer Teil der konkreten sozialpolitischen Maßnahmen auf Verbesserung und Erleichterungen des Lebens der werktätigen Frau und Mutter zielen, hat auch die Meinung laut werden lassen, damit werde die traditionelle Zuweisung von Hausarbeit und Kinderbetreuung an die Frau verfestigt. Bei allem kritischen Nachdenken müssen wir jedoch immer die Realität des Familienalltags heute in unserem Land, den Bewusstseinsstand von Männern UND Frauen und unsere Möglichkeiten sehen. ... In der Regel ist es die Frau, die durch häufige Unterbrechungen des Berufslebens und/oder bei verspäteter Rückkehr in den Arbeitsprozess erfahren muss, dass Lücken entstanden sind, Wissen verschlissen ist...« (ebenda: 120).

Vergleichsweise gesellschaftskritisch wird dagegen auf den in der DDR fehlenden Zusammenhang zwischen Berufstätigkeit und Vaterschaft – in praxi und in der Theorie – hingewiesen. »Das Misstrauen gegen väterliche Erziehungstüchtigkeit und -willigkeit scheint tief verankert ... So gut wie gar nicht ist bei uns der Zusammenhang von Vaterschaft, Familie und Berufstätigkeit untersucht ... Gibt es demnach keine Probleme, die von übergreifendem Interesse sind? ... Was bedeutet eigentlich das »Helfen« der Ehemänner im Familienhaushalt? Schließlich ist es doch auch ihr Haushalt!« (ebenda: 125).

IV

Spätestens von 1986 an spiegelten die Dokumente einen gesellschaftlichen Zustand wider, der nach grundlegenden Veränderungen rief. Von nun an fanden wir Themen und Sichtweisen, die unseren kritischen Blick auf Forschungs-, vielleicht auch nur Veröffentlichungsdefizite schärften. Wir haben deshalb unser Recherchespektrum erweitert, haben beispielsweise aus den grünen Heften auch Artikel mit aufgenommen, die über Hausarbeit und deren geschlechtsspezifischen Zuweisungen hinausgehen. Von 1986 an analysierten wir also auch Forschungsfragen und -ergebnisse, die die neue Zeit ankündigten oder die vorher nicht veröffentlicht werden durften oder die vorher nicht in dem Maße bewusst waren. In jedem Fall blieb es aber in unserer Recherche bei der geschlechtsspezifischen Sicht bzw. bei der Kritik an Geschlechtsblindheit.

1986, 1987: Die SID-Hefte dieser beiden Jahre enthalten vergleichsweise viele Aussagen, die die Geschlechterverhältnisse tangieren, vor allem im Rahmen des politisch gewollten Forschungszieles »Familie«. Gleichzeitig war es die Zeit, die in der Sowjetunion Perestroika (Umbau) hieß und die sich durch Glasnost (Durchsichtigkeit) auszeichnen sollte. Auch wenn sich die DDR-Regierung offiziell und immer deutlicher von diesem Kurs des »neuen Denkens« distanzierte, sind in der von uns recherchierten Literatur tatsächlich Themen zu finden, die für eine größere Durchsichtigkeit der gesellschaftlichen Entwicklung sprechen (Gewalt, informelle Jugendgruppen, Umweltprobleme). Den SID-Texten zufolge war die Zeit reif für »die Überwindung von Kulturschranken«, die zur Lösung von globalen Problemen erforderlich sei (SID 6/87: 66).

In Kenntnis des nahenden Endes des DDR-Sozialismus interessieren heute Forschungen zur Zukunftsorientierung damals junger Menschen in besonderem Maße. Als geschlechtsspezifischer Unterschied ist hier festgehalten, dass junge Frauen tendenziell seltener glauben, die gesellschaftliche Zukunft einschätzen zu können, als junge Männer (SID 2/86: 24); ein »Vorsichts-Gebot«, das auch in anderen Zusammenhängen nachweisbar war und das sich bezüglich der DDR-Zukunft in besonderer Weise als sachgemäß erwies. Generell wurde Mitte der 80er Jahre von etwa der Hälfte der jungen Befragten die gesellschaftliche Entwicklung positiv bewertet. Verglichen mit Jugendforschungsergebnissen der vorangegangenen Jahrzehnte bedeutete das einen dramatischen Verlust an »historischem Optimismus«, verglichen mit den Herbstereignissen 1989 jedoch ein noch erstaunlich hohes Maß an Zukunftshoffnungen. Sehr viel mehr als die Hälfte, nämlich etwa 75 Prozent, sahen – offenbar unabhängig von der gesellschaftlichen Entwicklung– bezüglich der eigenen Persönlichkeitsentwicklung optimistisch in die Zukunft, und »die Untersuchungen zeigen auch, dass Jugendliche in der DDR gegenüber Jugendlichen kapitalistischer Länder die Zukunft der menschlichen Gesellschaft ... positiver sehen« (SID 2/86: 23).

Ein Jahr später bestätigten Forschungen zu Lebensplänen Jugendlicher einerseits die generelle Zukunftsgewissheit, andererseits eine Fülle von (erwarteten) Geschlechterunterschieden, so zur Berufswahl, zur Heiratsabsicht oder zum geplanten Erwerb von Konsumgütern (SID 6/87). Vor allem die geschlechtsspezifische Berufswahl war immer wieder wissenschaftliches Thema und politischer Kritikpunkt. In dieser Hinsicht schien sich seit Anfang der 60er Jahre[34] nichts bewegt zu haben, zumindest nicht in der gesellschaftlich gewollten Richtung. »Seit 1976 ist der Anteil der Mädchen an jenen, die technische Berufe ergreifen, insgesamt rückläufig. Er liegt etwa bei knapp 30 Prozent. Zumeist sind die gewählten technischen Berufe auch noch weniger anspruchsvoll und bieten geringere Möglichkeiten zur beruflichen Weiterentwicklung« (SID 5/87:62). Der Kinderwunsch hielt sich in solchen Lebensplan-Untersuchungen generell in Grenzen. »Die sozialpolitischen Maßnahmen, die den Jugendlichen bekannt sind, scheinen den Kinderwunsch – zumindest in

---

34 In diesem Zusammenhang wurde immer wieder Walter Ulbricht zitiert, der 1962 gesagt haben soll: »Aber liebe Genossinnen, wir können den Sozialismus nicht nur mit Friseusen aufbauen.«

diesem Alter – kaum zu fördern« (SID 6/87: 10). Und das hatte, den Forschungsergebnissen zufolge, nichts mit dem Gefühl sozialer Unsicherheit zu tun, denn »bei aller Kompliziertheit der Berufsfindung für den einzelnen gehen ausnahmslos alle Jugendlichen davon aus, dass ihnen sowohl eine Lehrstelle als auch nach beendeter Lehre ein Arbeitsplatz sicher sind. Dieser Wert des Sozialismus ... ist so fest im Bewusstsein der Jugend verankert, dass jede Frage nach einer anderen Möglichkeit auf Unverständnis ... trifft« (SID 6/87: 5).

Inzwischen hat sich der Optimismus bezüglich der Arbeitswelt erledigt. Die weltweite gesellschaftliche Krise mit ihren Zukunftsängsten hat – so die 13. Shell-Studie – die Jugend in ganz Deutschland erreicht, und zwar ohne signifikante Geschlechterunterschiede. Wie bzw. ob der Kinderwunsch mit diesen Zukunftsvorstellungen und mit den gesellschaftlichen Bedingungen für Zukunftsfähigkeit zusammenhängen, ist heute ebenso wie damals umstritten. Als Mitte der 80er Jahre die »Wirkung geburtenfördernder Maßnahmen seit 1970« untersucht wurde, war das Ergebnis eher ernüchternd. Die sozialpolitischen Maßnahmen seien Teil des demographischen Klimas, also Teil der sprichwörtlichen Kinderfreundlichkeit der DDR, »aber stimulieren die Geburten nicht unmittelbar« (SID 6/86: 87). Diese These ließ sich sowohl mit dem Anstieg der Fertilitätszahlen – auch ohne sozialpolitische Maßnahmen – belegen als auch mit dem »Fruchtbarkeitsabfall« seit Anfang der 80er Jahre (der bekanntlich bis zum DDR-Ende anhielt). 1984 stand dem sogenannten idealen Kinderwunsch von 2,15, dessen Realisierung die Elterngeneration ersetzt hätte, ein realer Kinderwunsch (der Befragten) von 1,9 und eine reale Geburtenquote von 1,8 gegenüber (SID 6/86: 78, 82). Das heißt, die jungen DDR-Bürgerinnen und -Bürger erfüllten sich fast vollständig ihren individuellen Kinderwunsch und ließen sich von der gesellschaftlichen Zielstellung und den zugehörigen Rahmenbedingungen wenig beeindrucken (vgl. auch GH 6/86).

Das führt die Gedanken noch einmal zur »Instrumentalisierungsthese« der 90er Jahre: Weil junge DDR-Menschen sich nicht instrumentalisieren ließen, bekamen die DDR-Frauen vergleichsweise selten drei und mehr Kinder. Aber weil die DDR kinderfreundlich war, bekamen sie mindestens ein Kind und stellten damit die These von der »gewollten Kinderlosigkeit in allen hochentwickelten Ländern« in Frage.

Nicht nur das Interesse an einer »fruchtbaren« Bevölkerung, auch das hohe Maß an Ehescheidungen in der DDR waren immer wieder Ausgangspunkte für Partnerschaftsforschungen. Im Ergebnis dessen konnte nachgewiesen werden,
– dass das Interesse am beruflichen Alltag des/der anderen in harmonischen Ehen größer sei als in weniger harmonischen (GH 2/86: 46),
– dass die elterlichen Partnerbeziehungen ein wesentlicher Einflussfaktor auf die Entwicklung der heranwachsenden Kinder sei (ebenda),

– dass vor allem in harmonischen Partnerschaften die gemeinsamen Entscheidungen gegenüber den spezifischen Männer- und Frauenentscheidungen überwögen (GH 4/86: 53)

In dieser zweiten Hälfte der 80er Jahre entschieden sich Frauen, die schon zwei Kinder hatten, bei einer erneuten Schwangerschaft zu 70 Prozent für eine Interruptio (GH 6/87: 46). Der Ausweg aus diesem Dilemma (aus bevölkerungspolitischer Sicht) wurde in einer weiteren Verstärkung, weiteren Häufung der sozialpolitischen Maßnahmen gesehen, denn das »Fruchtbarkeitsniveau sinkt wieder, wenn das System der Maßnahmen nicht durch weitere ergänzt wird« (GH 6/86: 62). Neben der mangelnden Wirksamkeit der staatlichen »Instrumente« mussten die WissenschaftlerInnen zur Kenntnis nehmen, dass die Motive der DDR-Menschen, sich Kinder anzuschaffen, kaum auf den Fortbestand der sozialistischen Gesellschaft gerichtet waren. Von neun erfragten Motiven stand dieses sogenannte gesellschaftliche Motiv an 9. Stelle (GH 6/87: 59).

In diesem Zusammenhang wurde auch das Verhältnis der DDR-Frauen zur »Pille« ein Forschungsthema. Zwar würden im Untersuchungszeitraum ca. 40 Prozent der Frauen im gebärfähigen Alter die »Pille« nehmen, aber die Angst vor gesundheitlichen Schädigungen sei groß und würde relativ häufig zum Absetzen führen. »Mit steigendem Alter gibt es einen Trend zur Absetzung der Pille« (GH 6/87: 50). Diese Angst war offensichtlich nach Auffassung der ForscherInnen unberechtigt, denn »zukünftig sollte die gesundheits-propagandistische Arbeit mehr darauf gerichtet sein, die Bereitschaft der Bevölkerung zur Anwendung der modernen Kontrazeption zu erhöhen und das Vertrauensverhältnis zum Arzt und zu allen Mitarbeitern unseres Gesundheitswesens zu fördern« (GH 6/87: 9). Jüngste Analysen zu den schädlichen Nebenwirkungen der Antibaby-Pille unterstützen die Frauenmeinungen, möglicherweise durch damals häufige bundesrepublikanische Fernsehsendungen angeregt, allerdings mehr als die Empfehlungen der ForscherInnen.

Beim Dauerthema Hausarbeit interessierten in diesem Zeitraum vor allem die Inhalte und deren geschlechtsspezifische Ausprägung. Denn »auffallend ist, dass es vor allem Frauen sind, die die mit konstanter Regelmäßigkeit beinahe täglich wiederkehrenden häuslichen Pflichten zu erfüllen haben, während das, was eher von Männern verrichtet wird, weniger häufig zu tun ist« (GH 4/86: 62). »Frauen obliegt zumeist das sozial-betreuerische, routinehafte, zeitlich und räumlich gebundene Handeln in der Familie; Männern vornehmlich das sachlich-instrumentelle und zeitlich und räumlich weniger regelhafte« (GH 5/86: 43). Immerhin – die häusliche Arbeitsteilung hatte in der späten DDR ein Maß erreicht, das eine geschlechtsspezifische Inhaltsanalyse erlaubte.

In den 80er Jahren spielten in der DDR-Wissenschaft ebenso wie in den westlichen Ländern Untersuchungen zur Leistungsbereitschaft, Leistungsmotivation, Leistungsfähigkeit usw. eine große Rolle, allerdings ohne die Geschlechtsspezifik dieses Themas angemessen zu reflektieren. Umso bemerkenswerter, dass ein bis heute hochaktueller Beitrag zur weiblichen Leistungsmotivation aus der Münchner Fachzeitschrift »Psychologie in Erziehung und Unterricht 1/83« in die grünen Hefte übernommen wurde. Mit Bezug auf die internationale Debatte um die weibliche »Angst vor Erfolg« hieß es: »Es kann jedoch nicht das Ziel von Forschung und erzieherischer Tätigkeit sein, nun auch das weibliche Geschlecht möglichst reibungslos an das Leistungs›prinzip‹ anzupassen. Die Selbstunsicherheit der Frauen im Leistungsbereich ist ja auch Ausdruck einer m.E. berechtigten Ablehnung eines von allen anderen Lebensbezügen losgelösten Leistungsdenkens, wie es in der von männlichen Normen geprägten Gesellschaft vorherrscht. Vielmehr sollte das Ziel darin bestehen, diese Normen so zu verändern, dass für beide Geschlechter Leistung wieder sinnvoll in die Gesamtheit des Lebens integriert werden kann, d.h. dass ›Selbstverwirklichung‹ durch Leistung ohne eine Verarmung anderer Persönlichkeitsbereiche möglich wird« (GH 2/86).

Rückblickend bleibt auch hier das Bedauern, dass solche Überlegungen nicht öffentlich und offensiv diskutiert wurden. So ist die Frage unbeantwortet (ungestellt) geblieben, ob Selbstverwirklichung durch Leistung unter sozialistischen Bedingungen auch bzw. im gleichen Maße zur Verarmung anderer Persönlichkeitsbereiche – gemeint sind sicherlich die privaten – führen muss. Immerhin wurde für die spezielle Gruppe der »weiblichen Hoch- und Fachschulkader in Leitungsfunktionen« festgestellt, dass sich ihr Freizeitbudget an Wochentagen kaum (am Wochenende nicht gravierend) von dem des männlichen Pendants unterscheidet (GH 3/87). Und das Freizeitbudget ist vermutlich ein Indiz für die »Verarmung« anderer Bereiche. Überhaupt schien die Analyse von DDR-Frauen in leitenden Funktionen zu dem Ergebnis geführt zu haben, dass sich die Unterschiede zum entsprechenden Mann in Grenzen halten (GH 5/87: 16).

Frauen und Leitungstätigkeit, das Thema wurde zwar immer wieder sozialwissenschaftlich behandelt, allerdings niemals bis zur wirklichen Machtebene, d.h. bis zu den Führungspositionen in der Regierung, im Parteiapparat, in der Wirtschaft. Im Februar 1986 wurde im Zusammenhang mit einem Kolloquium zur weiblichen Leitungstätigkeit festgestellt, dass fachlich die Frauen den Männern ebenbürtig seien, dass sie aber eine »besonders hohe Verantwortung für die Familie (trügen)... Verantwortungsvolle Aufgaben werden noch zu häufig zuerst an Männer übertragen. Dafür lassen sich aus Fähigkeiten und Leistungsbereitschaft keinerlei Begründungen ableiten« (SID 3/86: 79). Bezogen auf die Hauptstadt Berlin, die in Vorbereitung auf ihre 750-Jahr-Feier besonders in den politischen Blick geriet, wurde festgehalten, »dass in den verschiedenen gesellschaftlichen Bereichen Berlins der Anteil der Frauen an Leitungsfunktionen sehr unterschiedlich ist. Im Durchschnitt sind etwa ein

Drittel der Leitungskader Frauen (das entspricht auch dem DDR-Durchschnitt). Der Anteil der weiblichen Leitungskader liegt jedoch im Bildungs- und Gesundheitswesen sowie im Handel höher ... Insgesamt nimmt der Anteil der Frauen mit steigender Leitungsebene ab« (SID 4/86: 28). Mit solchen Daten hatte die spätere Transformationsforschung Interpretationsprobleme: Einerseits – immerhin ein Drittel in Führungspositionen, das ist nicht wenig und beachtlich im Vergleich zur altbundesrepublikanischen Situation, vor allem, wenn man die weibliche Berufstätigenquote von reichlich 90 Prozent und die Bildungsgleichheit – zumindest der jüngeren Jahrgänge – hinzudenkt (SID 5/87: 61).

Also doch ein »Gleichstellungsvorsprung« der ostdeutschen Frauen (vgl. Geißler, 1993)? Andererseits – nur ein Drittel in Führungspositionen, und dann auch noch in den so genannten »weichen« gesellschaftlichen Bereichen und in den unteren Leitungsetagen. Also doch ein Patriarchat wie jedes andere? Wir neigen heute dazu, jede der beiden Fragen mit »Ja, aber...« zu beantworten. Ja, Gleichstellungsvorsprung, aber nur bzw. überwiegend bezogen auf die berufliche Arbeit. Und ja, Patriarchat, aber nicht wie jedes andere. So etwa stand es auch schon 1987 in den SID-Heften: »Die DDR hat also, sowohl historisch gesehen wie international verglichen, enorme Erfolge im Prozess der sozialen Annäherung der Geschlechter in der Berufsarbeit aufzuweisen... (Aber) Für den objektiven Widerspruch, der einesteils in der Notwendigkeit intensiver Verausgabung der Individuen in der Berufsarbeit und andernteils in der Unausweichlichkeit reproduktiver individueller Alltagsarbeit besteht, ist die in der Familie massenhaft und routinemäßig praktizierte Arbeitsteilung zwischen den Geschlechtern das historisch vorgeprägte, tradierte und gesellschaftlich unterstützte Lösungsmuster. Drei Viertel der anfallenden Hausarbeit werden von Frauen erledigt« (SID 5/87: 61, 64).

Mit dem Forschungsinteresse an »sozialistischer Leistung« war auch das Interesse an sozialistischer Intelligenz bzw. Elite und ihrer Reproduktion verbunden. Eine Sozialstrukturuntersuchung unter Hochschulstudentinnen und -studenten konnte belegen, dass der Einfluss der berufstätigen Mutter, insbesondere der hochqualifizierten berufstätigen Mutter auf das Bildungsstreben und sogar die Fachrichtungswahl der Töchter größer ist, als bisher angenommen. »Die Mutter übernimmt dabei durchaus Funktionen, die oft nur dem Vater ... auf Grund einer vaterzentrierten Betrachtungsweise ... zugeschrieben werden ... In den nächsten Jahren ist auf Grund der weiteren Erhöhung des Qualifikationsprofils der Frauen ... mit einer verstärkten Studienbereitschaft von Mädchen und jungen Frauen zu rechnen« (GH 4/86: 45). Zumindest für diese spezielle soziale Gruppe galten demnach die Kritiken, die es über Jahre hinweg am mütterlichen Erziehungsstil gab, nicht mehr. Und zumindest für diese Gruppe erwies es sich als ergiebig, das mütterliche Qualifikationsniveau empirisch zu erfassen und auszuwerten. Ein methodisches Herangehen, das für die gegenwärtige bundesrepublikanische Sozialwissenschaft immer noch nicht selbstverständlich ist.

HochschulabsolventInnen wurden jedoch nicht nur als Kinder, sondern auch als Eltern beforscht. Immer mehr männliche und weibliche Studierende kämen zu dem Schluss,»dass die Verlagerung der Mutterschaft auf das Studium ... einen zeitlichen Vorlauf und dadurch gewisse Vorteile für die Berufstätigkeit bringt« (GH 4/86: 50). Dieser »Mut zum Kind« während des Studiums wurde nicht nur in Befragungen geäußert, sondern auch praktisch unter Beweis gestellt, eine Tatsache, die einerseits international aufhorchen ließ, andererseits an die Hochschulen (Sonderregelungen für Schwangere und für Mütter) und an die Gesellschaft (Wohnheime, Krippenplätze) beträchtliche Anforderungen stellte (GH 486: 53). Gleichzeitig war nicht zu übersehen, dass mehr Frauen als Männer den Mut zum Kind bekundeten und dennoch mehr Männer als Frauen – als Studierende – schließlich Kinder hatten. Das heißt, Frauen brachen offenbar, wenn sie sich ihren Kinderwunsch erfüllten, häufiger das Studium zeitweise oder für immer ab. »Diese geschlechtsspezifischen Unterschiede sind in allen Fachrichtungen zu beobachten ... Sie entstehen u.a. aus der größeren Belastung einer Frau mit Kind gegenüber dem Mann, obwohl sich unter Studenteneltern eine gleichberechtigte Verteilung häuslicher Aufgaben schon weitgehend durchgesetzt hat« (GH 4/86: 53).

Unter der Überschrift »Wissenschaftlich-technische Revolution und Persönlichkeit« wird – wohltuend deutlich und zugespitzt, – auf die Konflikte hingewiesen, mit denen auch sozialistische Eliten leben müssten. »Soweit ich die Diskussion über die Herausbildung von Spitzenkräften kenne, wird dieses Problem primär aus der Sicht der Bedingungen und Anforderungen der Arbeit (gemeint ist Berufsarbeit, U.S.) diskutiert. Aber Spitzenkräfte haben doch in der Regel auch Ehepartner und Lebensgefährten, haben Familie, Haushalt; Kinder, die krank werden, Eltern, die unter Umständen zu betreuen sind. Und mehr noch: Die Ehepartner und Lebensgefährten von Spitzenkräften sind – wenn nicht selbst Spitzenkräfte – so doch selbstbewusst ihre Ansprüche an Beruf und Familie vortragende sozialistische Persönlichkeiten. Wie geht das alles zusammen? ... Sind wir nicht herausgefordert, auch intensiver darüber nachzudenken, wie, über welche spezifischen Wege und Entwicklungen sich Frauen in den verschiedensten Berufen und Tätigkeiten als Spitzenkräfte entwickeln?« (SID 6/86: 19).

In der Folge dieser Debatte wurde die Forderung erhoben, der »ganzen Persönlichkeit« mehr Rechnung zu tragen und das Privatleben, die Familie, die Freizeit, den Alltag usw. gleichrangig mit dem Berufsleben zu erforschen (SID 6/86: 25, 29). Die Realisierung dieser Forderung hätte – auch institutionell – eine prinzipielle Veränderung der DDR-Sozialwissenschaften bedeutet, denn im Rahmen der sogenannten Bindestrich-Soziologien wurden die Probleme ja oft durchaus reflektiert. So die »Veränderungen in familialen Funktionen«

(SID 4/86: 37), der Einfluss der Familie auf den gesellschaftlichen Arbeitsprozess (SID 4/87: 53) bzw. die gegenseitige Beeinflussung von Ehe- und Arbeitszufriedenheit (SID 4/87: 60), die »neue Qualität der weiblichen Sexualität« (SID 4/86: 40) oder auch die mit dem wachsenden weiblichen Anspruchsniveau in Zusammenhang gebrachten »Störungen im Partnerschaftsbereich« (SID 4/86: 40). Mehrheitlich ging es aber dabei nicht um eine wirklich gleichrangige Forschungsstrategie, sondern überwiegend um den Einfluss des Privaten, des Alltäglichen, des Familiären auf den beruflichen Arbeitsprozess. Dass das Ziel letztlich der öffentliche Bereich war, dem der private zu dienen hatte, kommt vor allem bei Forschungsthemen zum Ausdruck, die die »sozialistische Leistungsgesellschaft« betreffen. »Frauen in Forschung und Entwicklung erreichen häufiger niedrigere Leistungsparameter als ihre männlichen Kollegen ... Offenkundig schlagen unter den spezifischen Bedingungen wissenschaftlich-technischer Arbeit die Mehrbelastungen durch Mutterschaft und fortwirkende Formen ungleicher familiärer Arbeitsteilung stärker und direkter als Faktoren für berufliche Leistungs- und Entwicklungsdefizite durch... Da eine sozialistische Gesellschaft aus sozialen, ökonomischen und politischen Gründen nicht auf die Kreativität von Frauen in einem solchen entscheidenden Bereich verzichten kann und will, fordert diese Tendenz noch nachhaltiger unsere sozialpolitische Phantasie für eine gesellschaftliche und individuelle ›Gegenstrategie‹ heraus... Auch hierfür erweist sich umfassende Intensivierung als der entscheidende Schlüssel: Rationalisierung des wissenschaftlich-technischen Arbeitsprozesses und geringerer Verbrauch an Lebenszeit und -energie in einer besser funktionierenden Reproduktionssphäre, also Ökonomie der Zeit in allen Lebensbereichen« (SID 3/87: 65). Das heißt im Klartext, gebraucht wird eine funktionierende rationalisierte Reproduktionssphäre (ob mit männlicher Beteiligung, bleibt hier offen), um die weibliche Kreativität in der Produktionssphäre besser nutzen zu können. Ein Konzept, das meilenweit entfernt ist von gleichrangiger Persönlichkeitsentwicklung für Männer und Frauen oder auch für Alte und Junge. Ein Konzept, das wie in der Alt-BRD die Frauen »reibungslos in das Leistungsprinzip anpassen« sollte (vgl. rückblickend GH 2/86).

Dieses hierarchische Denkmodell ging gelegentlich einher mit Auffassungen, nach denen dem öffentlichen Bereich eher fortschrittliche, dem privaten Bereich eher konservative Elemente unterstellt wurden, weil »die Familie als spezifische soziale Gruppe auch im Sozialismus ... kein Vorreiter der Veränderung der Lebensweise und ihr Einfluss auf die Lebensweise der kommenden Generationen nicht umwälzend ist. Sie tendiert im Gegenteil eher dazu, bestehende traditionelle Beziehungen ... zu konservieren« (SID 4/87: 58). Ob dem tatsächlich so ist oder ob die Stabilität geschlechtsspezifischer Arbeitsteilung und geschlechtsspezifischer Erziehung in der Familie mehr mit gesellschaftlichen Rahmenbedingungen zu tun hat als mit der Konservierungskraft der sozialen Gruppe Familie, ist – wie erwähnt – durchaus fragwürdig; hängt wohl auch mit dem männergeprägten Fortschrittsbegriff zusammen. Heute halten wir zumindest für diskussionswürdig, ob nicht die sogenannten matriarchalen Verhaltensmuster (vgl. Kuhn, 2004) die wirklich fortschrittlichen, weil überlebensnotwendigen sind.

Die Verantwortlichen der DDR-Jugendforschung machten – nimmt man die SID-Hefte zum Maßstab – mit der geforderten ganzheitlichen und folglich nicht geschlechtsblinden Forschungsabsicht ernst und stellten empirische und theoretische Konzepte zur Erforschung »der Geschlechtstypik« vor (SID 2/87), immer unter der Voraussetzung, dass geschlechtstypische Einstellungen und Verhaltensweisen primär soziale Wurzeln hätten. Hinsichtlich des Vereinbarkeitsproblems halten die JugendforscherInnen für bewiesen: »Ohne dass der Mann mehr in den häuslich-familiären Aufgabenbereich eintritt, kann sich die Frau beruflich nicht weiter engagieren« (SID 2/87: 69,70). Forschungsziel war dabei nicht Gleichmacherei, denn »soziale Unterschiede, die ... eine Geschlechtergruppe gegenüber der anderen nicht herabsetzt, müssen ... nicht abgebaut werden« (SID 2/87: 70). Solche soziologischen Ansätze hätten aus unserer (heutigen) Sicht gut in die westliche Feminismusdebatte um den sogenannten Differenzansatz gepasst.

Auf jeden Fall schien Mitte der 80er Jahre die Zeit überreif zu sein für ein neues Verständnis von DDR-Frauenforschung, vielleicht auch nur für ein Rückbesinnen auf die Ausgangsüberlegungen von 1964. Die einfache explorative Sicht auf empirisch nachweisbare Geschlechterunterschiede reichte offenbar nicht mehr aus. »Wie die Diskussion zeigte, sollten geschlechtliche Differenzierungen künftig schon beim theoretischen Ansatz entsprechender Untersuchungen stärker Berücksichtigung finden« (SID 4/86: 42). Steckt dahinter die Einsicht, dass die Triebkraftfunktion sozialer Unterschiede nicht nur zwischen Klassen/Schichten, nicht nur zwischen Stadt und Land usw, sondern auch zwischen Frauen und Männern für die weitere gesellschaftliche Entwicklung nützlich sein könnte und dass es sich deshalb lohnt, diese Unterschiede genauer zu erforschen? Wir halten zumindest die Frage für aufhebenswert.

Die Zeitbudgetforschung zog ein Resümee der letzten 20 Jahre und stellt »nur« hinsichtlich der realen Freizeit Unterschiede zwischen den Geschlechtern fest. Die Forschungsergebnisse im einzelnen:
– die arbeitsgebundene Zeit (gemeint ist Berufsarbeit) habe sich erhöht, u. a. durch Verlängerung der Wegezeiten,
– die Zeit für Beschäftigung mit dem Kind sei langsam, aber kontinuierlich angestiegen,
– die Hausarbeitszeit sei ständig gesunken, dennoch seien die Aufwendungen für hauswirtschaftliche Tätigkeiten in der DDR nach wie vor sehr hoch,
– von 1965 bis Mitte der 70er Jahre habe sich die Zeit für den Nachtschlaf vermehrt, seit dem sei sie konstant,

– die reale Freizeit weise geschlechtsspezifische Unterschiede auf; sie habe sich, wenn man die Zeit für Schlafen und Gartenarbeit nicht berücksichtigt, in den letzten Jahren nur geringfügig vergrößert (SID 4/86: 18).

An anderer Stelle wird diese geschlechtsspezifische Freizeit genauer untersucht, und zwar sowohl hinsichtlich des Freizeitumfangs als auch hinsichtlich der Freizeitinhalte. »Zeitbudgetuntersuchungen weisen aus, dass Frauen täglich eine Stunde weniger zur Verfügung haben ... als Männer. Deshalb werden von ihnen einige Freizeittätigkeiten deutlich seltener ausgeführt. Diesbezüglich hat sich in den letzten 10 Jahren wenig geändert« (SID 1/87: 70). Wir meinen, dass die geringere Freizeitquantität nur eine unvollständige Begründung sein kann für die andere Freizeitqualität, also für die Tatsache, dass Frauen seltener als Männer ehrenamtlich tätig waren, sich mit dem Auto beschäftigten, am Haus oder in der Wohnung bauten, Sportveranstaltungen besuchten und organisiert Sport trieben (SID 1/87: 68). Aber eine tiefergehende Ursachensuche hätte – wie schon an vielen anderen Stellen betont – ein anderes, ein weniger männerdominiertes Forschungskonzept erfordert.

Im Rahmen des Freizeitverhaltens wurden in diesen letzten DDR-Jahren die sportlichen Aktivitäten der DDR-Frauen besonders gründlich untersucht, genauer die Faktoren, »die das Verhältnis der Frauen zu Körperkultur und Sport beeinflussen ... Dabei wurde hervorgehoben, dass diese Faktoren nicht automatisch wirken, sondern in ihrer fördernden Wirkung durch verschiedene gesellschaftliche Verantwortungsträger in komplexer Weise zum Tragen gebracht und von den Frauen selbstbewusst aufgeschöpft werden müssen« (SID 1/87:73). Bei der Erläuterung der Pflichten der »Verantwortungsträger« spielt u. a. die Produktion geeigneter Sportgeräte und die Produktion »praktischer und attraktiver« Sportkleidung für Frauen eine Rolle.

Solche Formulierungen – hier von einer Autorin – verdeutlichen aus unserer heutigen Sicht das ganze Dilemma der DDR-Frauenpolitik: Es gab Verantwortungsträger, und es gab Frauen, die die zur Verfügung gestellten Möglichkeiten besser »ausschöpfen« und gleichzeitig attraktiv aussehen sollten. Konnten zwanzig Jahre vorher solchen Formulierungen (»Einbeziehung« als Chance für Frauen) noch positive Seiten abgerungen werden, so stehen sie in den 80er Jahren eher für Aussichtslosigkeit und das absehbare Ende.

Die SportsoziologInnen der DDR entdeckten auch bzw. bestätigten Geschlechterunterschiede hinsichtlich der Realisierung sportlicher Interessen. Während Männer meist nach der Arbeitszeit und oft, um sich mit Kollegen und Freunden zu treffen, Sport trieben, seien Frauen häufiger an individuellem Sport (in der Wohnung) oder an wohnungsnahen Sportgruppen interessiert. Und das – so wird deutlich gesagt – hätte nicht biologische, sondern soziale Ursachen.

Darüber hinaus stellten die SoziologInnen fest, dass sich die Motive zum Sporttreiben in den letzten 20 Jahren deutlich geändert hätten, vom mehr gesellschaftsorientierten Wunsch (»Geselligkeit«) zum mehr individuellen Wunsch (»fit bleiben«, »Freude haben«). Individualisierungstendenzen also auch in der DDR. Gleichzeitig zeigten sich auch auffällige Unterschiede zwischen männlichen und weiblichen Motiven zum Sporttreiben. »Die überwiegende Mehrheit der Frauen möchte zur Entspannung, Freude und Gesundheit sowie wegen einer guten Figur Sport treiben und nicht vordergründig, um ihre sportliche Leistungsfähigkeit zu verbessern und an Wettkämpfen teilzunehmen« (SID 1/86: 27). Nachträglich fällt (uns) auf, dass sich hier, verglichen mit der häufiger und regelmäßiger untersuchten Arbeitsmotivation, bemerkenswerte Analogien zeigen: Männer favorisieren auch bezüglich der beruflichen Arbeit das so genannte Leistungsmotiv oder Selbstverwirklichungsmotiv (zeigen, was in mir steckt), während es Frauen auch im beruflichen Prozess häufiger um Kontakte und Beziehungen geht. (vgl. Abschnitt 1980). Auch hier kann rückblickend nur festgestellt werden, dass solche Analogien damals keine Aufmerksamkeit finden konnten, weil das Geschlechterverhältnis – an sich – kein Thema war.

Dass die damit verbundenen Erkenntnislücken aber nicht reflektiert wurden, erstaunt aus heutiger Sicht doch. So kann im Zusammenhang mit sozialstrukturellen Forschungen über das Arbeitskollektiv genau angegeben werden, worin die Vorzüge eines heterogenen Kollektivs bezüglich der Altersstruktur bestehen. Die gleichermaßen behaupteten und spürbaren Potenziale, die mit einer heterogenen Geschlechterstruktur verbunden sind, können offenbar empirisch nicht belegt werden. »Bekannt ist, dass hinsichtlich der Zusammensetzung nach dem Geschlecht heterogene Kollektive effektiver funktionieren als homogene – alle anderen Faktoren als gleich vorausgesetzt. Auch die altersmäßige Zusammensetzung erscheint derzeit günstiger, wenn sie alle Altersgruppen einschließt, da diese ihre jeweils spezifischen Potentiale (Berufserfahrung, Betriebskenntnis, Unbefangenheit im Aufwerfen neuer Fragen, Drängen auf Veränderung und Verbesserung) in das Gruppengeschehen einbringen können« (SID 4/87: 10). Welche spezifisch weiblichen, welche spezifisch männlichen Verhaltensweisen aber sorgten dafür, dass »nach dem Geschlecht heterogene Kollektive effektiver funktionieren«? Die Frage wurde nicht gestellt.

Die Forschungen zum Wohnungs- und Städtebau (Territorialforschung) reflektierten sowohl das Geschlechterverhältnis als auch das Generationenverhältnis. Dabei wurde wiederum der Trend, der heute »apart and together« heißt, auch schon für die späte DDR nachgewiesen. Bezogen auf das Zusammenleben mehrerer Generationen, das wegen der fast vollständigen Berufstätigkeit von Frauen und Männern kaum noch wie früher in den Familien organisiert werden könne, ist festgehalten: »Wohnen in ›Nähe auf Distanz‹ (in altersgerechtem Wohnraum in gewohnter Umgebung) ist eine Möglichkeit, Interessenübereinstimmung zwischen den Generationen zu realisieren« (SID

4/86: 43). Auf einen anderen Typ von Generationenfragen wird ein Jahr später aufmerksam gemacht: »Im Jahr 2000 besteht die Generation der Männer, die ins Rentenalter kommen, in der DDR zu 25 Prozent aus Hoch- oder Fachschulabsolventen, in Berlin zu 43 Prozent; die Generation der Frauen in der DDR zu 25 Prozent, in Berlin zu 38 Prozent ... Bemerkenswert sind aber auch die demographischen und sozialen Folgen des frühzeitigen Ausscheidens der Kinder aus dem elterlichen Haushalt. Wenn wir davon ausgehen, dass die meisten Frauen ihr Kind/ihre Kinder im Alter von 20 bis 25 Jahren geboren haben ... und die Lebenserwartung der Frauen 75 Jahre beträgt, bedeutet das, dass die sogenannte ›nachelterliche Phase‹ etwa ein Drittel der Lebenszeit umfasst« (SID 3/87: 7). Die ForscherInnen sahen also eine anspruchsvolle und privat wenig belastete »reife« Generation auf die DDR-Gesellschaft zukommen, eine Tatsache, die in der Transformationsforschung der 90er Jahre als ostdeutsche Spezifik gelegentlich erwähnt, aber kaum gründlich reflektiert wurde. Was bedeutet frühe Elternschaft – auch damit verbundene frühe Großelternschaft – bei gleichzeitiger hoher Bildung meist beider Lebenspartner für das Verhältnis der Generationen und der Geschlechter? Diese Frage kann im Rahmen des westdeutschen sozialwissenschaftlichen Mainstream nicht und auf der Grundlage ostdeutscher Empirie nicht mehr lange beantwortet werden. Wir wollen sie hier wenigstens stellen.

Die WissenschaftlerInnen sahen auch vielfältige Familienformen und Wohnbedürfnisse auf die DDR-Gesellschaft zukommen, ein Fakt, der besser als junge und kluge Großeltern zum »modernen« Nachwende-Deutschland und zu seiner Sozialwissenschaft passte : »Bleibt die vollständige, auf Ehe beruhende Familie in absehbaren Zeiträumen auch das Modell des Zusammenlebens von Partnern, Eltern und Kindern, müssen wir uns doch mehr und mehr darauf einrichten, dass die Familienformen künftig an Vielfalt gewinnen ... Dabei fällt nicht allein der hohe Prozentsatz an Müttern ins Gewicht, die sich ohne Ehe zum Kind entschließen (1985: 33,8 Prozent im DDR-Durchschnitt...). Auch die Zahl der ledigen Männer unter 30 Jahren nimmt zu« (SID3/87: 51, 52).

Vor allem aber wurde in der Territorialforschung das Verhältnis zwischen Privatheit und Öffentlichkeit, das Verhältnis zwischen »Drinnen« und »Draußen« thematisiert, das in feministischen Theorieansätzen der Alt-BRD oft als eines der Kernprobleme gilt. Die Trennwand zwischen öffentlichem und privatem Bereich durchlässig zu machen, die Kombinierbarkeit zwischen öffentlicher und privater Arbeit für den einzelnen und für die einzelne zu ermöglichen, das gilt nach frauen-, kinder- und familiensoziologischen Forschungsergebnissen der letzten 20 Jahre (in die ostdeutsche Erfahrungen nur sehr begrenzt eingeflossen sind) als Voraussetzung für soziale Gerechtigkeit und insbesondere für Kinderfreundlichkeit. Die Stadtsoziologie der DDR konnte, was die bröckelnde Trennwand zwischen Privatheit und Öffentlichkeit betrifft, Optimismus verbreiten. »Im Gegensatz zu kapitalistischen Entwicklungen, wo es durch Besitzgier, Konkurrenzkampf, Prestigedenken und Statusverteidigung zu einer Polarisierung von Privatheit und Öffentlichkeit kommt und die mit halböffentlich bezeichneten potentiell gemeinschaftlichen Bereiche dadurch zwangsläufig in eine untergeordnete Rolle gedrängt werden, bietet die sozialistische Gesellschaftsordnung sowohl in der Arbeits- als auch in der Wohnumwelt sehr gute Voraussetzungen für die Entwicklung gemeinschaftlicher Bereiche und gemeinschaftlicher Nutzungen« (SID 4/86: 69). Im Rahmen solcher Untersuchungen wurden optimale Größen für Hausgemeinschaften und Hofgemeinschaften vorgeschlagen, in jedem Fall mit separaten Bereichen für Jugendliche »außerhalb sozialer Kontrolle«. Es versteht sich für DDR-Verhältnisse von selbst und muss deshalb aus heutiger Sicht besonders hervorgehoben werden, dass das Optimum im Sinne sozialer Effektivität und nicht unbedingt im Sinne ökonomischer bestimmt wurde.

Die größere Offenheit gegenüber Problemen, die es eigentlich im Sozialismus nicht geben sollte, zeigte sich erneut in Publikationen zum Drogenkonsum und auch in sehr vorsichtigen Hinweisen auf die materielle Situation »allein stehender Frauen«. Der Drogenkonsum der DDR-Jugendlichen war aus den bekannten Gründen auf Tabak und Alkohol reduziert. Bezüglich des Rauchens ist von »Emanzipation am falschen Platz« (GH 4/86: 67) die Rede, denn Mädchen und junge Frauen würden, seit der Prozess beobachtet wird (1970), immer häufiger und biografisch immer früher zur Zigarette greifen, allerdings ohne bisher das männliche Niveau erreicht zu haben. Auch beim Alkoholkonsum musste eine wenn auch geringere Annäherung des weiblichen Verhaltens an das männliche festgestellt werden, was umso schwerer wog und wiegt, weil Frauen i. a. eine geringere Alkoholverträglichkeit aufweisen (GH 4/86). Hinsichtlich der Situation allein Stehender – den Begriff allein Erziehende gab es in der DDR nicht – wurde vor allem Forschungsbedarf signalisiert, der die offensichtlichen »materiellen Nachteile« aufklären sollte. »Die ... selbstverständlich ungünstigere materielle Situation dieser Frauen gegenüber den ›Normal‹-Haushalten in der DDR (mit zwei Einkommen) wird zusätzlich beeinflusst durch die im Durchschnitt geringeren Arbeitseinkommen von Frauen gegenüber Männern« (GH 5/86: 53). Politische Konsequenzen (z. B. bevorzugte Krippenplatzvergabe) aus den materiellen Nachteilen waren bekanntlich schon gezogen worden. Nun sollte es also um die Ursachen der materiellen Nachteile gehen. Ein konsequentes Nachfragen nach Ursachen hätte ohne Umschweife zu geschlechtsspezifischen Defiziten des DDR-Staates – hier ausdrücklich nicht nur als Muttermal der Vergangenheit – führen können, zur Erkenntnis, dass die Arbeit im Privathaushalt auch unter sozialistischen Bedingungen nicht gleichrangig wie die Berufsarbeit zur gesellschaftlich notwendigen zählte.

Eine Analyse zum Rechtsbewusstsein von Jugendlichen brachte interessante Geschlechterunterschiede ans Tageslicht, die ebenfalls eine umfassendere

Betrachtung und Verallgemeinerung verdient hätten. Generell wurde den befragten Mädchen bescheinigt, dass sie in dieser Hinsicht mehr als die Jungen wissen und auch mehr Bereitschaft zeigen, sich Kenntnisse anzueignen und rechtliche Normen zu akzeptieren. Vor allem aber würde die Dialektik zwischen Rechten und Pflichten unterschiedlich reflektiert.»So erachten es die weiblichen Jugendlichen in gleichem Maße für notwendig, sich über Rechte und Pflichten zu informieren, während die männlichen Jugendlichen einseitiger auf ihre Rechte orientiert sind« (GH 4/86: 69). Solche Forschungsergebnisse bestätigen nach unserer heutigen Kenntnis in auffälliger Weise Grundthesen der modernen Matriarchatsforschung.

Auch die im Rückblick etwas ratlos wirkende wissenschaftliche – und wiederum geschlechtsneutrale – Hinwendung zu »gefährdeten Gruppen« und zu Asozialität verweist auf Probleme, die es eigentlich im Sozialismus nicht geben sollte. Es gäbe in der DDR durchaus Kopien der kapitalistischen Jugendszene, die aber etwas anderes ausdrücken würden (vgl. vorausschauend SID 4/88: 57), und es gäbe kriminelle Gefährdungen und asoziales Verhalten, was in direktem Zusammenhang stünde mit einem instabilen individuellen Verhältnis zur Arbeit.»Die Realisierung der Eigentümerfunktion im Sozialismus heißt, dass jeder arbeitsfähige Bürger sich als Eigentümer nur durch seine Arbeit betätigen kann. Der Entwicklungsstand der Produktivkräfte beschränkt jedoch objektiv die Möglichkeit der Aneignung des gesellschaftlichen Reichtums in der Arbeit selbst ... Diese Menschen (die Kriminellen, U.S.) haben auf Grund tiefgreifender Störungen im sozialen Integrationsprozess kein stabiles Verhältnis zur Arbeit entwickeln können. Labilität und Beziehungsarmut kennzeichnet ihr Verhalten auch in allen anderen Lebensbereichen« (SID 3/87: 82).

In den letzten DDR-Jahren sollte das angestrebte ökonomische Wachstum durch »umfassende Intensivierung« realisiert werden. Zahlreiche soziologische Projekte beschäftigten sich mit diesem Thema, einige davon auch mit Gleichberechtigungsfragen unter den Bedingungen der umfassenden Intensivierung. Dabei wurde die Kritik am sozialistischen Patriarchat deutlicher. So werden in der nur für die SED-Führung bestimmten Reihe »Aus Theorie und Praxis der gesellschaftswissenschaftlichen Forschung« Forschungsergebnisse zu Verhaltensweisen der wissenschaftlich-technischen Intelligenz vorgestellt, die in ihrer Geschlechtsspezifik zwar nicht neu, in ihrer Interpretation aber gesellschaftskritischer – materialistischer – sind. »Hinter der Erfahrungstatsache, dass Aufrufe zur gerechten Arbeitsteilung zwischen Mann und Frau innerhalb der Familie wenig Wirkung zeigen, verbergen sich materielle Hintergründe und Ursachen ... Die alte Teilung der Arbeit zwischen den Geschlechtern ist keine innerfamiliäre Angelegenheit, sondern ein Moment der gesellschaftlichen Arbeitsteilung« (Müller-Hartmann, 1986: 37).

Ein anderes Forschungsprojekt zum Thema »umfassende Intensivierung« erklärt die Gleichberechtigung der Frauen ebenfalls zum gesamtgesellschaftlichen Anliegen, weil »Frauenorganisationen und -kommissionen auch bei größer werdender eigener Verantwortung allein nicht in der Lage sind, dem komplexen Charakter der neuen Aufgaben gerecht zu werden« (Wonneberger, 1987: 9). Dieser Satz hätte schon damals Erstaunen auslösen müssen, zum einen, weil es in der DDR keine Frauenorganisationen gab, sondern genau eine Organisation, zum anderen, weil das Gleichberechtigungsproblem spätestens seit Anfang der 70er Jahre als prinzipiell gelöst galt. Wieso kann sich ein prinzipiell nicht mehr existierendes gesellschaftliches Problem unter neuen technologischen Bedingungen zu einem neuen entwickeln, nicht nur zu einem neuen Problem, sondern zu einem »gesamtgesellschaftlichen Anliegen, das auch in den politischen Führungskonzeptionen der Partei- und Gewerkschaftsleitungen sowie in den langfristigen Leitungsstrategien der Betriebe und Kombinate einen wachsenden Stellenwert einnehmen muss« (Soziale Fragen..., 1987: 9)?

Beeindruckend auch ein Bericht über die Einführung eines modifizierten Schichtsystems für berufstätige Mütter mit Kleinkindern (vgl. Kuhn, 1987). In einem Erfurter Betrieb, dem führenden Betrieb für Mikroelektronik, wurde – zunächst gegen den Widerstand des Direktorates Ökonomie – ein spezifisches Schichtsystem entwickelt, das den Schichtarbeiterinnen die Versorgung ihrer Kinder/Familienangehörigen erlaubte. Dass schließlich ein Teilzeit-Arbeitsverhältnis entstand, das die Bedürfnisse sowohl der Frauen als auch des Betriebes gleichermaßen befriedigte, hätte unter veränderungsbereiten gesellschaftlichen Bedingungen ein Signal sein können, ein Hoffnungsschimmer für gleichrangige Zielvorgaben, für nichthierarchisches Zukunftsdenken. Aber die DDR-Führung war wohl schon nicht mehr in der Lage, Veränderungssignale wahrzunehmen.

Dieser Eindruck verstärkt sich, wenn man – ebenfalls als parteiinternes Material erschienen – eine »Orientierung für die Entwicklung der Gesellschaftswissenschaften bis 1990« recherchiert, die drei Jahre vor dem Zusammenbruch der DDR von der Abteilung Wissenschaften beim ZK der SED herausgegeben wurde. Danach wurde die marxistisch-leninistische Soziologie vor allem auf die »Entwicklung der werktätigen Klassen und Schichten sowie von Stadt und Land und von körperlicher und geistiger Arbeit« (Orientierungen, 1986: 23) orientiert. »Darüber hinaus verdienen eigenständige und integrative Forschungen, darunter auch auf militärsoziologischem Gebiet, zur Rolle und Entwicklung der Jugend, der Frauen, der Familie und der älteren Bürger in der sozialistischen Gesellschaft große Aufmerksamkeit« (ebenda: 24). Wie eh und je sollte es also Forschungen zur Entwicklung der Frauen geben, sollten Frauen einbezogen und an Männerniveau herangeführt werden. Aus dieser Aufgabenstellung schließen wir heute: Hätte sich Ende der 80er Jahre nichts MIT der DDR geändert, dann hätte sich IN ihr, zumindest in ihrer sozialwissenschaftlichen Forschung wohl nichts ändern sollen. Der Geschlechterwiderspruch hatte jedenfalls genauso wie die nicht-werktätigen Menschengruppen aus Sicht der Auftraggeber keine Chance, näher ins Zentrum der gesellschaftswissenschaftlichen Debatte zu geraten.

1988, 1989, 1990: Im November 1987 fand ein internationales Demographie-Seminar statt, dessen Ergebnisse im letzten »richtigen« DDR-Jahr publiziert wurden (Akademie der ..., 1988). Im Eingangs-Referat wurde das wichtigste Gleichstellungsproblem zwischen den Geschlechtern, die fehlende gemeinsame Verantwortung für den Privathaushalt, zwar deutlich genannt, an den theoretischen Ausgangspositionen der DDR-Frauenpolitik und Frauenforschung aber nicht gerüttelt. Für die westlich-feministische Kritik, dass die Einordnung der Geschlechterfrage in die soziale Frage zur Unterschätzung der Frauenfrage führen könnte, war die DDR-Forschung immer noch nicht offen. Diese Kritik wurde sogar explizit mit dem Hinweis auf die Dialektik von Allgemeinem und Besonderem und vor allem mit Hinweis auf die oft zitierte und immer weniger wirksame Interessenübereinstimmung abgewiesen. »Zwischen den Interessen der Frauen und denen der Gesellschaft gibt es unter den Bedingungen des gesellschaftlichen Eigentums an Produktionsmitteln keinen Gegensatz« (ebenda: 8). Wie in anderen Publikationen der 80er Jahre galt auch hier die Mutterschaft als eine soziale Funktion der Frau. Insofern seien die sozialpolitischen Maßnahmen nicht »Vergünstigungen für die Frauen«, sondern die gesellschaftliche Anerkennung für diese soziale Leistung (ebenda: 14). In einem historischen Rückblick auf DDR-Frauenpolitik stünden die 80er Jahre für die »Verwirklichung der Einheit von Familienförderung und Frauenförderung« (ebenda: 15), eine These, die zwei Jahre später ohne Wenn und Aber verworfen wurde. Im analogen Rückblick auf die Forschung wurden unter anderem Unterschiede zwischen der DDR-Frauenforschung und westlichen women studies hervorgehoben. Sie zeigten sich im Interesse von Wissenschaftlerinnen und Wissenschaftlern an Frauenfragen, in der engen Verbindung zur Frauenpolitik und in der Beteiligung von Wissenschaftlerinnen und Wissenschaftlern verschiedenster Disziplinen an Frauenforschung. Abschließend die damals plausible Behauptung, dass »auch künftig die Wissenschaftler beiderlei Geschlechts, die sich der Frauenforschung im engeren und weiteren Sinne verschrieben haben, nicht über ›Arbeitslosigkeit‹ zu klagen haben (werden)« (ebenda: 21). Hier fällt vor allem auf, dass der Begriff Arbeitslosigkeit offensichtlich dem DDR-Denken so fremd war, dass er nur in Anführungszeichen erwähnt werden konnte.

In fast allen DDR-Beiträgen auf diesem Symposium spielte die Verantwortlichkeit beider Geschlechter für die Entwicklung der Familie und die Erziehung der Kinder eine Rolle. Dabei schien die Forschungslücke, die es hinsichtlich der Vorzüge/Nachteile von männlicher Familienarbeit gab, weniger groß und vor allem weniger bewusst zu sein als die entsprechende »Politiklücke«, die es Männern objektiv erschweren würde, sich in angemessener Weise an Hausarbeit zu beteiligen (ebenda: 89).

Die in allen Industriestaaten nachweisbare negative Korrelation zwischen der Familiengröße einerseits und der weiblichen Berufstätigkeit und dem weiblichen Bildungsniveau andererseits war zentrales Thema dieser Konferenz (ebenda: 149). Als wären die Fragen der Nachwendezeit vorausgeahnt worden, wurden Forschungsergebnisse zur Wahlfreiheit zwischen Beruf und Mutterschaft vorgestellt. »Ein Konzept der Wahl zwischen Beruf und Familie würde in unserem Lande nur einen sehr geringen Teil der jungen Menschen zufrieden stellen« (ebenda: 157). Dabei wurden die DDR-Forschungen zum Kinderwunsch als sehr stabil eingeschätzt. Damals neueste Ergebnisse besagten, dass nur 0,9 Prozent der jungen Frauen und 1,1 Prozent der jungen Männer sich keine Kinder wünschten. Dem entsprach die reale Geburtenhäufigkeit: »In den letzten knapp 40 Jahren hat sich die Zahl der Frauen, die in ihrem Leben mindestens ein Kind zur Welt gebracht haben, deutlich erhöht und mit gegenwärtig ca. 92 Prozent einen vorläufigen Höhepunkt erreicht. Eine hohe und weiter wachsende ›freiwillige Kinderlosigkeit‹ muss von Demografen und Soziologen in der DDR nicht untersucht werden« (ebenda: 187). Die Forschungsergebnisse besagten außerdem, dass »junge Menschen in der DDR sich ihren Kinderwunsch früh erfüllen wollen... fast 70 Prozent aller Kinder werden geboren, bevor ihre Mutter 25 Jahre alt ist« (ebenda: 156). Vor allem für diese Konzentration auf die jungen Jahre gab es keine schlüssige Begründung, so dass die Frage unbeantwortet blieb: »Warum scheint es nicht im Interesse der Frauen bzw. Partnerschaften zu liegen, zu einem späteren Zeitpunkt Kinder zu haben?« (ebenda: 192). Im Rückblick ist hinzuzufügen, dass auch die Transformationsforschung der Nachwendezeit hier ratlos blieb. Mit aufwändigen Projekten wurde vor allem am Max-Planck-Institut die sogenannte frühe Elternschaft in der DDR beforscht und schließlich die bereits erwähnte »Instrumentalisierungsthese« geboren. Kein Hinweis darauf, dass anteilig die meisten Kinder in den 60er Jahren geboren wurden, also noch vor der Zeit der »Instrumentalisierung« (allerdings auch vor der Zeit der »Pille«), und auch kein Hinweis darauf, warum der DDR-Staat zum Kinderkriegen »instrumentalisieren« wollte. Auch für die sozialistische Planwirtschaft waren erwiesenermaßen kranke Kinder und schwangere Frauen ein Störfaktor.

Wir meinen heute, dass offenbar weder im sozialistischen noch im kapitalistischen Patriarchat der Gedanke zugelassen werden konnte, dass Kinderkriegen auch etwas mit Natur zu tun hat. Vielleicht haben sich die jungen DDR-Menschen nur ihre natürlichen Bedürfnisse befriedigt und sind von ihrer Gesellschaft nicht daran gehindert worden? Vielleicht muss also die gegenwärtige Sozialwissenschaft nicht nach der frühen Elternschaft im Osten, sondern nach der späten Elternschaft im Westen fragen, weil nicht die frühe, sondern die späte Elternschaft das sozialwissenschaftlich zu begründende Phänomen ist?

Obwohl es vermutlich alle besser wussten, wurden auch auf diesem Symposium Forschung und Politik aufgefordert, »vor allem bei jungen Menschen Einsichten in die Erfordernisse der Familien- und Bevölkerungsentwicklung herauszubilden« (ebenda: 160).

Auffällig – allerdings mehr als Fußnote – die Wiedergabe von Forschungsergebnissen, die unter den neuen gesellschaftlichen Verhältnissen geradezu phantastisch klingen: »Jeder, der nach dem Erreichen der Rentenaltersgrenze noch arbeiten möchte, kann dies auch tun ... Das Arbeitsgesetzbuch der DDR verpflichtet alle Betriebe, solche Arbeitsplätze einzurichten, die für den Einsatz von Werktätigen im höheren Lebensalter geeignet sind« (ebenda: 118). Oder auch: »Das Erreichen eines hohen Niveaus der Frauenberufstätigkeit, wie es in unserem Lande in den letzten Jahren erreicht worden ist, muss als irreversibler Prozess betrachtet werden« (ebenda: 171). Wahrscheinlich ist es kein Zufall, dass in den letzten DDR-Jahren das Bedürfnis besonders groß war, die gesellschaftlichen Prozesse als »unumkehrbar«, die Probleme als »ein für allemal gelöst«, die Bauwerke als »hundertjährig« zu markieren.

Die Publikation »Ingenieure in der DDR« im Rahmen der S-Reihe meinte, wie der Titel es sagt, im allgemeinen Männer (Autorenkollektiv, 1988). Dennoch gibt es über 6 Seiten hinweg den Abschnitt »Die Frau als Ingenieur«. Dieser Abschnitt vermittelt den Eindruck, dass gegen einen diffusen Feminismus polemisiert werden müsse, eine für DDR-Verhältnisse unübliche Polemik. Aber 1988 gab es die in sich ruhende DDR ja auch schon nicht mehr. Mit Bezug auf die fast nur männliche Leistungsspitze wird festgehalten, »dass im Studium angelegte Qualifikationspotenziale nicht mit der gesellschaftlich erforderlichen Effektivität genutzt (werden). Das wiegt um so schwerer, als der Bestand an überdurchschnittlichen Begabungen naturgemäß begrenzt ist und die Gesellschaft recht eigentlich die Entwicklung jedes besonderen Talents benötigt« (ebenda: 122). Deshalb werden – der Rang- und Reihenfolge nach als letztes – Ingenieurinnen aufgefordert, überdurchschnittliche Belastungen und Unbequemlichkeiten in kauf zu nehmen und vor allem risikobereit zu sein. Und nach wie vor sei »viel zu tun um ein verfestigtes soziales Verhaltensmuster zu durchbrechen, welches bewirkt, dass oft, wenn die Entwicklungsinteressen oder Lebensziele der Ehepartner kollidieren, die Frau ihre Interessen unterordnet. Da dieses Muster bei Männern UND Frauen auftritt, handelt es sich dabei keineswegs nur um ein Problem der ›Erziehung des Mannes‹« (ebenda:123). Hier fühlte sich ganz offensichtlich ein Mann genötigt »zurückzuschlagen«.

»Typisch weiblich – typisch männlich?«, so heißt eine Publikation, die unfreiwillig die damals öffentlich zugängliche DDR-Literatur zum Geschlechterthema abschloss (Autorenkollektiv, 1989). Dabei wurde gerade in dieser Broschüre viel Wert auf die Vorläufigkeit, auf das Unabgeschlossene der Aussagen gelegt. »Aber es sollte ein Anfang gemacht werden« (ebenda: 8). Im

Rückblick fällt auf, dass im gleichen Zeitraum zum gleichen Thema in der westlichen Welt ebenfalls ein neuer Anfang gemacht wurde – mit Judith Butlers heiß umstrittenen Buch vom »Unbehagen der Geschlechter«. Unbehagen reflektierten auch die meist jungen DDR-Frauen, als sie Ende 1989 »den Staat machen wollten«. Alles in allem also eine Zeit, in der weltweit neu über Geschlechterverhältnisse nachgedacht wurde und in der auch in der DDR die These von der realisierten Gleichberechtigung (nach dem Gesetz und im Leben) massiv infragegestellt wurde. Im Unterschied zu vorangegangener DDR-Literatur wird in »Typisch weiblich – typisch männlich« das Thema auch aus biologischer und psychologischer Sicht betrachtet und überwiegend auf jüngere Altersgruppen bezogen.

Als wären auch hier die Debatten der Wendezeit vorausgeahnt worden, gibt es in der Publikation einen Abschnitt, der sich mit dem Unterschied und mit den Zusammenhängen von Gleichberechtigung und sozialer Gleichheit befasst (ebenda: 26-35). Zukunftsträchtig sind die Ausführungen aber auch deshalb, weil die empirische Grundlage mehrheitlich aus der Jugendforschung stammte. Diejenigen, die damals ihre Meinung als ProbandInnen zu Protokoll gegeben haben, sind heute im leistungsfähigsten Alter und müssten die ökonomischen und intellektuellen Stützen der Gesellschaft sein. Insofern sind beispielsweise die Daten über Leitbilder für Männer und Frauen hochinteressant (ebenda: 172, Auszug):

	Das sollte gelten (in Prozent)					
	mehr für Männer		für beide gleich		mehr für Frauen	
	m	w	m	w	m	w
nach beruflichem Aufstieg streben	20	15	79	82	1	2
gesellschaftlich aktiv sein	12	12	85	87	3	1
für Kindererziehung verantwortlich sein	2	1	74	80	24	19
der Ernährer der Familie sein	59	45	40	53	1	2
für Haushalt verantwortlich sein	1	2	43	48	56	50
den eig. Standpunkt konsequent vertreten	13	3	85	94	2	3
gefühlvoll sein	1	2	79	88	20	10
hart gegen sich selbst und andere sein	39	18	60	80	1	3
mutig sein	51	42	48	56	1	2

Betrachtet man diese Ergebnisse (ohne dass sie so gedacht waren) als Bilanz von 40jähriger DDR-Geschlechterpolitik, dann ergeben sich zwiespältige Eindrücke. Einerseits waren mindestens drei Viertel aller Befragten der Auffassung, dass Beruf, gesellschaftliche Aktivität und Kindererziehung die Angelegenheit beider Geschlechter sein sollte. Andererseits vertrat nach wie vor ein ernst zu nehmender Anteil der Befragten die Meinung, dass beruflicher Aufstieg, Härte gegen sich selbst und Mut und sogar die Ernährung der Familie mehr eine Männersache sein sollte. Und nach wie vor meinte etwa die Hälfte der befragten jungen Männer und Frauen, dass für die Haushaltführung mehr die Frau verantwortlich sein sollte. Wohlgemerkt, hier ging es nicht um die Beurteilung der Realität, sondern darum, »wie es sein sollte«.

Die letzte DDR-Forschungsetappe spiegelte – zumindest zwischen den Zeilen – nicht nur zunehmende gesellschaftliche, sondern auch ökologische Probleme wider. Dabei war einerseits die Zeit vorbei, in der jede Schwierigkeit als Muttermal des Kapitalismus interpretiert werden konnte, fehlten andererseits Mittel und Wege, um auf spezifisch sozialistische Weise reagieren zu können. Die Literatur spiegelt das Dilemma – geschlechtsneutral – wider. So wird mit Bezug auf die Verantwortung sozialistischer Ingenieure festgehalten, dass vor allem bei jungen Leuten der Wert »intakte und schöne Umwelt« deutlich auf dem Vormarsch sei.»Dabei sieht nur ein geringer Teil der Absolventen und Studenten die erhöhte Umweltbelastung als zwangsläufige negative Folge des wissenschaftlich-technischen Fortschritts an. Meist wird die einseitige, falsche, nur auf kurzfristige Effekte beschränkte Techniknutzung als Ursache erkannt« (SID 1/88: 66). Oder an anderer Stelle: »Schon in den 70er Jahren waren viele Hochschulkader mit dem Zustand der Luft und der Flüsse unzufrieden, waren aber damals überzeugt, dass diese Situation als Erbe des Kapitalismus mit der weiteren Entwicklung des Sozialismus automatisch besser wird. Diese Erwartungen haben sich nicht erfüllt ... Das naive Vertrauen in den gesellschaftlichen Fortschritt ... weicht der Einsicht, dass nichts von allein geschieht ..., dass es auf aktives Handeln jedes einzelnen ankommt« (SID 2/88: 34). Auch die Techniknutzung spielte in dieser Zeit als soziologisch-ökologisches Problem eine Rolle. »Der PKW in der DDR hat und behält auf lange Sicht eine Gebrauchsfunktion. Er hat in unserem Land primär keine Prestigefunktion« (SID 6/88: 26). Die Bilder der Wendezeit vor Augen, scheint es allerdings eher so, als sei diese Aussage mehr dem ökonomischen Mangel als der ökologischen Vernunft geschuldet gewesen.

In den letzten DDR-Monaten tauchen auch Forschungsergebnisse zum Umweltbewusstsein auf, die früher gesammelt, die aber »bis zum Ende der Honecker-Ära von keiner ... Leitungsebene zur Kenntnis genommen wurden ... Mit Sicherheit wäre die einseitige Orientierung auf Wirtschaftswachstum ohne Berücksichtigung ökologischer Folgen bereits früher korrigierbar gewesen« (SID 6/89: 8). Solche Forschungsergebnisse (hier von 1987 und nur auf Leipzig bezogen) platzierten im Kanon von 10 »wünschenswerten Maßnahmen zur Erhöhung des Lebensniveaus in der DDR« die Verbesserung des Umweltschutzes auf Platz 1. Insgesamt fällt auf, dass Umweltprobleme, also globale und nicht auf eine bestimmte Gesellschaftsordnung reduzierbare Probleme zunehmend reflektiert wurden und dass die Umweltsorgen der DDR-Bevölkerung Ende der 80er Jahre deutlich anwuchsen.

Nachträglich von ISDA e.V. durchgeführte rechentechnische Analysen von DDR-Befragungsdaten belegten, dass DDR-Frauen häufiger als DDR-Männer ihre Ängste vor ökologischen Katastrophen artikulierten. Über Lösungsmöglichkeiten (Korrigierbarkeit) unter sozialistischen Bedingungen gab es offensichtlich Illusionen. Sicher waren sich die ForscherInnen darin, dass dem Kapitalismus jede Lösungskompetenz zum Umweltdilemma abgesprochen werden musste. Rückblickend ist hinzuzufügen: Bis heute sind Politik und Sozialwissenschaft zu dieser Problematik nicht viel weiter – trotz umfangreicher Debatten um Zukunftfähigkeit, Nachhaltigkeit, sustainable development, Agenda-Politik usw.

Ob damit zusammenhängend (ökologische und soziale Nachhaltigkeit?) oder zufällig – jedenfalls fanden SoziologInnen gleichzeitig heraus, dass die Bedeutung sozialer Beziehungen sowohl auf der familiären Ebene als auch in der Freizeit und im beruflichen Arbeitsprozess zugenommen hat. Vor allem für Hochqualifizierte gehörten »vielfältige, inhaltsreiche und sinnerfüllte soziale Kontakte« zu den grundlegenden Bedürfnissen (SID 2/88: 34). Dass es sowohl bei diesen als auch bei anderen Bedürfnisinhalten »keine grundsätzlichen Unterschiede« zwischen Männern und Frauen gab (SID 2/88: 13), gehörte ebenfalls zu den letzten Forschungsergebnissen der DDR-Soziologie. Schaut man einige Monate voraus, so erscheint dieses Ergebnis plausibel. Die DDR-Frauen waren – zumindest in den ersten Herbstwochen 1989 – zu etwa 40 Prozent an den Protestdemonstrationen beteiligt und artikulierten meist keine spezifisch weiblichen Forderungen und insofern Bedürfnisse an die damalige DDR-Regierung. Der patriarchale Charakter der DDR-Gesellschaft war es offenbar nicht, der die Frauen mehrheitlich auf die Straße trieb. Auf die Ausnahme muss verwiesen werden: Die späteren Gründerinnen des Unabhängigen Frauenverbandes und anderer feministischer Strukturen suchten und fanden sich in diesen Herbstwochen ebenfalls und präsentierten sich als junge Kraft.

Die Frauen in der Landwirtschaft waren in den letzten DDR-Jahren ein spezifisches Thema geworden, weil sie – mehr als Männer – die ländlichen Regionen verließen und weil befürchtet wurde, dass das früher oder später »ein entsprechendes Wanderungsverhalten von Männern« nach sich zieht (SID 3/88: 18).»Trotz aller Verbesserungen ... liegt der Frauenanteil in diesen Bereichen nur noch bei etwa 30 Prozent ... Daraus folgt ..., dass vor allem durch eine höhere Qualität der Arbeits-Umwelt-Faktoren ... in Verbindung mit geduldiger politisch-ideologischer Erziehungsarbeit angestrebt werden sollte, die rückläufige Tendenz aufzuhalten« (SID 3/88: 24). Die Landfrauen bereiteten also Probleme, weil sie nicht länger Landfrauen sein wollten. Kritisiert wurde dabei nicht die (kurze Zeit später als Fehler eingeschätzte) Segmentierung der landwirtschaftlichen Produktion, also die falsche Politik, sondern die weibliche Reaktion darauf. Die Bäuerinnen würden innerhalb der Genossenschaft vor allem in »Handarbeitsbrigaden Pflanzenproduktion«, in der »Tierproduktion«, in der »Verwaltung« und im Bereich »Soziales und Kultur« arbeiten. Obwohl fast 80 Prozent der Frauen eine Facharbeiterinnenausbildung hätten (SID 1/89: 49), wären die anspruchsvollen und begehrten Arbeitsplätze in Männerhand. Und das sollte auf der ideologischen Ebene verändert werden. Deshalb sei es in der DDR-Landwirtschaft besonders notwendig, sich dem Rollenverständnis Mann-Frau zuzuwenden. »Die in unserer Gesellschaft insgesamt vorhandene geschlechtsspezifische Arbeitsteilung ist in der Landwirtschaft bzw. auf dem Dorf in spezifischer Weise wiederzufinden. Hier wie in allen anderen Wirtschaftsbereichen kann die Betrachtung der Frauenbeschäftigung nur im Zusammenhang mit der Männerbeschäftigung erfolgen« (SID 1/89: 55).

Die gesellschaftlichen Umbrüche kündigten sich auch mit Themen wie »Gleichberechtigung in der Sprache« an. Hier schien zunächst noch nicht entschieden zu sein, wofür die konsequente Verwendung der weiblichen Form ein Indiz ist. »Man könnte die größere Konsequenz bei der sprachlichen Kennzeichnung des weiblichen Geschlechts von Personen in der BRD, in Österreich und der Schweiz ... als agitatorische Notwendigkeit für eine Gesellschaft interpretieren, in der die reale Gleichberechtigung von Frau und Mann ... noch nicht so weit vorangetrieben ist wie in der DDR ... Zum Beispiel wurde von Linguisten in der DDR die Meinung vertreten, die undifferenzierte Benennung weiblicher und männlicher Personen sei der angemessenste sprachliche Ausdruck realer Gleichberechtigung« (GH 4/88: 26). Schon wenige Monate später wurde mancher DDR-Frau (vielleicht auch Männern?) bewusst, dass es nicht um eine undifferenzierte, sondern um eine männliche Benennung weiblicher Personen ging und dass diese Erscheinung ernst zu nehmende Hintergründe hatte. Auf diese Hintergründe verwies ein weiterer Artikel vom gleichen Autor, der sich gleichzeitig mehr Frauen in die Sprachforschung wünschte, weil er sich als Mann in einer paradoxen Situation sähe (GH 1/90: 53). Hier wurde mit Bezug auf feministische Linguistik formuliert: »Mehrdeutig ist das Maskulinum ... nur zum Schein. Historisch und soziologisch nachweislich stünde der Mann als prototypischer Vertreter der Gattung, was sich auf das Sprachsystem auswirke ... Es bedarf gar nicht so drastischer Beispiele wie des Ausspruchs eines bundesdeutschen Fußballtrainers 1983: ›Kein gesunder Mensch kann drei oder sechs Wochen ohne Frau auskommen‹ ... um an den Zusammenfall von Mann und Gattung zu glauben« (GH 1/90: 46,47).

Letzte Ergebnisse der Zeitbudget-Forschung machten wiederum wenig Hoffnung, dass sich an der geschlechtsspezifischen Arbeitsteilung im Haushalt etwas ändern könnte. Es gäbe über Jahre hinweg für Werktage eher »konstante Proportionen« zwischen der arbeitsgebundenen Zeit, einschließlich Wegezeit (ca. 9 Std.), der Nachtschlafzeit (ca. 7,5 Std.) und der restlichen Zeit »für Haus und Familie«. Die Arbeitszeit hätte sich zwar verringert, stattdessen sei die Wegezeit größer geworden (SID 5/88: 51). »Obwohl in den zurückliegenden Jahren ein wachsender Teil der Arbeiten im Haushalt und für die Familie auch von Männern erledigt wird, haben Frauen an den Arbeitstagen eine um eine halbe Stunde geringere frei verfügbare Zeit als Männer. Probleme für die Gestaltung der frei verfügbaren Zeit ergeben sich aus Länge und Lage der effektiven Freizeit. An Werktagen steht der Mehrzahl der Erwachsenen die Zeit zwischen 20 und 22 Uhr zur Disposition« (SID 5/88: 55). Solche Ergebnisse beunruhigten offenbar weniger wegen der zähflüssigen Entwicklung in Richtung Geschlechtergleichstellung, sondern mehr wegen dem geringen Einfluss der sozialpolitischen Maßnahmen auf die Vergrößerung der Freizeit. Dabei sei nachweisbar, dass die »Freizeit immer mehr zu einer entscheidenden Voraussetzung für Produktivitätsgewinn wird« (SID 3/89: 74). Auch hier also das hierarchische Denkmodell mit der Produktionssphäre als Gipfel.

Im Rahmen der Debatte um Marxismus und Frauenfrage wurde ein Artikel aus »Argument« in die grünen Hefte übernommen. Es ging »um Probleme ..., die in der feministischen Diskussion etwa in der Bundesrepublik schon seit einigen Jahren eine Rolle spielen. Dass sie ›nun auch‹ in der DDR stärkere Aufmerksamkeit erfahren, würde ich nicht einfach als Nachholen oder ›Hinterherhinken‹ bewerten. Es sind – zum Teil zumindest – ganz andere Verhältnisse, Bedingungen und Erfahrungen, deren innere Dynamik und Widersprüchlichkeit zu einem bestimmten Zeitpunkt ihre theoretische Bearbeitung herausfordern« (GH 1/90: 32,33). Bis heute ist die Forderung, marxistisches und feministisches Gedankengut zusammenzufügen, noch nicht überflüssig geworden. Und immer noch ist es aus ostdeutscher Sicht wichtig, die Debatte nicht (nur) unter dem Gesichtspunkt der »nachholenden Modernisierung« zu führen, sondern die anderen Verhältnisse, Bedingungen und Erfahrungen für den theoretischen Diskurs in Deutschland und auch für die praktische Politik wirksam werden zu lassen. Im Einzelnen wurden für die Debatte – »nun auch« in der DDR – vor allem Fragen angemahnt, die die private Lebenssphäre betrafen. »Zum einen wird Hausarbeit fast völlig aus der Wahrnehmung und der theoretischen Darstellung von Wirklichkeit ausgeblendet; zum zweiten werden – wenn schon von Haushalt, Hausarbeit die Rede ist – die Subjekte zum Verschwinden gebracht und der Arbeitscharakter dieser Tätigkeiten in den Hintergrund der Wahrnehmung gedrängt« (GH 1/90: 35). All das verdeutliche das Fehlen einer umfassenden Reproduktionstheorie und die weitgehend ungebrochene Fortexistenz von geschlechtlicher Arbeitsteilung und patriarchaler Geschlechterideologie (GH 1/90: 40). Damals – der Beitrag wurde im Mai 1989 abgeschlossen – galt es offenbar noch als aussichtsreich, in der DDR »ein solcherart kritisches Potential zu entwickeln« (GH 1/90: 43).

Ebenfalls Mitte 1989 erschienen nach einer "lebhaften und zum Teil kontrovers geführten Problemdiskussion« (GH 3/89: 3) Thesen und (Gegen)Argumente zur Entwicklung der Geschlechterrollen in der DDR, die gleichermaßen auf die Bedeutung der »Hausarbeit als notwendiges Pendant zur Berufsarbeit« (GH 3/89: 7) aufmerksam machten. »Bei dieser Form der Arbeitsteilung in der Familie, die ein struktureller Effekt der gesellschaftlichen Arbeitsteilung der Geschlechter ist, werden Chancen, Ressourcen und Abhängigkeiten immer wieder aufs neue ungleich verteilt« (GH 3/89: 7). Nicht nur, dass die meist vollberufstätigen Frauen etwa drei Viertel der Hausarbeit erledigten, sie seien auch für das in Zeiteinheiten kaum zu messende Familienklima zuständig.

Neue Forschungen zum Umgang mit Süchten konkretisierten die These von der weiblichen Verantwortung für das Familienklima und fanden beispielsweise einen starken Einfluss des mütterlichen Vorbilds auf das Rauchverhalten der Kinder heraus. Überhaupt sei das Gesundheitsverhalten der Familie, nicht zuletzt ihre »Überernährung«, in hohem Maße von den »sozialen Merkmalen der Frau« abhängig (GH 2/89: 25).

Die Sozialstrukturforschung kam zu dem Ergebnis, dass die Gruppe der Un- und Angelernten nicht, wie in den 60er und 70er Jahren vermutet wurde, verschwindet, sondern sich möglicherweise bei etwa 10 Prozent der Beschäftigten in der Volkswirtschaft stabilisiert. »Wesentliche Ursachen dafür sind das beachtliche Beharrungsvermögen niedrig qualifizierter Arbeit in der Volkswirtschaft und die fortwirkende personelle Reproduktion der Gruppe« (SID 4/88: 25, 26). Falluntersuchungen und Begleitforschungen in volkseigenen Betrieben bestätigen dieses Ergebnis für die Gegenwart und für die (damals vermutete) sozialistische Zukunft (SID 6/88: 44). Solche Forschungsthemen waren nicht nur einem politisch brisanten Problem geschuldet, sondern auch der theoretischen Absicht, die Soziologie als Wissenschaftsdisziplin weiterzuentwickeln und »das klassenmäßig Andere« (SID 5/88: 16) genauer zu erkunden. Die Forschungsergebnisse zur Gruppe der Un- und Angelernten enthielten insofern eine Geschlechterdimension, als bei den »komplizierten familialen Faktoren« von allein stehenden Müttern und kinderreichen Familien die Rede war.

Zur Absicht, das »klassenmäßig Andere« genauer zu erkunden (und dabei auf das geschlechtsmäßig Andere zu stoßen?), gehörte auch die in den letzten DDR-Jahren forcierte Intelligenz-Forschung und damit die Erforschung der »sozial ›homogenen‹ Intelligenzfamilie und der höher qualifizierten Mutter ... Damit ist jedoch verbunden, dass in solchen Herkunftsfamilien Vater und Mutter ein ausgeprägtes Bestreben zeigen, ihre Kinder für ein Hochschulstudium anzuregen. Dies erfolgt unter den neuen Bedingungen verstärkt auch über die Mütter, die wiederum besonders auf das Bildungsstreben der Töchter Einfluss nehmen« (SID 2/89: 24). Dass besonders das Bildungsniveau der Mutter Einfluss hat auf die Entwicklungschancen der Kinder, ist auch eine Erkenntnis kindersoziologischer Forschung unter kapitalistischen Bedingungen (vg. Nauck u.a., 1995). Deshalb haben wir Zweifel, ob der verstärkte Einfluss der DDR-Mutter wirklich etwas mit »den neuen Bedingungen« zu tun hat. Wir meinen eher, hier wirken mehr die alten Bedingungen, die die familiären Gespräche und die Beziehungspflege, das Klima in der Familie vor allem als Aufgabe der (nun höher qualifizierten) Mutter sieht. Unabhängig von der Beantwortung solcher Fragen galt auch im Rahmen der Intelligenzforschung als sicher: »Wenngleich hochqualifizierte Frauen... besser als andere die sich ergebenden Anforderungen im beruflichen und familiären Bereich meistern, sind die ... Belastungen immer noch größer als die der Männer« (SID 5/89: 20). Folgerichtig ist ihr Anteil an Erfindungen (9 Prozent) deutlich niedriger als ihr Anteil an Hochqualifizierten (ein Drittel) in industriellen Forschungseinrichtungen (SID 6/89: 36).

In den letzten DDR-Jahren wurden unter dem Gesichtspunkt »neuer Technologien« geschlechtsspezifische Aussagen zu Arbeitsanforderungen dokumentiert, die sich mit der Struktur der Arbeitsmotive auffällig decken. Bei Männern wurden i. a. mehr Handlungsspielräume, mehr Wissensausschöpfung, mehr Abwechslung, bei Frauen mehr »kooperative Notwendigkeiten« festgestellt (SID 5/88: 79). Bekommt also jeder bzw. jede im beruflichen Arbeitsprozess genau das, was er/sie braucht? Oder wirken hier Klischees bzw. methodische Forschungsdefekte?

1989 fanden sich in den SID-Heften (be)merkenswerte Definitionsangebote. So erneut zum Arbeitsbegriff, der für die Berufstätigkeit ebenso wie für die verschiedenen Formen der unbezahlten Arbeit gilt, obwohl der Kontext wie eh und je nur auf berufliche Arbeit orientiert: »Die Soziologie betrachtet Arbeit als eine Tätigkeit, in der und durch die mit einem gesellschaftlich nützlichen Ergebnis gleichzeitig soziale Beziehungen, Strukturen entstehen, die ihrerseits wiederum ... auf die Arbeitstätigkeit nachhaltigen Einfluss haben« (SID3/89: 14,15).

Kritik gab es nun erstmalig zum gängigen Begriff »sozialer Fortschritt«, weil die gesamte menschliche Entwicklung nicht (wie bisher?) an einem ihrer Teilprozesse gemessen werden dürfe. Vielmehr sei über alle Teilprozesse hinweg der Mensch als Ganzes zu beurteilen. »Damit ist eine Aufgabe allerdings mehr gestellt als gelöst, denn wer weiß heute schon, was das ist: der ganze Mensch« (SID 5/89: 9).

Auch das feministische Dauerthema, der Widerspruch zwischen Öffentlichkeit und Privatheit, kommt nun in den SID-Heften vor. Der Widerspruch sei zu beurteilen, »wie er aus dem Grundwiderspruch der sozialistischen Produktionsweise hervorgeht ... Der Grundwiderspruch der sozialistischen Produktionsweise besteht in dem Widerspruch zwischen der aus den Eigentumsverhältnissen hervorgehenden Tendenz zur universellen Aneignung des gesellschaftlichen Reichtums durch die Produzenten einerseits und der noch weiterhin bestehenden Unterordnung der Produzenten unter die Teilung der Arbeit andererseits ... Die gesellschaftliche Form des Arbeitsprozesses und die noch partiell bestehende ›Privatform‹ des ›individuellen Reproduktionsprozesses‹ bilden die Seiten des wesentlichen Widerspruchs des sozialistischen Lebensweise-Typs« (SID 1/89: 8, 9). Aus dem Grundwiderspruch der Produktionsweise folgt demnach der Grundwiderspruch der Lebensweise, der auch im Sozialismus etwas mit dem Verhältnis zwischen öffentlicher und privater Arbeit zu tun hat. Ist das richtig? Wenn ja, besteht die Privatform des individuellen Reproduktionsprozesses im Sozialismus ›noch‹ – ist sie also eine vorübergehende Erscheinung – oder wird und sollte sie dauerhaft bestehen? Was bedeutet das für die kapitalistische Gegenwart? Hier ergibt sich eine Fülle von Anregungen für die linke Debatte.

Die 6 SID-Hefte, die 1990 erschienen, gehören genau genommen nicht mehr in die Reihe der DDR-Literatur. So wie auch der 5. Soziologiekongress, der im Februar 1990 unter dem Motto »Moderne Technologien – Sozialer Fortschritt« durchgeführt wurde und der das Frauen-Thema wiederum im Rahmen einer Rundtisch-Veranstaltung behandelte, nicht mehr zu den »richtigen« DDR-geprägten Soziologie-Kongressen gehörte. Wir haben die letzten 6 Hefte dennoch in unsere Recherche aufgenommen, weil sie nicht nur neue Themen behandeln, sondern auch alte Themen auf neue Weise. An der Geschlechtsblindheit der meisten Beiträge hat sich allerdings wenig geändert.

Die deutsche Nation und das Problem des Nationalismus gehören zu den neuen Themen, unmittelbar aus den Wende-Ereignissen abgeleitet: »Jetzt stehen wir größtenteils ratlos vor dem Phänomen unserer ›Wende‹-Tage ... die verheißungsvolle Parole von DEM Volk, aus der wir so etwas wie Bewusstheit herauszuhören meinen, ist so schnell und fast unaufhaltbar zur nationalistischen Attitude eines Gesamtdeutschland geworden« (SID 1/90: 21). Die JugendforscherInnen veröffentlichen geschlechtsneutrale Daten zum Rechtsextremismus, die sie seit 1988 gesammelt hatten. Danach meinten im Oktober 1989, also noch vor der Maueröffnung und vor der Modrow-Regierung, 32 Prozent der befragten 14jährigen DDR-SchülerInnen »Mich stören die vielen Ausländer in unserem Land«. Ein Jahr später, als die staatliche Einheit vollzogen war, meinten das sogar 46 Prozent in dieser Altersgruppe (SID 1/90: 33).

Auch die Veröffentlichung von Forschungsergebnissen zu Ausreise-Motiven und Ausreise-Interessierten gehört zu den Neuerungen. Auf der Grundlage einer Analyse von Ausreiseanträgen, die bereits 1986 in der Abteilung Inneres des Berliner Magistrats durchgeführt worden war, konnte nachgewiesen werden, dass (zumindest damals) die eingeschränkte Reisefreiheit oder das mangelhafte Waren- und Dienstleistungsangebot keinesfalls die herausragenden ›Flucht‹-Gründe waren. Die »rücksichtslose Auslegung und Beugung der DDR-Verfassung« gehörte ebenso vorrangig dazu wie die »einseitige und unvollständige Informationspolitik« (SID 3/90: 54). Eine spätere DDR-weite Untersuchung zur Ausreiseproblematik offenbarte, dass es vor allem in territorialer Hinsicht große Unterschiede im Ausreise-Interesse gab (Schwerpunkte: Dresden, Gera, Karl-Marx-Stadt, Leipzig) und dass die AntragstellerInnen (leicht) überdurchschnittlich zu den unteren Qualifikationsstufen und zu den Jüngeren gehörten (SID 5/90).

Neben solchen heißen Themen, die erst an die Öffentlichkeit kamen, als die Politik zu schwach geworden war, sie geheim zu halten, enthielten die letzten SID-Hefte aber auch traditionelle Themen – gewissermaßen als Abschluss-Statements.

So zur Arbeitsmotivation: »Im ganzen gesehen kann man nicht sagen, dass sich seit Mitte der 60er Jahre das, was wir als ›sozialistisches Verhältnis zur Arbeit‹ normativ vorgegeben hatten, ausgedehnt oder gefestigt hat ... Der zunehmenden Gleichgültigkeit im konkreten Arbeitsinhalt steht gegenüber, dass sich die absolute Bewertung der Berufstätigkeit in den Lebensorientierungen der Menschen kaum verändert hat. Für etwa 90 Prozent ist die Berufsarbeit bedeutsam und wird als eine Quelle von Lebenszufriedenheit angesehen. Von dieser überwiegenden Mehrheit wird Arbeit auch nicht nur des Verdienstes wegen geleistet ... Übrigens ist interessant, dass die generell positive Einstellung zur Berufstätigkeit – wenn auch mit einer etwas anderen Gewichtung der Motive – ebenfalls bei den berufstätigen Frauen vorhanden ist« (SID 2/90: 38, 39). Im gleichen Beitrag wird genauer begründet, warum die »instrumentelle« Betrachtung der Arbeit (nur des Geldes wegen) in der DDR nicht ausgeprägt war; nicht etwa, weil »edlere Motive« an die Stelle des Geldes traten, sondern weil Geld nicht viel bewirkt hätte. »Gute Beziehungen oder Verwandtschaft in der BRD richteten hier mehr aus« (SID 2/90: 41). An anderer Stelle wurden die arbeitsbezogenen Werte und Motive vor allem im Zusammenhang mit dem Qualifikationsniveau untersucht und wurde festgehalten, dass insbesondere bei Hochqualifizierten die Orientierung auf mehr Freizeit, also auf mehr Ganzheitlichkeit (?) zunimmt (SID. 6/90:51). Auch hier werden die »anderen« weiblichen Motive bestätigt: »Frauen legen mehr Wert darauf, einen sicheren Arbeitsplatz zu haben, von den Kollegen geachtet zu werden und für andere Menschen da zu sein« (SID 6/90: 57).

So zum Zeitbudget: Bezogen auf konkrete Freizeittätigkeiten wurde der (weltweite) Trend, dass die TV-Zeit zunimmt und die Lesezeit ab, auch für die DDR-Bevölkerung bestätigt. Bestätigt wurden auch die stabilen Geschlechterunterschiede im täglichen Freizeitfonds, die hier wieder, möglicherweise weil nur auf ArbeiterInnen und Angestellte bezogen, etwa eine Stunde betragen (SID 3/90: 38): So standen 1985 den befragten DDR-Frauen (ebenso wie 1974) 3,3 Stunden Freizeit täglich zur Verfügung. Für DDR-Männer betrug 1985 der tägliche Freizeitfonds 4,2 Stunden (1974: 4,3 Stunden).

Schlussbemerkungen

Die DDR-Gesellschaftswissenschaften waren nicht generell geschlechtsblind, aber der Geschlechterwiderspruch spielte im Vergleich zum Klassenwiderspruch nicht einmal als »Nebenproblem« eine angemessene Rolle. Während in der umfangreichen Sozialstruktur- und Klassenforschung bereits seit Ende der 70er Jahre für möglich gehalten wurde, dass das strategische Ziel der Klassenlosigkeit nicht nur durch Annäherung an die Arbeiterklasse, nicht nur durch »Arbeiter-Werden« zu erreichen ist, dass deshalb die spezifischen Potenzen aller Klassen und Schichten analysiert werden müssen, gab es vergleichbare Forschungen (und die zugehörige Politik) für das Geschlechterthema nicht. Heute halten wir das für einen konzeptionellen Fehler des real existierenden Sozialismus, weil auf diese Weise das »Heranführen der Frauen an Männerniveau« die wichtigste, oft die einzige Zielstellung blieb, weil auf diese Weise die Veränderungen des Männerlebens – bereits von Friedrich Engels angedacht – und die spezifischen Potenzen der weiblichen Sozialisation aus dem Blick gerieten oder als Defizite interpretiert wurden.

Aus der Unterordnung der Geschlechterfrage (ebenso wie der ethnischen und anderer) unter die Klassenfrage wurde allerdings kein Hehl gemacht, stand sie doch in Übereinstimmung mit den theoretischen Wurzeln der deutschen Arbeiterbewegung. Genauer: Sie stand in Übereinstimmung mit *den* Wurzeln – Clara Zetkin sprach von »Formeln« –, die zur Grundlage der Politik erklärt wurden. Heute meinen wir, dass zum ersten diese theoretischen Wurzeln neu gelesen, neu verstanden, neu interpretiert werden müssen, und dass zum zweiten die Sicht auf die Arbeiterbewegung und ihre Theoretiker, auch Theoretikerinnen nicht ausreicht für neue Zukunftsüberlegungen. Schon wahr: Kapitalismus funktioniert nicht ohne Patriarchat, aber Patriarchat funktioniert auch ohne Kapitalismus. Weil wir das jetzt sehr genau wissen, vertreten wir die Auffassung, dass linke Zukunftsforschung einen nicht-hierarchischen Blick auf alle gesellschaftlichen Widersprüche braucht.

Im Einzelnen sind uns vielfach Themen, Probleme, Sichtweisen, Fragen aufgefallen, die auch heute noch bzw. die gerade heute wieder Ausgangspunkte für theoretische Debatten in Deutschland sein müssten, so zu den Begriffen »sozialer Fortschritt« und »Arbeit«, so zur Bedeutung der Kategorie »Zeit« (nicht nur in der Identität mit Geld, sondern als Eigenwert), vor allem im Zusammenhang mit der Kategorie »Raum«, so zu Arbeitsmotivationen unter den Bedingungen von Arbeitslosigkeit und/oder der befürchteten »Amerikanisierung« des Arbeitsmarktes usw., so zu Familienleitbildern der Gegenwart, so zur ganzheitlichen Entwicklung der Persönlichkeit, so zum Zusammenhang zwischen Patriarchalismus und Adultismus.

Generell meinen wir, dass die seit Ende der 60er Jahre weltweit geführte Debatte um die Dialektik zwischen dem Öffentlichen und dem Privaten DDR-

Forschungsergebnisse weitgehend ignoriert hat. Aus unserer Sicht wäre es nicht nur von historischem Interesse, wenn Ergebnisse der DDR-Frauenforschung in den drei unterschiedlichen feministischen Grundpositionen (nach Thürmer-Rohr, 1995, erstens Moderne auch für Frauen, zweitens Matriarchatsforschung, drittens Dekonstruktion der Kategorie Geschlecht) auch heute noch Aufnahme und eine kritische Reflexion fänden.

Keiner der mehrheitlich kritischen Beiträge der letzten Jahre erwog das Ende des Staates DDR. Feministische Kritik sollte die sozialistische Gesellschaft wohl immer stabilisieren, demokratisieren, emanzipieren – aber nicht beenden.

Hätten aber die nächsten DDR-Generationen die Probleme gelöst, hätten sie die Vereinbarkeit zwischen Vaterschaft und Beruf, hätten sie die Gleichrangigkeit zwischen öffentlicher und privater Arbeit auf die Tagesordnung gesetzt? Und wenn ja, welche Lösungen hätten sie – immer unter den Bedingungen des Systemwettbewerbs mit dem Kapitalismus – finden können? Oder sind Alternativen im Sinne sozialistischer Lösungen doch nur als weltweite Lösungen vorstellbar? Solche Fragen sind heute nur noch von theoretischem Interesse. In praxi haben die gesellschaftlichen Umbrüche dazu geführt, dass sich der Gleichstellungsvorsprung ostdeutscher Frauen zusammen mit der »weiblichen Erwerbsneigung« und der »Gebärfreudigkeit« verringerte und dass noch konsequenter als in der DDR über die »männliche Hausarbeitsneigung« geschwiegen wird. Umso weniger – meinen wir – dürfen die relevanten theoretischen Erkenntnisse der DDR-Forschungen, die Widersprüche und Denkangebote, die alternativen Überlegungen und Erfahrungen verschwiegen werden.

Literatur

Adler, Frank; Jetzschmann, Horst; Kretzschmar, Albrecht, 1977: Arbeiterklasse und Persönlichkeit im Sozialismus, Berlin

Akademie der Wissenschaften der DDR (Hg), 1988: Gesellschaftliche Entwicklung der Frau – Vereinbarkeit von Berufstätigkeit und Mutterschaft – Demographische Prozesse – Frauenforschung – Information und Dokumentation. Symposien und Kolloquien VII, III. Internationales Demographie-Seminar, Berlin

Akademie für Gesellschaftswissenschaften beim ZK der SED (Hg), 1981: Akademie für Gesellschaftswissenschaften beim ZK der SED 1951 - 1981, Berlin

Allbus ..., SPSS-Datei in ISDA-Verwaltung, selbst ausgewertet. Der Allbus ist ein von Bund und Ländern über GESIS finanziertes Projekt, das bei ZUMA Mannheim und beim Zenralarchiv für empirische Sozialforschung Köln realisiert wird.

Autorenkollektiv, 1988: Ingenieure in der DDR. Soziologische Studien, Berlin

Autorenkollektiv, 1989: Typisch weiblich – typisch männlich? Berlin

Badia, Gilbert, 1994: Clara Zetkin. Eine neue Biographie, Berlin

Barck, Simone; Langermann, Martina; Lokatis, Siegfried (Hrsg.), 1999: Zwischen »Mosaik« und »Einheit«. Zeitschriften in der DDR, Berlin

Bericht der Enquete-Kommission »Aufarbeitung von Geschichte und Folgen der SED-Diktatur in Deutschland«, 1994: Deutscher Bundestag, DS 12/7820, 31. 05. 1994, Berlin

Brecht, Bertolt, 1988: Gedichte 2. Grosse Kommentierte Berliner und Frankfurter Ausgabe. Berlin, Weimar, Frankfurt/M.

Bundesministerium für Familie, Senioren, Frauen und Jugend, 2005, Potenziale erschließen – Familienatlas 2005, Berlin

Chartschew, A. G.; Golod, S. I., 1972: Berufstätige Frau und Familie, Berlin (Leningrad 1971)

Commandeur, Werner; Sterzel, Alfred, 1965: Das Wunder drüben sind die Frauen. Begegnungen zwischen Dresden und Rügen, Bergisch Gladbach

Demokratischer Frauenbund Deutschlands, 1989: Geschichte des Demokratischen Frauenbundes Deutschlands, hrsg. vom Bundesvorstand des DFD, Leipzig

Döge, Peter; Volz, Rainer, 2002: Wollen Frauen den neuen Mann? Traditionelle Geschlechterbilder als Blockaden von Geschlechterpolitik: Zukunftsforum Politik der Konrad-Adenauer-Stiftung, Nr. 47, Sankt Augustin

Förster, Peter, 1985: Geschlechterposition und Wertorientierungen. Zentralinstitut für Jugendforschung, Leipzig

Friedrich-Ebert-Stiftung (Hg), 1987: Frauen in der DDR. Auf dem Weg zur Gleichberechtigung? Zweite überarbeitete Auflage, Bonn

Geißler, Rainer, 1993: Sozialer Umbruch als Modernisierung. In: Sozialer Umbruch in Ostdeutschland, Opladen

Gensicke, Thomas, 1998: Die neuen Bundesbürger. Eine Transformation ohne Integration, Wiesbaden

Gerth, Werner; Ronneberg, Heinz, 1981: Jugend und Betriebsverbundenheit, Berlin

Grandke, Anita (Hrsg.), 1968: Frau und Wissenschaft. Referate und ausgewählte Beiträge. Protokoll des Arbeitstagung des Wissenschaftlichen Beirates »Die Frau in der sozialistischen Gesellschaft« bei der DAdW zu Berlin, März 1967, zum Thema: Die gesellschaftliche Stellung der Frau in der DDR und die Aufgaben der Wissenschaften, Berlin

Grandke, Anita, 1978: Zur Entwicklung von Ehe und Familie. In: Wissenschaftlicher Beirat 1978: Zur gesellschaftlichen Stellung der Frau in der DDR. Sammelband, Leipzig

Henning, Gert, 1984: Kinderwunsch = Wunschkind? Berlin

Höckner, Martina, 1995: Der Staat hat viele Väter – wo bleiben die Mütter? Ein Beitrag zur Vereinbarkeit von Erwerbstätigen- und Mütterrolle in Deutschland-Ost und -West. In: Kinder in Deutschland, Opladen

Hübner, Irene; Schäfer, Heinz, 1986: Frauen in der DDR, Nachrichtenreihe 38

Huinink, Johannes, 1993: Familienentwicklung und Haushaltgründung in der DDR: Vom traditionellen Muster zur instrumentellen Lebensplanung? Arbeitsbericht 5/93 des Projektes »Lebensverläufe und historischer Wandel in der ehemaligen DDR«. Max-Planck-Institut für Bildungsforschung, Berlin

Jugel, Marina; Spangenberg, Barbara; Stollberg, Rudhardt, 1978: Schichtarbeit und Lebensweise, Berlin

Kahl, Alice; Wilsdorf, Steffen H.; Wolf, Herbert F., 1984: Kollektivbeziehungen und Lebensweise, Berlin

Kahlau, Heinz, 1959: Meine Mutti ist Abteilungsleiter. In: Sing mit Pionier. Liederbuch der Jungpioniere, Leipzig

Kaufmann, Eva; Schröter, Ursula; Ullrich, Renate, 1997: »Als ganzer Mensch leben«. Lebensansprüche ostdeutscher Frauen. In: Auf der Suche nach der verlorenen Zukunft, Berlin

Kaufmann, Jean-Claude, 1995: Schmutzige Wäsche: Zur ehelichen Konstruktion von Alltag, Konstanz

Kirchhöfer, Dieter,2000: Alltägliche Lebensführung von Kindern in der DDR-Arrangements zwischen Traditionalität und Modernisierung. In: Befremdlich anders. Leben in der DDR, Berlin

Kirchhöfer, Dieter; Neuner, Gerhard; Steiner, Irmgard; Uhlig, Christa, 2003: Kindheit in der DDR. Die gegenwärtige Vergangenheit, Frankfurt/Main

Koppetsch, Cornelia; Burkart, Günter, 1999: Die Illusion der Emanzipation. Zur Wirksamkeit latenter Geschlechtsnormen im Milieuvergleich, Konstanz

Künzel, Jan; Walter, Wolfgang; Reichart, Elisabeth; Pfister, Gerd, 2001: Gender division of labour in unified Germany, European Network on Policies and the Division of Unpaid and Paid Work, Tilburg, Netherlands

Kuhn, Annette, 2004: Wünschbarkeit und Machbarkeit eines Hauses der Frauengeschichte. Referat-Mitschrift, Bonn

Kuhn, Gert-Peter, 1987: Zu einem im Stammbetrieb des Kombinates Mikroeiektronik Erfurt entwickelten modifizierten Schichtsystem für berufstätige Mütter mit Kleinkindern. In: Aus Theorie und Praxis der gesellschaftswissenschaftlichen Forschung, Heft 6, Berlin

Kuhrig, Herta; Speigner, Wulfram, 1978: Gleichberechtigung der Frau – Aufgaben und ihre Realisierung in der DDR. In: Wissenschaftlicher Beirat... 1978: Zur gesellschaftlichen Stellung der Frau in der DDR. Sammelband, Leipzig

Lammel, Inge, 1970: Das Arbeiterlied, Leipzig

Lange, Inge, 1987: Die Frauen– aktive Mitgestalterinnen des Sozialismus. Ausgewählte Reden und Aufsätze, Berlin

Lenin, Wladimir Iljitsch, 1919: Die große Initiative. In: Werke Band 29, Berlin

Marx, Karl; Engels, Friedrich; Lenin, Wladimir Iljitsch, 1972: Über die Frau und die Familie, Auswahlband, herausgegeben vom Bundesvorstand des DFD. Ausgewählt und zusammengestellt von Mitarbeitern und Studenten der Sektion Geschichte am Pädagogischen Institut Leipzig, Leipzig

Mayer, Hans, 1991: Der Turm von Babel. Erinnerungen an eine Deutsche Demokratische Republik, Frankfurt/Main

Mayer, Karl Ullrich; Diewald, Martin, 1996: Kollektiv und Eigensinn. Die Geschichte der DDR und die Lebensverläufe ihrer Bürger. In: Aus Politik und Zeitgeschichte B 46/96, Bonn
Menschik, Jutta; Leopold, Evelyn 1974: Gretchens rote Schwestern. Frauen in der DDR, Frankfurt/Main
Ministerrat der DDR, 1989: Die Frau in der Deutschen Demokratischen Republik. Statistische Kennziffernsammlung 4.9/229/89, Berlin
Mühlberg, Dietrich, 1975: Kulturtheoretische Anmerkungen zum Bedürfnis nach Kulturgeschichtsschreibung. In: Weimarer Beiträge 3/1975, Berlin und Weimar
Müller-Hartmann, Irene, 1986: Soziale Eigenschaften, Einstellungen und Verhaltensweisen der wissenschaftlich-technischen Intelligenz unter den Bedingungen der umfassenden Intensivierung. In: Aus Theorie und Praxis der gesellschaftswissenschaftlichen Forschung, Heft 12, Berlin
Nauck, Bernhard; Bertram, Hans (Hrsg.), 1995: Kinder in Deutschland. Lebensverhältnisse von Kindern im Regionalvergleich, Opladen
Orientierungen für die Entwicklung der Disziplinen und Wissenschaftsgebiete der marxistisch-leninistischen Gesellschaftswissenschaften 1986 bis 1990, Arbeitsmaterial der Abteilung Wissenschaften des ZK der SED, Juni 1986, Berlin
Programm der SED, 1963, Berlin
Runge, Irene, 1985: Ganz in Familie. Gedanken zu einem vieldiskutierten Thema, Berlin
Schenk, Christina, 1992: »So nah beieinander und doch so fern«: Lesbische Existenz in der DDR, ein Rückblick. In: Frauenleben in Ost und West, Pfaffenweiler
Scholze, Siegfried, 1986: Zur Rolle der Frau in der Geschichte der DDR (1945 - 1981), Leipzig
Schwarzer, Alice, 1975: Der kleine Unterschied und seine großen Folgen. Frauen über sich – Beginn einer Befreiung, Frankfurt/Main
Speigner, Wulfram, 1972: Soziologische Untersuchungen zur weiteren Entwicklung der gesellschaftlichen Stellung der Frau in der DDR (dargestellt an Forschungsarbeiten in Industriebereichen), Dissertation zur Erlangung des akademischen Grades doctor scientiae oeconomicae, Berlin
Speigner, Wulfram, 1982: Vom kapitalistischen zum sozialistischen Typ der Bevölkerungsreproduktion. In: Wirtschaftswissenschaft Berlin 30 (1982) 10
Taubert, Horst, 1989: 25 Jahre Wissenschaftlicher Rat für Soziologische Forschung in der DDR, In: Jahrbuch für Soziologie und Sozialpolitik 1989, Berlin
Thietz, Karin, 1992: Ende der Selbstverständlichkeit? Die Abschaffung des § 218 in der DDR. Dokumente, Berlin
Thürmer-Rohr, Christine, 1995: Denken der Differenz. Feminismus und Postmoderne. In: beiträge zur feministischen theorie und praxis, Heft 39/95, Köln
Two 2003, edition two – corporate responsibility magazine – allianz group, München
Ulbricht, Lotte, 1968: Reden und Aufsätze 1953 bis 1967, Berlin
Verfassungen deutscher Länder und Staaten. Von 1816 bis zur Gegenwart. Ausgewählt und eingeleitet von Erich Fischer und Werner Künzel, 1989, Berlin
Weidig, Rudi, 1997: Soziologische Forschung in der DDR. Einige Aspekte der Arbeit des Wissenschaftlichen Rates. Veröffentlichung des Wissenschaftszentrums Berlin (WZB), Berlin
Wissenschaftlicher Beirat »Die Frau in der sozialistischen Gesellschaft« bei der Akademie der Wissenschaften der DDR unter Leitung von Prof. Dr. Herta Kuhrig und Dr.sc.Wulfram Speigner (Hrsg.), 1978: Zur gesellschaftlichen Stellung der Frau in der DDR. Sammelband. Leipzig
Wissenschaftlicher Rat für Soziologische Forschung in der DDR (Hg.), 1970: Soziologie im Sozialismus. Die marxistisch-leninistische Soziologie im entwickelten gesellschaftlichen

System des Sozialismus. Materialien der »Tage der marxistisch-leninistischen Soziologie in der DDR«, Berlin

Wissenschaftlicher Rat für Soziologische Forschung in der DDR (Hg.), 1971: Probleme der Frauenqualifizierung, Berlin

Wissenschaftlicher Rat für Soziologische Forschung in der DDR (Hg), 1975: Soziologische Probleme der Klassenentwicklung in der DDR. Materialien vom II. Kongress der marxistisch-leninistischen Soziologie in der DDR, 15. - 17. Mai 1974, Berlin

Wissenschaftlicher Rat für Soziologische Forschung in der DDR (Hg), 1981: Lebensweise und Sozialstruktur. Materialien des 3. Kongresses der marxistisch-leninistischen Soziologie in der DDR. 25. bis 27. März 1980, Berlin

Wonneberger, Magdalena, 1987: Soziale Fragen der Gleichberechtigung der Frauen im Prozess der weiteren Ausprägung der sozialistischen Lebensweise unter den Bedingungen der umfassenden Intensivierung. In: Aus Theorie und Praxis der gesellschafts-wissenschaftlichen Forschung, Heft 5, Berlin

Zulehner, Paul M.; Volz, Rainer, 1999: Männer im Aufbruch. Wie Deutschlands Männer sich selbst sehen und wie Frauen sie sehen. Ein Forschungsbericht, Ostfilden

**Publikationen der Rosa-Luxemburg-Stiftung
zum Thema Geschlechtergleichstellung**

Uta Schlegel
Politische Einstellungen ostdeutscher Frauen, Berlin 2000
ISBN: 3-320-02994-0, 76 S. 4,90   (Manuskripte 1)

Arbeit und soziale Gerechtigkeit aus feministischer Sicht
Workshop 8.-10. September 2000 in Berlin, Hrsg.v. Petra Müller
ISBN: 3-320-02961-4, 82 S., 4,90   (Manuskripte 6)

Barbara Nohr
Experiment Frauenhochschule: feministisches Reformprojekt
oder geschlechtsspezifische Elitebildung? Berlin 2000
ISBN 3-320-02964-9, 70 S., 4,90   (Manuskripte 8)

Eva Schäfer (Hrsg.)
Vollendete Wende? Geschlechterarrangements in Prozessen des
sozialen Wandels, Berlin 2002
ISBN: 3-320-02981-9, 102 S., 4,90   (Manuskripte 26)

Globalisierung und Geschlecht. Anforderungen an feministische
Perspektiven und Strategien, Werkstattgespräch
Berlin 21./22. Januar 2000
ISBN 3-320-02993-2, 127 S., 4,90   (Texte 5)

Barbara Nohr und Silke Veth (Hrsg.)
Gender Mainstreaming. Kritische Reflexionen einer neuen Strategie
ISBN: 3-320-02987-8, 160 S., 9,90   (Texte 7)

Hella Hertzfeldt, Katrin Schäfgen, Silke Veth (Hrsg.)
GeschlechterVerhältnisse.
Analysen aus Wissenschaft, Politik und Praxis
ISBN 3-320-02055-2, 339 S., 14,90   (Texte 18)

Birgit zur Nieden, Silke Veth (Hrsg.)
Feministisch – Geschlechterreflektierend – Queer.
Perspektiven aus der Praxis politischer Bildungsarbeit
Arbeitsmaterial, 5

Alle Publikationen als pdf-Datei unter www.rosalux.de